Georg Zeissner

Arbeitsbuch
Kindergarten

5. Auflage

Stam 8078

Verlag H. Stam GmbH
Fuggerstraße 7 · 5000 Köln 90
Fernruf (02203) 3029-0

ISBN 3-8237-**8078**-6

© Copyright: 1991: Verlag H. Stam GmbH · Köln
Das Werk und seine Teile sind urheberrechtlich geschützt. Jede Verwertung in anderen als den gesetzlich zugelassenen Fällen bedarf deshalb der vorherigen schriftlichen Einwilligung des Verlages.
Umschlaggestaltung: Rüdiger Lorenz
Umschlagfoto: Eduard Dietl

INHALT

Vorwort 9
Einführung 11

Teil I:
Prinzipien für das Spiel- und Lernangebot im Kindergarten

1. **Das Prinzip der Anschauung** 13
   Anschauung als Wahrnehmung 14
   Anschauung als Vorstellung 14
   Die Anschauungsmittel 14
   Einsatz der Anschauungsmittel 16
   Die Anschauung in den einzelnen Rahmenbereichen 17
   a) Mathematik 17
   b) Sozialerziehung und religiöse Erziehung 18
   c) Sport 19
   Umwelt- und Sachbegegnung — Naturbegegnung 19

2. **Das Prinzip der Aktivität** 21
   Was ist Aktivität? 21
   1. Aktivität als praktisches Tun 22
   2. Aktivität als Denkvollzug 22
   Warum ist Aktivität notwendig? 23
   Mittel zur Förderung der Aktivität 23
   Das Prinzip der Aktivität in den einzelnen Rahmenbereichen 25
   a) Mathematik 25
   b) Spracherziehung 25
   c) Umwelt- und Sachbegegnung 26
   d) Naturbegegnung 26
   e) Wahrnehmung und Motorik 27

3. **Das Prinzip der Lebensnähe** 28
   Was ist Lebensnähe? 29
   Warum ist das Prinzip der Lebensnähe notwendig? 31
   Welche Methoden bedingt das Prinzip der Lebensnähe? 31
   Das Prinzip der Lebensnähe in den einzelnen Rahmenbereichen 34
   a) Spracherziehung 34
   b) Umwelt- und Sachbegegnung und Naturbegegnung 35
   c) Sport 36
   d) Musik- und Bewegungserziehung 36
   e) Sozialerziehung 36

4. Das Prinzip der Übung 37
Worin besteht das Wesen der kindlichen Übung? 37
Warum ist das Prinzip der Übung notwendig? 38
Wie wird Übung methodisch richtig eingesetzt? 38
Übungsmöglichkeiten in den Teilschritten der Beschäftigung 39
Übung als Fortsetzung einer Beschäftigung 41
Übungen können in folgenden Formen durchgeführt werden 41
Das Prinzip der Übung in den einzelnen Rahmenbereichen 42

5. Das Prinzip der Kindgemäßheit 44
Was ist Kindgemäßheit? 44
Warum ist das Prinzip der Kindgemäßheit notwendig? 44
Welche Methoden bedingt das Prinzip der Kindgemäßheit? 45
  a) Bewegungsspiele 46
  b) Funktionsspiele 47
  c) Rollen- und Partnerspiele 47
  d) Regelspiele 48
  e) Wett- und Kampfspiele 48
Das Prinzip der Kindgemäßheit in den einzelnen Rahmenbereichen 49
  a) Mathematik 49
  b) Spracherziehung 50
  c) Umwelt-, Sach- und Naturbegegnung 51
  d) Wahrnehmung und Motorik 51
  e) Sozialerziehung 52
  f) Verkehrserziehung 52

6. Das Prinzip der Teilschritte 53
Worin besteht das Prinzip der Teilschritte? 54
Warum ist das Prinzip der Teilschritte notwendig? 56
Wie wird das Prinzip der Teilschritte methodisch eingesetzt? 56
Das Prinzip der Teilschritte in den einzelnen Rahmenbereichen 59

7. Das Prinzip der Differenzierung 61
Worin besteht das Prinzip der Differenzierung? 62
Wie wird das Prinzip der Differenzierung methodisch eingesetzt? 62
  a) Intra-individueller Bereich 63
  b) Inter-interindividueller Bereich 63
Das Prinzip der Differenzierung in den einzelnen Rahmenbereichen 63
  a) Mathematik 63
  b) Spracherziehung 65
  c) Umwelt- und Sachbegegnung 65

d) Ästhetische Erziehung	65
e) Sport	66
f) Sozialerziehung	66
8. Das Gespräch	67
9. Die Gruppenarbeit	76
Was ist Gruppenarbeit?	77
Verlauf der Gruppenarbeit	77
Warum ist Gruppenarbeit notwendig?	78
Wie wird die Gruppenarbeit methodisch eingesetzt?	80
Durchführung der Gruppenarbeit	82
Die Gruppenarbeit in den einzelnen Rahmenbereichen	84
10. Deduktion und Induktion	86
Die Deduktion	88
Die Induktion	89
Welche Methode wird im Kindergarten angewendet?	90
11. Das Freispiel	91

Teil II:
Durchführung didaktisch-methodischer Einheiten im Kindergarten

A. Planung einer gezielten Beschäftigung (Förderung)	94
1. Das Thema der Beschäftigung	95
a) die Rahmenthemen	95
b) Thema der geführten Tätigkeit	95
2. Die Sachanalyse	96
3. Die Materialvorbereitung	98
a) Arbeitsgeräte	99
b) Arbeitsmaterial	99
c) Anschauungsmittel	101
4. Lernziele	101
5. Individuelle und gruppenspezifische Voraussetzungen	103
6. Die Methodik	106
Beispiel einer ausführlichen didaktischen Analyse	108
B. Beschäftigungen in den Rahmenbereichen	117
1. Kognitive Erziehung (Mathematik)	117
Klassifizieren	118
Eine Reihe bilden	119
Der Zahlbegriff	119
Das räumliche Vorstellungsvermögen	123

2. Spracherziehung 126
Was ist Sprache? 126
1. Sprache als Gesamtkomplex 126
2. Sprache als Kommunikation (Sprechen) 127
3. Sprache als Zeichensystem 128
Sprache und Denken 130
Die Entwicklung der Sprache 132
Soziokulturelle und sozioökonomische Faktoren der Sprachentwicklung 133
Das Sprachverhalten der Erzieherin 134
Beschäftigungsstunde 136
Phonetischer Aspekt (Bereich der Laute) 137
Pragmatischer Aspekt (Bereich der Kommunikation und des sprachlichen Handelns) 137
Sprache als Mittel des Ausdrucks 138
Semantischer Aspekt (Bereich der Worte und Begriffe) 139
Syntaktischer Aspekt (Bereich der Satzbildung) 140
Literarischer Aspekt (Kinderliteratur) 140
Methodischer Aufbau 141
Das Märchen 141
Die Bilderbuchbetrachtung 143
Die Begriffsbildung 145

3. Umwelt- und Sachbegegnung 147
Beschäftigungsstunde 150
Methodischer Aufbau 152
Beschäftigungsstunde als methodische Einheit 155

4. Naturbegegnung 157
Beschäftigungsstunde 157

5. Wahrnehmung und Motorik 161
Der Wahrnehmungsvorgang 161
Die Entwicklung der Wahrnehmungsleistungen 164
Beschäftigungsstunde 167
Methodischer Aufbau 172

6. Musik- und Bewegungserziehung 175
Musik und Bewegung 176
Beschäftigungsstunde 177

7. Ästhetische Erziehung 181
Was ist Kreativität? 181
Beschäftigungsstunde 183
Mittel für die Durchführung der ästhetischen Erziehung 185
Methodischer Aufbau 185
Zweites Beispiel für eine Bastelstunde 186

8. Sport	189
Beschäftigungsstunde	190
Methodischer Aufbau	194
9. Sozialerziehung	196
Verhalten von Kind und Gruppe im Kindergarten	197
Beschäftigungsstunde	199
Methodischer Aufbau	200
Beschäftigungsstunde am Beispiel der Problemgeschichte	202
10. Religiöse Erziehung	205
Was ist Religiosität?	205
Möglichkeiten und Grenzen religiöser Erziehung	205
Beschäftigungsstunde	207
Methodischer Aufbau	208
11. Verkehrserziehung	210
Aufgaben der Verkehrserziehung	211
Beschäftigungsstunde	211
Welche Medien können verwendet werden?	213
Methoden der Verkehrserziehung	213

Teil III:
Die Organisationsformen und Planungsmöglichkeiten im Kindergarten 217

A. Die Ausstattung des Kindergartens	217
1. Das Gebäude	217
2. Die Ausstattung der Räume	229
Beispiel für eine Analyse des Spielangebots	232
Durchführung des Tests	233
Auswertung des Tests	233
Beispiel für einen persönlichen Spieltest	234
Eine Auswahl von Spiel- und Lernmaterial	236
B Die Planung im Kindergarten	241
Rahmenplan	241
Welche Gliederungsaspekte werden hierbei berücksichtigt	244
Drei Beispiele für Wochenpläne	245
Ist Planung im Kindergarten notwendig?	247
Wie wird die Planung im Kindergarten durchgeführt?	250
1. Grundsätze zur Auswahl von Lernfeldern	250
2. Beispiele für Lernfelder	252
3. Die Ausdifferenzierung der Bildungsbereiche	253

Der Jahresplan	257
Wie werden die didaktischen Einheiten durchgeführt?	261
Der Tagesablauf im Kindergarten	262
Beispiel für einen typischen Vormittagsablauf im Kindergarten	263
Welche Möglichkeiten bietet die Nachmittagsarbeit im Kindergarten	265
Wochenplan	267
Tagesplan	268
Die Elternarbeit im Kindergarten	270
1. Das Elterngespräch	271
2. Der Elternabend	272
3. Der Elternbrief	273
4. Die Eltern-Kindergarten-Zeitung	274
5. Das Elternfest	274
6. Hospitation der Eltern	275
7. Wochenendfreizeiten	275
8. Ausflüge	275
9. Hausbesuche	276
Die Grenzen der Elternarbeit im Kindergarten	276
Rechtsvorschriften für den Kindergarten	277
Literaturverzeichnis	**293**
Bildverzeichnis	**296**

Vorwort

Das Buch ist nach den Bedürfnissen der Praxis konzipiert. Es enthält das didaktisch-methodische Vorgehen der Erzieherin* bei der Durchführung von Lernangeboten im Kindergarten. Es entspricht somit nur einem von vielen Sektoren der gesamten Bildungs- und Erziehungsarbeit im Elementarbereich.

Das erscheint wichtig hervorzuheben, damit der Leser das Hauptziel, die Förderung der Gesamtpersönlichkeit des Kindes, niemals aus den Augen verliert.
Alles Lernen im Kindergarten ist Spiel und freiwilliges Angebot der Erzieherin. Es unterliegt niemals den Zwängen curricularer Forderungen.
Wenn in diesem Buch von Spiel- und Lernformen die Rede ist, so sind darunter keineswegs pägagogische Techniken zu verstehen, die etwa der Sicherung von Lernerfolgen dienen sollen, sondern gemeint sind Bedingungen, die den Rahmen für freie Lernprozesse schaffen.
Trotzdem kommt dem Lernen des Kindes im Kindergarten eine erhebliche, wenn nicht entscheidende Bedeutung für seine Persönlichkeitsentwicklung zu. Dieser Anforderung darf sich der Kindergarten nicht verschließen.
Die Erzieherin steht somit vor der schwierigen Aufgabe:
  a) ein entspanntes Feld zu schaffen, das frei ist von Leistungsdruck und angsterzeugenden Erwartungen und
  b) Lernbereitschaft und Lernfähigkeit bei den Kindern zu fördern.

Einerseits sollen weite Freiräume für spontanes Spiel angeboten werden und andererseits sollen Spielmomente in vorstrukturierten Lernsituationen aufgenommen werden. Die Erzieherin muß hier eigenverantwortlich Akzente setzen.

---

* Wenn im Folgenden von Erzieherin die Rede ist, dann ist damit gleichermaßen auch der Erzieher gemeint.

Das Buch wendet sich in erster Linie an diejenigen Erzieherinnen und Erzieher, die in ihrer Ausbildung an der Fachschule für Sozialpädagogik in der Wochen- oder Blockpraxis mit der praktischen Arbeit im Kindergarten konfrontiert werden. Daneben hilft es der schon berufstätigen Kindergärtnerin, ihre Aufgabe bewußter und effizienter zu erfüllen und ist so ein wesentlicher Teil beruflicher Fortbildung. Die Schwierigkeiten sind allenthalben groß, aus einer Fülle von Einzelveröffentlichungen Hilfe für die konkrete Situation zu suchen und zu finden.

In diesem Buch wurden die wichtigsten methodischen und didaktischen Forderungen für gezielte Beschäftigungen oder Förderungen gesammelt und systematisiert.
Dabei ging der Autor von der Voraussetzung aus, daß es in der täglichen Bildungsarbeit im Kindergarten Grundregeln gibt, die erlernt werden können und nachvollziehbar sind.
Der Schreiner weiß beispielsweise, daß er die Bretter niemals gegen den Wuchs hobeln darf. Er lernt Grundtechniken spezieller Verfahrensweisen.
Grundregeln der Methodik sollte auch die Erzieherin zu Beginn ihrer Berufslaufbahn wissen, damit sie Umwege vermeidet und nicht in einer Situation probiert und versucht, wo ein pädagogisches „Experiment" unangebracht ist.
Die Erzieherin sollte in ihrer Praxis nicht zu häufig an den Kindern nach dem Prinzip „Versuch und Irrtum" lernen müssen. Die Frustrationen sind meistens auf beiden Seiten groß.

Es muß an dieser Stelle ausdrücklich darauf hingewiesen werden, daß unter keinen Umständen einer Rezeptpädagogik das Wort geredet wird. Das Buch bietet lediglich eine Anleitung für die Praxis. Die Methodik muß richtig ausgewählt, auf die betreffende Situation zugeschnitten, differenziert und praktisch erprobt werden.
Die kritische Reflektion über die geführte Tätigkeit und ebenso die Auseinandersetzung mit der gesamten Bildungsarbeit bleibt der Erzieherin nicht erspart.
Das Buch ist aus der Praxis heraus entstanden und für die Praxis geschrieben. Es ist ein Arbeits- und kein Lesebuch. Es soll helfen, Umwege und Sackgassen zu vermeiden, und den Einstieg ins Berufsleben erleichtern.

Und nun viel Erfolg und Freude bei der praktischen Durchführung!

Einführung

Im nordrhein-westfälischen Kindergartengesetz von 1971 heißt es:
„Der Kindergarten hat im Elementarbereich des Bildungssystems einen eigenständigen Bildungsauftrag. Die Förderung der Persönlichkeitsentwicklung des Kindes und die Beratung und Information der Erziehungsberechtigten sind dabei von wesentlicher Bedeutung; der Kindergarten ergänzt und unterstützt dadurch die Erziehung des Kindes in der Familie."
Der eigenständige Bildungsauftrag des Kindergartens umfaßt die Sozialisation und Bildung der 3 bis 6jährigen.

Die kindliche Persönlichkeit

Das Vorschulkind zeichnet sich in dieser Altersstufe durch einen hohen Grad an Aktivität, Spontaneität, Offenheit und Lernbereitschaft aus. Es ist in besonderem Maße bildsam und lernfähig.

Voraussetzung für eine positive Entfaltung der Gesamtpersönlichkeit ist die unmittelbare Erfahrung des Kindes an Zuwendung, Fürsorge und Geborgenheit.
Erfährt es von anderen Anerkennung und Bestätigung, dann kann es Vertrauen zu sich selbst, seiner personellen und sachlichen Umwelt entwickeln.
Das Kind sucht Freundschaft mit Gleichaltrigen und Erwachsenen. Sieht der Erzieher im Kind die eigenständige, in besonderer Weise gleichberechtigte Persönlichkeit, dann ist er der Freund des Kindes. Sieht er im Kind ausschließlich das „erziehungsbedürftige Wesen", dann rechtfertigt er nur die These, „daß man die Erziehung eigentlich abschaffen sollte".

Der Kindergarten als Ort des Spielens und Lernens

Die soziale Erfahrung des Kleinkindes bezieht sich im wesentlichen auf die Personen seiner Familie. Deshalb ist es natürlich, daß Kinder, die neu in den Kindergarten kommen, Anpassungsschwierigkeiten haben. Das Kind findet ein „soziales Umfeld" vor, in dem es erst ausprobieren muß,

welches Verhalten erwünscht/unerwünscht ist, welche Chancen der Durchsetzung es gibt und welche Spielmöglichkeiten bestehen. Es hat dabei nicht die emotionale Sicherheit seiner Familie.
Das Kind erfährt Hilfe von neuen Bezugspersonen und macht Erfahrungen mit anderen Kindern. Diese Sozialerlebnisse können helfen, Selbständigkeit und Ich-Stärke des Kindes zu fördern.
Im Kindergarten spielen die Kinder ohne Angst, stehen nicht unter Zeitdruck und Leistungszwang, können eigene Wünsche äußern und sollen Spaß, Freude und Glück erleben. Sie sollen lernen sich mitzuteilen, zuzuhören, anderen zu helfen, eigene Wünsche und Bedürfnisse vorübergehend zurückzustellen, abzugeben und zu teilen, Konflikte zu regeln, aber auch Mißerfolge, Enttäuschungen und ein bißchen Leid zu ertragen. Der Kindergarten bietet den Rahmen für:

— *die Entwicklung der personalen Autonomie:*
Sicherung im emotionalen Bereich, Bestätigung des eigenen Ich, Aufbau der Eigenmotivation, Erfüllung kindlicher Neugier, Erfahrungen mit neuen Materialien und Techniken;

— *soziale Erfahrungen:*
Gewöhnung an neue Bezugspersonen, Lösung von unangemessener Abhängigkeit, Erlebnisse in und mit der Gruppe, Konfliktverarbeitung und situationsgerechtes Verhalten im Umgang mit anderen;

— *Förderung von Fähigkeiten:*
kognitive, sprachliche, kreative Fähigkeiten, Orientierungs- und Konzentrationsfähigkeit, Wahrnehmungs- und Erlebnisfähigkeit, Gemeinschafts- und Spielfähigkeit;

— *Erwerb von Kenntnissen:*
über sich selbst, andere Personen, Sachverhalte der eigenen Umwelt.

Zusammenfassend soll hervorgehoben werden: Soziale Erziehung und Persönlichkeitsbildung sind nicht zu trennen. Sie sind niemals ein Anpassungsprozeß an die Welt der Erwachsenen, sondern Spiel, Erlebnis und Angebot in einem pädagogischen Feld.
Der Erzieher ist nicht „Sozial-Agent", sondern Freund des Kindes.

Teil I:
Prinzipien für das Spiel- und Lernangebot im Kindergarten

1. Das Prinzip der Anschauung

Wir können an uns immer wieder feststellen, daß anschauliche Schilderungen oder anschaulich dargestellte Graphiken von uns am leichtesten verstanden und am besten behalten werden.
Wer Wörter in einem Buch mit einem Leuchtstift markiert, behält sie leichter im Gedächtnis, weil er sie „innerlich" vor sich sieht. Wer Telefonnummern oder Namen sich durch Vorsagen einprägt, kann sie später einfacher aus dem Gedächtnis abrufen, weil er glaubt, sie „innerlich" zu hören. Wer einmal einen echten Mohairstoff gefühlt hat, wird seine Weichheit und Schmiegsamkeit vielleicht so schnell nicht vergessen.
Das anschaulich Vorgegebene spielt beim Erwachsenen insofern eine Rolle, als es den Lernprozeß erleichtert. Anschaulich Dargebotenes ist einprägsam. Es haftet leichter und länger im Gedächtnis.

Das anschaulich Konkrete hat bei Kindern im Alter von 4 bis 6 oder 7 Jahren eine andere und weitaus wesentlichere Bedeutung.
Das Kind in dieser Altersstufe nimmt die Welt sehr anschaulich und sinnlich wahr und reproduziert in sich „Bilder" der Realität. Mit diesen „inneren Anschauungsbildern" orientiert es sich in seiner Umwelt; sie dienen ihm zum Begreifen und Erfassen der Wirklichkeit. Im Kind werden die Objekte nur bildhaft − „ikonisch" − repräsentiert. Die Objekte selbst sind der Anstoß des kindlichen Denkens. Nur das Konkret-Anschauliche vermag in diesem Alter Denkprozesse in Bewegung zu setzen.
Dieses anschauliche Denken bildet die Vorstufe des späteren formalen (abstrakten) Denkens (mit Beginn des 11. oder 12. Lebensjahres).
Der Kindergarten fordert daher zu Recht die größtmögliche Anschaulichkeit oder Wirklichkeitsnähe.

Was ist Anschauung?

Das Wort Anschauung hat in den verschiedenen Wissenschaften eine unterschiedliche Bedeutung. Hier soll nur die Anschauung im psychologischen Sinn behandelt werden.

Unter Anschauung versteht man die auf Sinneswahrnehmung beruhende Aufnahme der Wirklichkeit, also einen psycho-physischen Vorgang.

1. Anschauung als Wahrnehmung

Wahrnehmung ist die direkte Aufnahme von Sinnesempfindungen. Man unterscheidet folgende Sinnesempfindungen:
a) Sehen (Farben, Formen)
b) Hören, (Geräusche, Töne)
c) Fühlen (Oberflächenstruktur, Temperaturen)
d) Schmecken (Geschmacksqualitäten)
e) Geruch (Geruchsqualitäten)

Anschauung – anschauen – sehen – wird in der Umgangssprache oft gleichgesetzt. Grundsätzlich kann Anschauung jedoch über alle Sinnesempfindungen gewonnnen werden. Die Anschauung wird vertieft, wenn der Gegenstand ,,mehrsinnig" wahrgenommen wird. Ein Apfel kann gesehen, gefühlt, gerochen und geschmeckt werden.

Die Anschauung ist aber auch das Ergebnis des Anschauungsvorganges. Man spricht dann von Vorstellung.

2. Anschauung als Vorstellung

Vorstellung ist die ,,innere" Reproduktion wahrgenommener Personen, Gegenstände oder Ereignisse.
(Ich stelle mir etwas vor . . .)
Die Vorstellungen sind nicht vom augenblicklich gegebenen Reiz abhängig. Es sind die anschaulichen Niederschläge ursprünglicher Wahrnehmungen.

Die Anschauungsmittel

Bei den Anschauungsmitteln im pädagogischen Bereich unterscheidet man
  das Bild,
  das Modell und den
  Gegenstand selbst.

Die Bilder und Fotografien sollten eine ausreichende Größe haben (60 x 80 cm), um in einer Gruppe von allen Kindern gesehen zu werden. Bei

Kleingruppen können auch Fotos in geringeren Abmessungen herumgereicht werden. Abbildungen aus Büchern eignen sich nur dann, wenn die Erzieherin das Buch herumzeigt. Wird das Buch herumgereicht, so lassen sich die Kinder zu leicht von dem Werk ablenken, indem sie darin herumblättern und es nicht mehr aus der Hand geben wollen.
Mit Bildern und Fotografien kann im Bereich der Sozialerziehung oder der religiösen Erziehung ein Problem, eine Situation sehr gut veranschaulicht werden (alte Menschen, behinderte Kinder, streitende Kinder, . . .).

Dias, an die Wand projiziert, sind wegen der Größe und Farbigkeit besonders motivierend. Sie können sehr lange betrachtet werden und eignen sich besonders gut, Einzelheiten herauszuarbeiten.

Filme sind bei Kindern immer willkommen. Die Erzieherin müßte sie jedoch vorher auf ihre Brauchbarkeit prüfen. Ist der Streifen nur stellenweise für den gedachten Zweck brauchbar, so muß das in der Planung berücksichtigt werden. Insgesamt sollte ein Film nicht länger als 15 Minuten in Anspruch nehmen.

Kindersendungen im Fernsehen sind nicht in allen Fällen gleich geeignet. Die Erzieherin sollte sich mit den Sendungen vorher auseinandersetzen, um die Intentionen zu kennen.
Wichtig ist bei den Medien Film und Fernsehen, daß sie gut vor- und nachbereitet werden.

Eine *Zeichnung* scheint dann geeignet, wenn ein Objekt oder ein Sachverhalt zu komplex ist und nur Wesentliches hervorgehoben werden soll (der Flugplatz, . . . das Mietshaus, . . .) oder wenn ein Handlungsablauf schematisiert wird (Zubereitung eines Obstsalates, eines Puddings, . . .).
Die Zeichnung ist nicht Selbstzweck sondern nur Unterstützung. Die gewonnenen Erkenntnisse sollten nach Möglichkeit am realen Objekt nachvollzogen und gefestigt werden.
Eine Zeichnung muß einfach in der Linienführung, kontrastreich in der Farbe und großflächig sein. Ein Vergleich von Bilderbuchillustrationen kann sehr aufschlußreich sein.
Die eigene Zeichnung, auch wenn sie unbeholfen wirkt, ruft bei den Kindern Erstaunen hervor und ist oft sehr motivierend.

Das *Modell* ist eine auf wesentliche Teile und Funktionen reduzierte Nachbildung des Realgegenstandes.

Das Modell zeigt auf einfache Weise das Wesen oder einen Vorgang oftmals besser als der Gegenstand selbst (selbstgebasteltes Wasserrad, Modell aus Legosteinen für die Übersetzung beim Fahrrad, . . .).

Der *Gegenstand* selbst ist die beste Anschauung. Die Kinder sollten die Phänomene und Objekte real – wenn möglich in ihrer jeweiligen Umgebung – erfahren. Alles Lebendige (Pflanzen, Tiere) sollte nie durch eine Abbildung oder ein Modell ersetzt werden, soweit es sich ermöglichen läßt. Natur ist nur am Lebendigen erfahrbar.

In diesem Zusammenhang müssen Wanderung und Ausflug erwähnt werden. Ein Besuch im Zoo, beim Postamt, ein Gang in den Garten, durch den Stadtpark, an die Straßenecke ist schlechthin nicht ersetzbar. Die Mühe der Vorbereitung und Durchführung wird belohnt durch die Fülle der Lernerfahrungen, die erlebt wird und reichlich ausgeschöpft werden kann.

Einsatz der Anschauungsmittel

Die Veranschaulichung gelingt nur, wenn den Kindern genügend Zeit gelassen wird, sich mit den Phänomenen zu beschäftigen. Die Anschauung erreichen die Kinder nicht passiv, sondern nur durch eigene Aktivität. Die Erzieherin muß den Anschauungsprozeß steuern und leiten (nicht dirigieren!).

Dabei ist zu beachten, daß Kinder oft mehr sehen als der Erwachsene und daß sie über einen größeren Empfindungsreichtum verfügen als wir selbst.

Um zu steuern und zu leiten muß die Erzieherin selbst Unwesentliches vom Wesentlichen trennen können und wissen, wohin sie die Aufmerksamkeit der Kinder leiten will.

Bei einer *Bild- oder Gegenstandsbetrachtung* läßt sie zunächst alle Äußerungen der Kinder zu, um sie nicht in ihrer Motivation und Spontaneität zu hemmen. Erst nach und nach wird sie einzelne Aussagen aufgreifen, um zu einer differenzierteren Betrachtung zu kommen. Dies geschieht nicht durch direkte Fragen, sondern besser durch Impulse (nicht: ,,Was siehst Du?" oder die Entscheidungsfrage ,,Ist die Form des Blattes spitz oder rund?" Besser:,,Sieh genauer hin!" ,,Du kannst noch mehr sehen!" ,,Was meint Ihr zu dem, was Peter sagt?" ,,Schau auf die Verzweigung am Ast!" ,,Vergleiche die beiden Blätter!"). Es gilt auch, mehrere Sinne anzusprechen: die Blätter fühlen sich verschieden an, Pflanzen haben einen bestimmten Duft, eine Zitrone schmeckt anders als eine Apfelsine, . . .

Die Anschauung in den einzelnen Rahmenbereichen

a) Mathematik

Die Veranschaulichung in der Mathematik ist problematisch, weil es sich hierbei um formales, abstraktes Denken handelt und die Begriffe der Mathematik nicht veranschaulicht werden können. Das trifft auch für die logischen Blöcke oder ähnliches strukturiertes Material zu.

Die Kreisfläche ist eine geometrische Figur in einer Dimension, während der betreffende logische Block eine Säule mit kreisförmiger Grundfläche, also ein Körper ist.

Um diese Schwierigkeiten muß die Erzieherin wissen, damit sie die Fachbegriffe richtig verwendet. Bei der Veranschaulichung in der mathematischen Früherziehung muß sie unbedingt die Handanweisungen des Spielmaterials beachten und nur die angegebene Fachterminologie verwenden.

Häufig sagt die Erzieherin: ,,Wo siehst Du noch Rechtecke?" Die Kinder bringen dann Schachteln, kleine Kisten und Bausteine. Die Verwirrung ist nicht mehr zu korrigieren, denn nun werden Flächen und Körper begrifflich durcheinandergebracht.

In der mathematischen Früherziehung kann auch selbstverständlich unstrukturiertes, eigenes Material zur Veranschaulichung verwendet werden, wenn es sich um mengentheoretisch-logische Beziehungen handelt, nicht jedoch um geometrische Formen. Beziehungen können hier nur aufgrund von Merkmalen/Eigenschaften hergestellt werden. Lassen Sie immer nur ein Merkmal oder eine Eigenschaft, höchstens jedoch zwei, von den Kindern nennen, herausfinden oder vergleichen.

Lego-Elemente
mit folgenden Unterschiedsmerkmalen:
  a) Länge: 2, 4, 6, 8 Knöpfe lang
  b) Farbe: weiß, rot, schwarz, gelb, blau
  c) Breite: einen Knopf breit, zwei Knöpfe breit
  d) Dicke: 1 Stein, 2 Steine, . . . übereinandergesteckt

Metallschrauben
  a) Durchmesser: groß, klein
  b) Länge: sehr lang, kurz
  c) Material: Eisen, Messing (rostig, blank)
  d) Form des Kopfes: Halbkugelkopf, Linsenkopf
  e) aufgeschraubte Muttern, . . .

Stoffreste
  a) Stoffart: Kord, Frotté, Leinen, Samt
  b) Farbe
  c) Verschmutzung: Tintenfleck, Fettfleck, ...

Fotografie
  a) Motiv: Landschaft, Portrait, Gruppenaufnahme, Tierbild, ...
  b) Größe/Form: quadratisch, rechteckig
  c) Oberfläche: matt, glänzend
  d) Rand: mit, ohne Büttenrand

Darüber hinaus können Holzabfälle, Plastikmaterialien, Blätter usw. verwendet werden. Entscheidend ist bei schwierigen Materialien nicht die Benennung der Merkmale, sondern die Herstellung der geforderten Beziehungen durch Tun.

b) Sozialerziehung und religiöse Erziehung

Die wichtigsten Anschauungen bieten die in der Gruppe auftretenden *Problem- und Konfliktsituationen*. Die Erzieherin muß sie spontan aufgreifen und Lösungsmöglichkeiten mit den Kindern besprechen oder Alternativen anbieten.

Das Rollenspiel ermöglicht eine Vielzahl von Situationen darzustellen, in denen Sozialerziehung durchgeführt werden kann. Die Kleiderkiste, der Kaufladen, das Puppenhaus und die Hand- oder Stabpuppen können vielseitig eingesetzt werden, um bestimmte Verhaltensweisen praktisch zu üben oder darzustellen.

Das menschliche Bedürfnis nach Wärme, Liebe und Geborgenheit kann Inhalt der religiösen Erziehung sein. Hierbei können Tierbeobachtungen große Hilfe leisten.

Das Bilderbuch und das Foto sind gleichermaßen legitime Mittel. Das Material muß jedoch aussagekräftig und eindeutig sein. Die intensive Betrachtung des Bildmaterials ist eine vorzügliche Schule des Sehens für Kinder und Erzieherin, die allerdings geübt werden will.
Bei der Betrachtung eines Bildes einer bestimmten problematischen Situation kommt es nicht darauf an, daß die Kinder eine abschließende,

eindeutige Aussage treffen. Es genügt, wenn das Problembewußtsein der Kinder geweckt wurde.

c) Sport

Die Veranschaulichung liegt hier im Vormachen. Anleitungen für gymnastische Übungen sind mitunter verbal nur sehr umständlich zu geben. Es ist besser, wenn ein Kind oder die Erzieherin die betreffende Übung vormacht. Es muß darauf geachtet werden, daß die Darstellung nicht seitenverkehrt erfolgt.
Abstrakte Handlungsanweisungen werden von den Kindern schwer verstanden. Es ist besser, Vorstellungen in ihnen zu wecken: „Hüpft wie die Frösche, wir fahren im Rennwagen!"

Umwelt- und Sachbegegnung
Naturbegegnung

Hier sollte auf keinen Fall die Sache selbst durch ein anderes Mittel ersetzt werden. Das gilt im besonderen Maße für die Naturbegegnung.
Die Erzieherinnen sind oft nicht geneigt, Tiere in die Gruppe zu bringen, weil sie fürchten, die Situation nicht mehr beherrschen zu können. Die Katze kann die Kinder kratzen, der Hase hoppelt weg, Vögel übertragen Krankheiten, ...
Hier wird klar, daß Erziehung immer ein Wagnis bleibt und nicht bis ins Letzte planbar ist. Der Erzieherin fällt die Aufgabe zu, die Akzente angemessen und richtig zu setzen. Lebendiges Verhalten läßt sich eben durch ein Bild nicht veranschaulichen und ohne Risiko ist Erziehung niemals Erziehung.

Bei der Durchführung eines *Experimentes* muß die Erzieherin das Prinzip der Anschauung strikt beachten.
Die Kinder experimentieren (spielen) mit dem Magneten. Hierbei stellen sie fest: Der Magnet zieht Nägel an, er zieht Büroklammern an, er zieht Spielmarken nicht an ... Die Erzieherin begeht häufig den Fehler, von den Kindern eine verallgemeinernde Aussage zu verlangen. (Vergl. Kapitel Induktion — Deduktion)

Die Aussage, der konkrete Schluß, kann nur heißen: „Der Magnet zieht Nägel an usw." Niemals jedoch: „Der Magnet zieht Eisen an."
Hier wird von den Kindern ein Abstraktionsschritt verlangt, den sie auf dieser Altersstufe noch keinesfalls leisten können.

2. Das Prinzip der Aktivität

Der kleine Karl sitzt in seinem Gitterbettchen und dreht die Bausteine in seinen Händen hin und her. Plötzlich interessieren sie ihn nicht mehr. Er läßt sie achtlos liegen, zieht sich an den Gitterstäben hoch, steht, hält sich am Bettholmen fest und blickt im Zimmer umher. Dann hopst er ein paarmal auf und ab. Es scheint so, als würde er versuchen, aus seinem Bettchen zu steigen, aber es gelingt ihm nicht. Er tastet sich zur anderen Seite seines Bettes und schaut auf die Wand. Die Tapete mit dem großen bunten Blumenmuster sieht sehr schön aus. Karlchen lehnt sich über das Gitter hinaus und bepatscht mit seinen Händen die Tapete. Dann grabscht er unbeholfen nach der Tapete und es scheint so, als wolle er nach den Blumen greifen. Aus diesen Versuchen wird schließlich ein kräftiges Kratzen. Und siehe da, ein winziges Fleckchen hat sich von der Tapete gelöst. Der Kleine bemüht sich lange, bis er das Stückchen zu fassen bekommt. Er zieht und — ritsch — hält er ein großes, längliches Tapetenstück in der Hand. Er läßt sich rückwärts auf seinen Po plumpsen und betrachtet den Tapetenstreifen von allen Seiten. Auf der Vorderseite ist das Papier schön glatt, auf der Rückseite klebt noch ein wenig Putz von der Wand. Schließlich zerknittert und zerknüllt er seinen Tapetenstreifen, dabei reißt er einen Fetzen ab und steckt ihn in den Mund. Da nach längerem Probekauen das Ergebnis negativ ausfällt, spuckt er es wieder aus.
Was ist das? Ungehorsam — Aufsässigkeit — Zerstörungswut — nein — Aktivität!

Karlchen ist ein sehr munteres und lebendiges Kind.
Grundprinzip alles Lebendigen ist die Aktivität, als eine nach Handlung drängende Lebensenergie.

Was ist Aktivität?

Grundsätzlich kann Aktivität als die Gesamtheit aller äußeren und inneren Organismusvorgänge verstanden werden: Wachstum, Reifung, Bewegung, Funktionen einzelner Organe.

Hier wird der Begriff Aktivität eingegrenzt auf die „Selbsttätigkeit" des Kindes. Selbsttätigkeit wird gesehen unter dem Gesichtspunkt des praktischen Tuns und des Denkvollzuges. Wobei gleich angemerkt werden muß, daß beide Aspekte wohl theoretisch unterschieden werden können, in der Praxis jedoch immer in einem Zusammenhang gesehen werden müssen.

1. Aktivität als praktisches Tun

Hierunter fällt die Gesamtbewegung des Körpers (Grobmotorik), die Finger-/Zehbewegung (Feinmotorik) und die bewußte Sinneswahrnehmung.

Das Kind im Kindergarten hat einen natürlichen *Bewegungsdrang,* es bastelt und malt gern und nimmt die Dinge der Umwelt in einer besonders intensiven sinnlichen Weise wahr. Ein weiches Fell, nasser Sand (Eierpampe) und süßer Brei sind beim Kind Dinge von sehr hoher Erlebnisqualität.

Im Spiel, Versuch, Experiment äußert sich die kindliche Aktivität durch Probieren, Zerstören und Aufbauen, Auseinandernehmen, Zusammensetzen, Vergleichen, Beobachten, Wiederholen und Üben, Befühlen, Betasten, Schmecken, Riechen.

Dieses Tun ist die kindgemäße Art, Lernerfahrungen zu machen. Durch die konkrete Handhabung der Gegenstände lernt das Kind die nähere Umwelt kennen.

Das Tun des Kindes sollte niemals als „sinnlose Spielerei", als „bloßes Vertun von Zeit" verstanden werden. Es steht immer in enger Beziehung zur Aktivität als Denkvollzug.

2. Aktivität als Denkvollzug

Die geistige Aktivität ist keine passive, rezeptive Stoffaufnahme, sondern eine Auseinandersetzung mit den Gegebenheiten der Welt. Das Ausprobieren ist gleichzeitig ein Lernprozeß nach dem Gesetz: „Versuch und Irrtum." Das Kind lernt, indem es nacheinander ausprobiert, welche Klötze sich in die vorgeformte Öffnung stecken lassen. Es experimentiert mit den Bausteinen, wie hoch sich der Turm wohl bauen läßt.

Es experimentiert auch mit dem Verhalten anderer. „Ich will Klaus mal schubsen, mal sehen was er macht!"

Ein besonderes Gewicht erhält das Lernen durch Tun in der mathematischen Früherziehung (siehe kognitive Erziehung, Mathematik). In der Arbeit des Kindergartens müssen beide Aspekte immer zusammen gesehen werden. Häufig wird Aktivität vermutet, wo nur reine ,,Beschäftigung" abläuft. Bastelbeschäftigungen, die sich in einem Nachvollziehen manueller Fertigkeiten erschöpfen, Sprachübungen, in denen Vorgegebenes nachgesagt wird, eine Problemgeschichte, in der die Erzieherin das Ergebnis nachliefert, werden zu einem sinnentleerten Tun degradiert. Dem äußeren Schein nach kann eine solche Stunde wie am Schnürchen ablaufen, inhaltlich jedoch bleibt sie leer. Zur Einführung kann ein Vormachen einer Arbeitstechnik (Spritztechnik mit Zahnbürste und Sieb) oder einer Handhaltung (Messer) durchaus seine Berechtigung haben, jedoch ist es niemals Selbstzweck und darf nicht als durchgängiges Prinzip gelten.

Die Aktivität im Sinne der Selbsttätigkeit hat ihren Grund in einer tieferliegenden Zielsetzung.

Warum ist Aktivität notwendig?

Dem Kind soll breiter Raum für Selbstbetätigung gegeben werden, um Kräfte zu wecken und Fähigkeiten zu mobilisieren. Durch ein vielfältiges Angebot an Möglichkeiten wird das Kind zum Handeln herausgefordert. Spielmaterial und neue Situationen schaffen Aktivitätsbereiche, in denen das Kind allein oder gemeinsam mit anderen handeln kann. Das Kind lernt, eigene Bedürfnisse zu äußern und eigene Entscheidungen zu treffen. Es wird zur Selbstbestimmung befähigt und weitgehend unabhängig vom Erwachsenen. Es bekommt ein positives Selbstwertgefühl und Selbstvertrauen. Es bejaht sich selbst. Es bekommt Vertrauen zu seinen eigenen Handlungsweisen und beginnt, sich selbst richtig einzuschätzen. Auf diese Weise ist Selbsttätigkeit ein Faktor der Persönlichkeitsentwicklung. Die Förderung größerer Selbständigkeit, Unabhängigkeit und Entscheidungsfähigkeit sind Teilschritte auf dem Wege zur Autonomie des Kindes und daher vom ,,blinden Aktionismus" zu unterscheiden.

Mittel zur Förderung der Aktivität

Ansatzpunkt für die Aktivität ist das natürliche Neugier- und Frageverhalten des Kindes. Es wendet sich seinen Mitmenschen und seiner Umwelt von selbst aktiv zu.

Allem Neuen tritt das Kind mit Unbefangenheit und Offenheit gegenüber. Spontan macht es seine Lernerfahrungen, selbsterforschend, in der Auseinandersetzung mit der Umwelt. Voraussetzung hierfür jedoch ist, daß es keine Angst vor negativen Reaktionen aus der Erwachsenenwelt hat. Mißerfolgserlebnisse und persönliche Nachteile hemmen die Umweltexplorationen in starkem Maße. Ein Kind, das ständig einen Klaps auf die Finger bekommt, weil es die Tasten des Radios unaufgefordert herunterdrückt, wird das Gerät nicht mehr oder nur noch mit großer Unsicherheit anrühren.

Entscheidend für die Förderung der Aktivität ist das *Angebot an freier Initiative*. Das Kindergartenkind erhält die Möglichkeit der Mitentscheidung, welche Geschichte und wann vorgelesen werden soll. Es hilft Gruppenspiele auszusuchen, es wählt sich seinen Partner und bestimmt mit, wann das Spiel abgebrochen werden soll oder ob es fortgesetzt wird. Es wählt sich die Arbeitsmittel aus einem Angebot selbst aus und bekommt sie nicht zugeteilt. Es bestimmt seinen Arbeitsrhythmus und kann auch schon helfen, einen Arbeitsweg zu planen. Alle Hilfe von seiten der Erzieherin versteht sich nur als Hilfe zur Selbsthilfe.

Als *Gesprächspartner* wird das Kind ernstgenommen. Die Erzieherin führt Gesprächssituationen herbei und gibt dem Kind genügend Zeit, sich in Ruhe zu äußern.

Das *Rollenspiel* ist ein planmäßiges Angebot für einen Freiraum, in dem Motorik und verbale Äußerungen sich entfalten können. Gleichzeitig erhält das Kind die Möglichkeit Empfindungen, Gefühle und Ansichten zu äußern, sich selbst zu artikulieren.

Bei auftretenden Problemen in einer Gruppe wird die Erzieherin nicht sofort schlichtend eingreifen, sondern die Gelegenheit wahrnehmen, gemeinsam mit der Gruppe Lösungsmöglichkeiten zu überlegen, zu diskutieren und Alternativvorschläge machen zu lassen.

Kooperation, Teamarbeit im ästhetischen Bereich, Partnerübungen im Sport, eine Projektarbeit im Bereich Umwelt- und Sachbegegnung sind vorzügliche Möglichkeiten, Aktivität beim Kind zu fördern. Übungen zur differenzierteren Wahrnehmung der Sachwelt und der sozialen Umwelt steigern die Autonomie und Handlungsfähigkeit des Kindes.

Der *Entwicklung der Sprache* muß besondere Beachtung geschenkt werden, damit das Kind lernt, seine eigenen Bedürfnisse zu äußern und seinen Anspruch durchzusetzen. Kreativität und Produktivität stehen zur Aktivität in einem unmittelbaren Zusammenhang. Spontane Ideen, Phantasie und Gestaltungsversuche sind der Ausdruck geistiger Auseinandersetzung mit dem Thema, mit einem Problem oder dem Material.

Bei der Förderung der Aktivität muß die Erzieherin davon ausgehen, daß die Kinder eine unterschiedliche Entwicklung durchgemacht haben. Nicht allen Kindern ist Gleiches zuzumuten. Ein Risiko muß sie sich selbst und den Kindern zutrauen.

Das Prinzip der Aktivität in den einzelnen Rahmenbereichen

a) Mathematik

Selbsttätigkeit ist die Voraussetzung in der mathematischen Früherziehung. Im Umgang mit dem Material (Logische Blöcke), im eigenständigen Ausprobieren, Vergleichen, Korrigieren und abermals Probieren wird die Erkenntnis gewonnen. Das Kind nimmt die Steine in die Hand, legt sie entsprechend der Regel an den vorgegebenen Platz, befühlt die Seiten und die Oberflächen.
Ein kleines Würfel- oder Mensch-ärger-dich-nicht-Spiel, das Verteilen von Bonbons („ich eins, du eins") oder das Decken des Frühstückstisches (eine Tasse, ein Teller, ein Löffel, ... eine Tasse, ein Teller, ein Löffel, ...) können von den Kindern selbsttätig durchgeführt werden. Die Kinder merken dann schon selber, wenn etwas falsch ist.
Das Wort der Erzieherin ist lediglich Denkanstoß oder Hilfe zur Korrektur, niemals Erkenntnisvermittlung.

b) Spracherziehung

Bilderbuch- und Problemgeschichten geben einen guten Anlaß, damit die Kinder sich äußern können. Nicht das Wort der Erzieherin ist wichtig, sondern das Wort des Kindes. Keinesfalls dürfen die Kinder dazu verurteilt werden, sich rezeptiv zu verhalten. Gleichzeitig mit der verbalen Äußerung haben sie Gelegenheit, in spielerischer Darstellung gleichsam ganzheitlich ihren Empfindungen Ausdruck zu verleihen. Im Anschluß an eine Geschichte kann diese mit verteilten Rollen gespielt werden.
Sollen einzelne Übungen durchgeführt werden, etwa die (räumlichen) Präpositionen: vor, hinter, neben, zwischen, unter, über usw., so setzen die Kinder Spielmaterial konkret in die einzelnen Positionen: die Puppe sitzt a u f dem Stuhl, der Bär sitzt u n t e r dem Tisch, der Ball liegt n e - b e n dem Baustein usw. Hierbei muß jedoch beachtet werden, daß die

Positionen aus der Sicht aller Kinder stimmen, wenn die Übung in einer Gruppe durchgeführt wird. Ein Gegenübersitzen oder ein Kreis eignet sich hierfür nicht, weil die Position aus einer anderen Sicht ebenfalls eine andere ist. Für das gegenübersitzende Kind liegen die Murmeln hinter den Legosteinen anstatt davor.

Besser ist es, wenn die Aktivität voll ausgeschöpft wird, indem die Kinder selbst die Positionen einnehmen. Eine solche Übung läßt sich am besten im Turnraum durchführen: auf der Langbank, hinter dem Kasten, vor der Wand, usw.

c) Umwelt- und Sachbegegnung

Beim Zurechtfinden in der näheren Umgebung, bei den lebenspraktischen Übungen wird die Erfahrung immer durch Tun gesammelt, nie durch Belehrung. Die Übung am Modell kann eine Hilfe sein, besser jedoch ist der Einsatz des ganzen Körpers. Einüben von Verkehrsverhalten auf dem Verkehrsübungsplatz oder am Fußgängerüberweg ist einprägsamer als auf dem Fußboden mit Puppen und Spielzeugautos, der Besuch in einem Tante-Emma-Laden wirkt nachhaltiger als das Spiel mit dem Kaufmannsladen. Über Kleiderpflege wird nicht ausschließlich gesprochen, sondern sie sollte durchgeführt werden.

d) Naturbegegnung

Eine Blume schauen die Kinder nicht von Ferne an, sie nehmen sie in die Hand, befühlen sie, riechen daran, stellen sie in die Vase und pflegen sie. Der Umgang mit Tieren ist problematisch, aber dennoch, ein Aquarium und ein Goldhamster wollen behandelt werden.

„Der Kreislauf des Jahres" wird richtig nur erfahren, wenn die Kinder sich ins Freie begeben, sich in der warmen oder kalten Luft bewegen, zu den Bäumen und Sträuchern hingehen, alles von der Nähe betrachten, einen Ast brechen, eine Strauß pflücken, einen Schneemann bauen.

e) Wahrnehmung und Motorik

Bei der Wahrnehmung gilt es, möglichst alle Sinne einzusetzen und bei der Motorik sowie bei der Musik- und Bewegungserziehung den ganzen Körper zu beanspruchen. Bei gezielten Bewegungsübungen wie in der Musik muß darauf geachtet werden, daß nicht einzelne Körperteile einer Funktionsübung unterzogen werden, sondern daß die Bewegung des gesamten Körpers einbezogen wird. Einseitiges Trainieren, etwa der Fußgelenke, sollte vermieden werden. Musik sollte in Verbindung mit rhythmischen Übungen und kindgemäßen Bewegungsabläufen verschmolzen werden. Das Singspiel vom Dornröschen ist wohl ein altes, aber dennoch treffendes Beispiel.

3. Das Prinzip der Lebensnähe

In einem Raum des Kindergartens sitzen die Kleinen auf ihren Stühlchen im Halbkreis vor einem schönen großen Poster mit dem Titel „Beim Hufschmied".

Die Erzieherin hat für den Rahmenbereich „Umwelt- und Sachbegegnung, Thema Handwerksberufe" dieses Foto-Poster ausgewählt. Es zeigt die Arbeit des Meisters und seines Gesellen (oder besser Facharbeiters) in einer speziellen Phase sehr anschaulich in Großformat. Ein Pferd wird gerade beschlagen. Die beiden kernigen Männer wirken nach alter Väter Sitte. Der Vorderhuf des Pferdes wird waagrecht gehalten und mit einem kurzen schnellen Schlag treibt der Alte, den Hammer schwingend, den Nagel ins Horn. Im Hintergrund ruht ein Amboß, das Kohlenfeuer glüht; einen Handblasebalg, Zangen mit langen Griffen und allerlei nostalgische Gerätschaften, die das Herz eines jedes Partykellerbesitzers höher schlagen lassen würden, kann man erkennen.

Die Kinder sind sehr interessiert und stellen laufend Fragen. Die Erzieherin erklärt und gibt Auskunft. Was aber ist mit dem Handblasebalg? Die Funktion ist nicht unmittelbar einleuchtend. Um sie zu veranschaulichen, spitzt die Erzieherin die Lippen und bläst kräftig. Das hilft auch nicht viel weiter, die Kinderfragen nehmen zu. Ein pfiffiges Kerlchen meint, wenn es in die Kerzenflamme bläst, würde sie erlöschen und nicht heller brennen. Allgemeine Verwirrung unter den Kindern. Plötzlich hat ein Mädchen die Assoziation zum Holzkohlengrill und einer Gartenparty. Vater hat auch solch ein Ding, mit dem er damals in die erlöschende Glut blies, daß die Funken nur so stieben. Diese kleine Episode des Mädchens erweist sich als fruchtbares Moment, denn nun reißt der Redeschwall der Kinder nicht mehr ab: . . . wie sie auch neulich eine Gartenparty hatten, bei der sie aufbleiben durften, von der Bowle, den verbrannten Würsten, dem plötzlichen Gewitter . . . als Vater besonders lustig war, als Mutter schimpfte, als die Schwester heulte . . .
All die schönen und traurigen Geschichten werden erzählt, vergessen ist Meister Hufschmied, die Kinder lassen sich auch mit zähen Bemühungen nicht mehr zum „Thema" zurückführen, selbst der Hinweis auf das

Pferd gibt den Kindern nur Anlaß über Pferdegeschichten, Ponyreiten, Urlaub auf dem Bauernhof und Zirkusvorstellung im Fernsehen zu erzählen.

Warum gelingt dieses Gruppengespräch über den Hufschmied nicht? Zu Anfang sind die Kinder interessiert. Das Bild ist für sie neu und die Einzelheiten sind fremd. Das Neugierverhalten drängt nach Erklärungen, die punktuell und vordergründig gegeben werden können, der Komplex „Hufschmied" jedoch bleibt insgesamt unklar und fern. Welches Kind unserer Zeit sah jemals eine Schmiede und kann den Bezug zu alten Verfahrenstechniken herstellen oder gar Sachzusammenhänge erkennen. Hier nützt auch kein Verweis auf frühere Berufe als Kontrast zu unserer heutigen Arbeits- und Wirtschaftswelt. Dieser Bildungsinhalt bleibt dem Kindergartenkind leer und lebensfremd.

Was ist Lebensnähe?

Das Prinzip der Lebensnähe bezieht sich auf den sachlichen Inhalt des Bildungsgutes, den die Erzieherin vermitteln möchte. Der Lerninhalt ist bezogen auf die Eigenwelt des Kindes, er ist abgestimmt auf die Sicht- und Erlebniswelt des Kindes. Lebens„nähe" heißt somit Lebensbezogenheit, meint Erfahrungshorizont des Kindes.
Die *Bildungsinhalte* werden bestimmt durch die Welt des Kindes.
Das sind:
a) Inhalte bezogen auf die eigene Person (Körper, Kleidung)
b) bekanntes und unbekanntes Spielzeug
c) die neue Umgebung: der Kindergarten und der Weg zum Kindergarten
d) neue Personen: die Erzieherin und die anderen Kinder, das ausländische Kind
e) die gesellschaftliche Umwelt: die Bude an der Ecke, der Selbstbedienungsladen in der Straße, der Postbote, die Grundschule
f) die sachliche Umwelt: die Straßenkreuzung, der Park in der Nähe, das Wetter, das Wasser, die Luft, Werkzeuge, das Telefon, die Ampel
g) die Natur: Pflanzen und Tiere im Kindergarten, Bäume und Sträucher im Garten, Obst und Früchte, Tiere im Zoo

Der Begriff der Lebensnähe läßt sich als ein Modell von konzentrischen Kreisen denken.

Im Mittelpunkt steht die Person mit ihrem Körper und seinen Bedürfnissen. Im Laufe der Entwicklung erweitern sich die Kreise durch den fortschreitenden Prozeß der Umweltorientierung. Der Erfahrungsbereich vergrößert sich auf a) Kindbett, b) Kinderzimmer, c) Wohnung, d) Straße, e) nähere Umgebung, f) Kindergartenweg, g) Kindergarten ...

Diese Erfahrungsbereiche werden nicht nur als sachlich-räumliche Verhältnisse aufgenommen, sondern als komplexe Gebilde im Zusammenhang mit Bezugspersonen und Verhaltensweisen. Der Ausweitung der konzentrischen Umweltorientierung entsprechend erfolgt gemäß der personalen Entwicklung eine Differenzierung und Zentralisierung des kognitiven und emotionalen Erlebens.

Das Modell muß also um die Dimension des Erlebens erweitert werden.

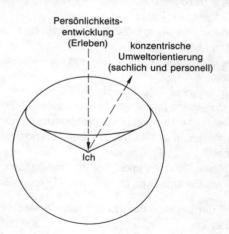

Warum ist das Prinzip der Lebensnähe notwendig?

Die lebensnahen Inhalte haben ihre Bedeutung in der Auseinandersetzung mit der Umwelt. Die Erfahrungen des Kindes werden ihm bewußt gemacht, erweitert, geklärt, geordnet, kategorisiert und differenziert. Die Erzieherin arbeitet mit am systematischen Aufbau des Weltbildes des Kindes.

Lebensnähe heißt gleichzeitig Lebenshilfe, Erziehung zur Lebenstüchtigkeit. Das im Augenblick Brauchbare, das Verwertbare und Nützliche wird vermittelt. Das Prinzip der Lebensnähe muß gesehen werden als ein Prinzip unter mehreren, um nicht den Verdacht des Pragmatismusses aufkommen zu lassen. Selbstverständlich gilt die Forderung einer allseitig harmonischen Bildung mit ihren Zielen der sittlichen, sozialen, musischen und kognitiven Erziehung.

Das Lebensnahe ist gleichzeitig das Aktuelle. Ist in unmittelbarer Nähe ein Zirkus, hat ein Kind Geburtstag oder streiten zwei Kinder um ein Spielzeug, so geben diese Situationen direkten Anlaß zur Aufbereitung von Lerneinheiten.

Welche Methoden bedingt das Prinzip der Lebensnähe?

Ausgangspunkt ist die individuelle Lernausgangslage der jeweiligen Kindergruppe. Es ist zu fragen, welchen Interessen- und Erfahrungsbereich die Kinder besitzen. In der didaktischen Analyse erscheint diese Thematik unter dem Punkt 5: Individuelle und gruppenspezifische Voraussetzungen.

Was die Kinder zu Hause, auf ihrem Weg zum Kindergarten, in unmittelbarer Nachbarschaft und untereinander erleben, kann Anknüpfungsthema sein. Sicher erfahren Kinder auch häufig aus Äußerungen von Erwachsenen und aus dem Fernsehen Sachverhalte und Meinungen, die sie sich zu eigen machen. Die Erzieherin sollte sich überzeugen, ob es sich um verfestigtes Wissen oder nur um bloßes Nachsprechen der Kinder handelt, ehe sie hierbei anknüpft und die Äußerungen als Ausgangsbasis betrachtet.

Der methodische Weg geht immer:

a) Vom Nahen zum Fernen

Erst wenn die Kinder sich im Kindergarten auskennen, wird die Erzieherin die nähere Umgebung erkunden, und nachdem sie mit ihrer unmittelbaren Umwelt vertraut sind, wird sie weitere Spaziergänge unternehmen.

b) Vom Bekannten zum Unbekannten

Haben die Kinder den Postboten schon mehrfach erlebt und hat die Erzieherin mit den Kindern über ihn gesprochen, erst dann wird sie einen gemeinsamen Gang zum Postamt vorschlagen. Die Tiere im Kindergarten oder mitgebrachte Haustiere sind der Ausgangspunkt für die Betrachtungen, um später fremde Tiere im Zoo oder auf Bildern zu besprechen. Die Spatzen vor dem Fenster liegen eher im Erfahrungsbereich der Kinder als Kraniche. Die Sprachschwierigkeiten eines Gastarbeiterkindes sind erfahrbarer als der Bildungsnotstand in einem unterentwickelten Land.

c) Vom Einfachen zum Schweren

Können die Kinder einen Tisch decken, dann werden sie auch in der Lage sein, eine kleine Geburtstagstafel herzurichten.
Das Malen mit Fingerfarben kommt vor dem Umgang mit dem Pinsel, dicke Wachsmalstifte entsprechen eher den grobmotorischen Bewegungen des kleinen Kindes als Buntstifte und sind daher früher einzusetzen. Besonders bei Bastelarbeiten ist auf die Reihenfolge der Techniken zu achten. Erst wenn die Kinder freie Formen mit der Schere ausschneiden können, wird man ihnen vorgegebene Muster zumuten können. Erst wenn sie Papier schneiden geübt haben, wird man ihnen dickeren Karton anbieten.
Im Sport kommen die freien Bewegungen vor der gezielten.

Diese Regeln dürfen nicht überstrapaziert werden. Das hieße, alles Kreative, jede Erfahrung im Umgang mit dem Material, jede Neuigkeit und Schwierigkeit aus dem Wege räumen. Das würde jede Lernerfahrung auf die Stufe der einfachen Reproduktion herabzwingen. Der Sinn der Arbeit im Kindergarten wäre verfehlt. Diese methodischen Hinweise sind also keineswegs Rezepte für Beschäftigungen oder Handlungsanweisungen, sondern lediglich Richtungsanzeiger, die besagen, daß der Endpunkt eines Prozesses nicht gleichzeitig sein Anfang sein kann.

Das Prinzip der Lebensnähe in den einzelnen Rahmenbereichen

a) Spracherziehung
(siehe auch II. Teil 2.)

Für den *phonetischen Bereich* gilt, daß die Töne, Geräusche und Laute den Kindern im spielerischen Umgang bewußt gemacht werden, die es normalerweise auch aus seiner Umgebung entnehmen kann. Geräusche von Autos, Straßenbahnen und Flugzeugen wird ein Kind identifizieren können. Das Pfeifen einer Dampfmaschine und das Klappern des Mühlrades ist relativ lebensfremd.

Der *pragmatische Aspekt* besagt, daß Sprache ein wichtiges Kommunikations- und Ausdrucksmittel ist. Der Erlebnisbereich der Kinder ist Ausgangspunkt für kleinere Geschichten, Berichte und Meinungsdarstellungen. Die Erzieherin geht hierauf ein, ohne durch wertende Korrekturen oder allzu formalistische Einschränkungen den natürlichen Redestrom und das Mitteilungsbedürfnis einzuengen.

Der *sematische Aspekt* betrifft den kindlichen Wortschatz. Grundsätzlich wird er akzeptiert. Was nicht bedeutet, daß die Erzieherin einen singenden Tonfall und das Vokabular der Kinder übernehmen soll. Dem stehen auch nicht Wortschatzerweiterungen und Bedeutungserklärungen entgegen. Die Erzieherin wird eine allzu häufige Verwendung von Abstrakta und Begriffen zu vermeiden versuchen. Beschäftigungen, die mit Definitionsfragen beginnen, bergen den Tod schon in sich: . . . „Wir wollen heute mit Ton arbeiten. Wißt ihr was Ton ist?" . . . „Wir wollen jetzt eine Quarkspeise herstellen. Wer weiß, was eine Quarkspeise ist?"
Auch von der Erzieherin vorgegebene Definitionen bringen keinen Erkenntniszuwachs. Es genügt oft der Hinweis: „Wir machen Stabpuppen. Zu diesen Stabpuppen können wir auch Marotten sagen."
Fühlt sich das Kind in seiner Ausdrucksweise angenommen, so wird es auch auf natürliche Weise die Sprache der Erwachsenen übernehmen.

Für den *syntaktischen Aspekt* gilt ähnliches. Grammatische Regeln können, wenn überhaupt, nur spielerisch eingeübt werden. Es ist auch zu beachten, daß die Fülle der grammatischen Regeln der Erwachsenensprache für das Kind lebensfremd ist.

Der *literarische Aspekt* bezieht sich auf den kindgemäßen Inhalt von Bilderbüchern, Kinderbuchtexten, Liedern, Gedichten, Abzählreime und Spaßverse. Hier muß die Erzieherin vorab prüfen, ob das literarische Gut sich für ihren Zweck eignet.

b) Umwelt- und Sachbegegnung und Naturbegegnung

Die *Lerninhalte* müssen unbedingt der Umwelt und dem Erfahrungsbereich der Kinder entnommen werden. Erkannt werden von den Kindern jeweils nur die konkret anschaulichen Erscheinungsformen, niemals die sachlogischen und kausalen Zusammenhänge naturwissenschaftlicher Prozesse. Begriffe wie Magnetismus, Strom, Auftrieb sind schlechterdings nicht erklärbar. Das Kind erfaßt nur: dieser Magnet zieht diesen Nagel an, die Taschenlampenbatterie läßt die Glühbirne leuchten, der Korken schwimmt, der Stein geht unter.

Lebensfremd ist auch der Erklärungsversuch des ,,Kreislaufes des Wassers", veranschaulicht zuerst durch eine bunte Bildtafel (See — Sonne — Wolken — Regen) und nachvollzogen durch den Versuch Kochplatte — Wasserschüssel — Glasplatte.
Der Transfer See = Wasserschüssel und Sonne = Kochplatte und Atmosphäre = Glasplatte gelingt niemals und sei er noch so verbal untermauert.
(Siehe auch hierzu Deduktion und Induktion)

In der *didaktischen Analyse* muß darauf geachtet werden, daß nur anschaulich konkret erfahrbare Erscheinungen als Feinziele ausgewiesen werden.

Bei einer Bilderbuchbetrachtung über einheimische Vögel ist es lebensfremd, kategorisieren zu wollen: schematisierte und vergleichende Betrachtungsweise nach Schnabelform, Federkleid, Schwanzform und Größe. Die Summe der Einzelkriterien bringt wenig Erkenntnis. Besser ist es, das Rotkehlchen intensiv insgesamt zu betrachten, um es kennenzulernen und um es eventuell ganzheitlich von der Amsel zu unterscheiden.

Es genügt, wenn das Kind im Kindergarten einen Spatz identifizieren kann, ohne eine Reihe formaler Kriterien nennen zu können.

c) Sport

Der Sport im Kindergarten ist keineswegs Leistungssport. Dem Bewegungsdrang und den motorischen Bedürfnissen des Kindes wird durch Spielen Rechnung getragen. Laufen, Springen, Werfen, Hüpfen, Kriechen, Rutschen, Klettern sind lebensnahe Betätigungsformen.
Die natürliche Lernbereitschaft wird durch den Umgang mit Geräten und Bällen gefördert.
Einseitiges Training einzelner Muskelpartien ist zugunsten ganzheitlicher Bewegungsabläufe einzuschränken oder besser ganz zu vermeiden.

d) Musik- und Bewegungserziehung

Krabbeln, kriechen, rollen, rutschen, laufen, hüpfen entsprechen den kindlichen Bewegungen. Darstellungsspiele (wir ahmen Tiere nach, wir sind Autos), Tanzgeschichten und der spielerische Umgang mit Reifen, Ball, Stab, Triangel, Handtrommel und Xylophon, die Verwendung von Reimen und Kinderliedern sind angemessene Formen der Beschäftigungen.
Rascheln mit Papier, Knallen mit Stofftüchern, Donnern mit einem Blech, Zerbrechen der Holzzweige, Schlagen auf die Waschmitteltonne sind im engeren Sinne keine Bestandteile der Musikerziehung, können aber als Untermalung oder Akzentuierung bei Bewegungsspielen durchaus ihre Berechtigung haben. Hier wird die Phantasie der Erzieherin gefragt, die ein wenig über das Absingen von Kinderliedern hinausreicht.
Bei akustischer Wahrnehmung, der Sensibilisierung des Hörens, ist auf eine auffällige Kontrastierung, auf die Trennschärfe zu achten.
Bei Musikstücken muß eine deutlich wahrnehmbare Differenzierung vorhanden sein: Tempo, Tonfarbe, atmosphärische Qualität, Rhythmus, wenn die Kinder im bewußten Hören geschult werden sollen.

e) Sozialerziehung

Konkrete Fälle im Kindergarten, das eigene Erleben der Kinder, Konflikte untereinander oder mit der Erzieherin sind lebensnäher als konstruierte Geschichten. Rollenspiele, zu denen die Kinder keine Beziehung haben, sind sinnlos.

4. Das Prinzip der Übung

Ein Kleinkind hat plötzlich entdeckt, daß es sich mit beiden Händen am Gitter seines Bettchens hochziehen kann. Es steht, bis es müde wird und beginnt zu schreien, da es noch nicht in der Lage ist, sich selbst wieder hinzusetzen. Die Mutter setzt das Kind zurück. Aber nach einer kurzen Zeit zieht sich das Kind wieder an den Stäben des Bettes hoch, und der Vorgang beginnt von neuem. Es greift immer wieder nach dem gleichen Gegenstand.

Kleine Kinder hüpfen gern immer wieder eine Stufe hinunter, balancieren, laufen hintereinander her und raufen miteinander.

Ein Kind in der Grundschule wirft unablässig einen Tennisball gegen die Wand und fängt ihn im Zurückprallen auf. Verläuft dieses Geschehen mit einer geringen Fehlerquote, so wird das Kind versuchen, den Ablauf zu variieren, indem es den Ball unter den rechten Fuß hindurch gegen die Wand wirft usw.

Vor einigen Jahren war das Spiel „Gummitwist" in Mode. Zwei Kinder, in der Regel Mädchen, hatten ein Haushaltsgummiband an beiden Enden zusammengenäht. Die Mädchen standen sich etwa 2 m gegenüber und hielten das Band mit ihren Beinen in dieser Entfernung gespannt. Ein drittes Mädchen sprang in diesen parallel gestrafften Gummi hinein und wieder hinaus. Bei den Sprüngen durfte das Band nicht berührt werden. Gesprungen werden mußte in einem kurzen Rhythmus.

Heute sind eher das Rollbrett, der Flipperautomat und elektronische Geschicklichkeitsspiele gefragt.

Worin besteht das Wesen der kindlichen Übung?

Das erste Beispiel betrifft die *Funktionsübung*. Kleinkinder üben grundlegende Bewegungsformen, bevor diese Einzelbewegungen in größere, zusammenhängende Bewegungsabläufe integriert werden können, bevor die Grobmotorik fließender wird. Die Lautartikulierungsübungen des ersten Lebensjahres sind gleichfalls solche Funktionsübungen.

Die beiden nachfolgenden Beispiele beziehen sich auf gezielte *motorische Lernübungen* des Kindes.

Das Üben als Einüben, Ausüben und Wiederholen ist eine kindgemäße Betätigungsform. Das Kind übt auf sehr natürliche Weise durch ständige Wiederholung einer einzigen speziellen Fertigkeit.

Das Üben wird verstanden als *Iteration.* Es ist das Setzen identischer Akte. Ständig wird der gleiche Akt wiederholt, die gleiche Handlung noch einmal vollzogen. Klassisches Beispiel hierfür ist das ständige Prellen des Balles auf der gleichen Stelle.

Warum ist das Prinzip der Übung notwendig?

Das Ziel jeglicher Übung ist die Erfolgssicherung, die Festigung von Fertigkeiten und Fähigkeiten.

Das Üben im Kindergarten beinhaltet eine besondere Problematik. Einerseits ist ein Lernfortschritt ohne Übung nicht denkbar. Im Freispiel wird das Kind in seiner ihm gemäßen Form spontan üben. Andererseits kann Üben eine rigide, schulische Form (im schlechtesten Sinne) annehmen und ist von daher für den Kindergarten ungeeignet. Die Gefahr einer lustlosen, geisttötenden und sinnentleerten Übung ist ständig gegeben. Die Grenze zwischen lustloser und lustbetonter Übung ist sehr dünn.

Kinder lassen es sich sehr genau anmerken, wenn sie keine Lust mehr haben. Das bedeutet nicht, daß die Erzieherin auf jede Ermunterung verzichten soll, wenn das Kind allzu schnell aufgibt. Ein lockeres „Versuch es doch noch einmal, du wirst es schon schaffen" kann auch ein Beitrag zur Willensstärkung sein.

Wie wird Übung methodisch richtig eingesetzt?

Die Übung wird eingeplant in eine vorstrukturierte Lernsituation. Dies kann geschehen innerhalb der Beschäftigungsstunde oder im Anschluß daran als Fortsetzung der Beschäftigung.

1. Übungsmöglichkeiten in den Teilschritten der Beschäftigung

a) Vorübungen

In den einzelnen Teilschrittbereichen, besonders bei fein- oder grobmotorischen Bewegungsabläufen, also dann, wenn Hand- und Fingerfertigkeiten und Bewegungsformen gelernt werden sollen, müssen Vorübungen eingeplant oder ad hoc angeboten werden. Diese Vorübungen entsprechen dem Prinzip „vom Leichten zum Schweren". Es ist sicher nicht notwendig, daß langatmige und langweilende Übungen vorgeschoben werden, die die Beschäftigung unnötig strecken. Es kommt auch nicht darauf an, daß alle Kinder die geforderte Übung perfekt beherrschen. Kleinere Versuche, ein Probieren, ein paar Handgriffe genügen oft und werden von den Kindern als Vorübung gar nicht empfunden.

Die Kinder sollen die Quarkmasse mit dem elektrischen Handmixer rühren. Das Gerät ist im allgemeinen für sie zu schwer und unhandlich. Die Kinder dürfen das Gerät vorher kurz anheben, um das Gewicht zu empfinden und den richtigen Handgriff zu probieren. Hierbei erkennt die Erzieherin gleich, ob und welchen Kindern sie den Umgang mit dem Gerät zutrauen kann oder wo sie helfend eingreifen muß.
Bei einer *Sportübung* werden die Kinder sich erst den Ball gegenseitig zurollen, ehe sie versuchen, ihn zu werfen und zu fangen.
Wird ein *Papiermosaik* angestrebt, können die Kinder erst einmal kurz versuchen, Papierschnipsel zu reißen. Hierbei erkennt die Erzieherin gleich, ob die Kinder dazu in der Lage sind. Im allgemeinen werden die Stückchen zu groß. Die Erzieherin kann schon vor Beginn der eigentlichen Arbeit Hilfestellung leisten und angeben, wie groß die Stückchen für das betreffende Mosaik sein sollen.
Bevor *Plätzchen aus dem Teig* ausgestochen werden sollen, macht es natürlich Spaß, erst einmal zu versuchen, ob es alle Kinder können. In diesem Versuchsstadium ist es reizvoll, die gelungenen oder mißlungenen Versuchsobjekte ungebacken zu verzehren.

b) Korrekturen

Während dieser Vorübungen oder bei eingeplanten längeren Übungsphasen hat die Erzieherin die Aufgabe, die Kinder ständig zu beobachten, um die Richtigkeit zu überprüfen. Die Erzieherin muß Hinweise auf richtige oder bessere Lösungen geben. Falsche Fertigkeiten dürfen sich nicht einschleifen. Es ist auch sinnlos, wenn Kinder Falsches üben. Die Erzieherin kann auf ein Kind hinweisen, das sie Tätigkeit fehlerfrei ausführt. Die Bemerkung sollte wertfrei sein, um nicht Stars, Überhebliche und Unkritische künstlich zu „züchten". Es genügt der Hinweis: „Paul macht es richtig." Gleichzeitig müssen die anderen Kinder, die es noch nicht so gut können, ermutigt werden, es gleichzutun.

Geben die Kinder kein gutes Beispiel, so muß die Erzieherin die Übung selbst vormachen oder die betreffende Tätigkeit zeigen. Das Vormachen durch die Erzieherin ist wegen der Vorbildfixierung problematisch und sollte nur dann angeboten werden, wenn sich keine andere Lösungsmöglichkeit findet. Das Zeigen, wie man ein Messer hält oder ein Stückchen Teig knetet, ist eine einfache und sichere Methode und besser als alle mündlichen Erklärungsversuche.

Mit dem Korrigieren allein ist es nicht getan. Die Kinder müssen etwas Zeit haben, um selbst zu versuchen, ob sie es nunmehr können. Die Erzieherin faßt sich in Geduld und zeigt keine Hektik. Die Übungsphasen sind ein Angebot an das Kind, sie sind keine erzwingbaren Verbindlichkeiten. Das Ziel heißt nicht Ausformung einer motorischen oder kognitiven Qualifikation, sondern kindgemäße Leistung in einem abgegrenzten Bereich zu einem ganz bestimmten Zeitpunkt der kindlichen Entwicklung.

c) Zusammenfassung

Das Zusammenfassen ist ein Wiederholen nach wenigen wichtigen Gesichtspunkten. Die Zusammenfassung ist kurz und akzentuiert.
Bei einer Bilderbuchbetrachtung wird z. B. nur die Hauptsache mit den wichtigsten Einzelheiten genannt. Der Erzieherin fällt eine Lenkungsfunktion zu. Die Zusammenfassung eines längeren Bilderbuches kann da erfolgen, wo sich natürliche Zäsuren ergeben, etwa wenn ein anderer Tag oder ein anderer Ort dargestellt wird. Aber auch am Schluß bietet sich eine Zusammenfassung an, indem die Erzieherin die Bilder noch einmal zügig, aber nicht hastig durchblättert und den Kindern Gelegenheit zu Äußerungen gibt. Hierbei sollen alle Kinder angesprochen werden.
Falsch wäre natürlich die Zusammenfassung um jeden Preis, weil „man ja sein Ziel erreicht haben will." Hierbei wird nichts erreicht. Wenn die Kinder genug haben, läßt man es dabei bewenden. Es gibt noch mehr Tage im Leben des Kindergartenkindes.

2. Übung als Fortsetzung einer Beschäftigung

Die inhaltliche Fortführung einer Beschäftigungsstunde kann als Übung genutzt werden.

Im Anschluß an eine Geschichte oder ein Rollenspiel kann der Inhalt oder auch nur ein Teilbereich malerisch dargestellt werden. Es muß jedoch darauf geachtet werden, daß sachlich Richtiges übertragen wird. Kommt in einer Märchengeschichte eine Schlange vor und wird das Thema „Schlange" für den bildnerischen Bereich dargestellt, so sollte das dargestellte figürliche Etwas auch das „Schlangenhafte" ausdrükken. Die Erzieherin müßte im Zusammenhang mit der Geschichte das Wesen der Schlange — langgezogener Körper, spitzes Schwanzende, Verbreiterung am Kopfende — vorher erarbeiten.

Häufig wird hierauf verzichtet, die Kinder malen „etwas" zum Thema „Schlange", was eine solche Deutung jedoch nicht zuläßt. Die Erzieherin läßt die Lösung dann zu, mit dem Hinweis auf die Kreativität des Kindes, anstatt hier gemeinsam mit den Kindern nach sachlicheren und besseren Lösungsmöglichkeiten zu suchen.

Eine Übungsform als Fortsetzung ist als volle Beschäftigung zu werten und darf sich nicht als bloße inhaltsleere manuelle Betätigung erschöpfen. Das Ausmalen einer Verkehrsampel im Anschluß an eine Beschäftigung im Bereich Verkehrserziehung hat nur dann einen Sinn, wenn die Farbauffassung rot, gelb, grün gefestigt werden soll.

Ausmalübungen bleiben ohne inhaltlichen Bezug reine manuelle Übungen und sind als solche zu werten.

3. Übungen können in folgenden Formen durchgeführt werden

a) Als Wiederholung der durchgeführten Tätigkeit, etwa bei einem Regelspiel, das die Kinder noch einmal ausüben möchten. Ist die Motivation sehr stark, dann werden die Kinder darauf drängen, es noch einmal spielen zu dürfen, „weil es soviel Spaß macht."

b) Wiederholung als Variation mit veränderten Spielregeln oder anderem Material aber gleichem Schwierigkeitsgrad, etwa wenn Kinder erraten sollen, welches von den vor ihnen ausgebreiteten Dingen fehlt (Gedächtnis- und Konzentrationstraining) und wenn die Menge der Dinge gleich bleibt, die Elemente jedoch ausgetauscht werden:
Bleistift, Kreide, Lappen, Kamm,
... danach Filzstift, Wachsmalstift, Bürste, Holzklotz.

c) Wiederholung als Variation mit höherem Schwierigkeitsgrad, wenn im vorherigen Fall die Anzahl der Elemente erheblich vergrößert wird.

Das Prinzip der Übung in den einzelnen Rahmenbereichen

Die Spielformen im Bereich der Mathematik, der Sprache und die Beschäftigungen, die zum großen Teil motorische Fertigkeiten bedingen, wie Übungen des täglichen Lebens, Basteln und Werken, haben Übungscharakter ansich.
Beschäftigungen aus den Bereichen Umwelt-, Sach- und Naturbegegnung, die sachliche (inhaltliche) Kenntnisse vermitteln wollen, haben ihre Übungsphasen in den Teil- oder Gesamtzusammenfassungen.
Beschäftigungen, die ein Problemlösungsverhalten oder Kreativität bedingen, können keine Übungsphasen enthalten, weil das Wesen dieser Beschäftigungen im spontanen oft intuitiven Akt besteht.

5. Das Prinzip der Kindgemäßheit

Ein dreijähriges Kind sitzt in einer Ecke auf dem Boden und dreht unermüdlich verschieden große hölzerne Schrauben mit bunten Köpfen in die vorgebohrten Gewinde eines dicken Holzbrettes. Es probiert nacheinander die einzelnen Passungen. Sitzen alle Schrauben, dann dreht es sie wieder heraus, und das Versuchen beginnt von vorn. Dabei ist das Kind so konzentriert, daß es die Umgebung um sich herum fast zu vergessen scheint.

Das Kind hat eine ihm gemäße Beschäftigung gefunden — das Spiel. Bezog sich im vorangehenden Kapitel das Prinzip der Lebensnähe auf die Inhalte der Lernsituationen, so betrifft das Prinzip der Kindgemäßheit (Entwicklungsgemäßheit) die Methodik der Lernsituationen.

Was ist Kindgemäßheit?

Die kindgemäße Arbeit im Kindergarten berücksichtigt die individuellen Besonderheiten innerhalb der Gruppe sowie die speziellen Methoden. Die gruppenspezifische Situation ist nach folgenden Kriterien zu analysieren:
  a) Fähigkeiten, Fertigkeiten, Kenntnisse
  b) alterstypische Besonderheiten
  c) allgemeiner Entwicklungsstand* und
  d) augenblickliche psychische oder physische Disposition der Kinder (Montag morgen; es ist im Gruppenraum sehr heiß; die Handwerker sind da; ...)

Die durchgängige und angemessene Methode, die das Kind berücksichtigt, ist das Spiel in seinen verschiedensten Formen.

Warum ist das Prinzip der Kindgemäßheit notwendig?

Das Kind darf keineswegs als „kleiner Erwachsener" oder gar als „Noch-nicht-fertige-Person" gesehen werden. Erziehungswissenschaft, Psychologie und Anthropologie sind sich längst darüber einig, daß das

---
* Lesen sie hierzu auch das Kapitel „7. Das Prinzip der Differenzierung".

Kind in jeder Phase seiner Entwicklung vollgültige Person ist. Dem Kind kommt auf jeder Stufe seines Entwicklungsprozesses ein Eigenwert zu, den die Erziehung zu berücksichtigen hat.
Das Prinzip der Kindgemäßheit zielt auf Selbstbestimmung als Grundlage für Selbstvertrauen, Ich-Autonomie und Ich-Stärke des Kindes.

Der Kindergarten ist keine Stätte der Disziplinierung oder schulischen Unterweisung, sondern eine Lebensstätte, in der die Kinder in der ihnen gemäßen Weise leben sollen. Hier soll nicht von Leben geredet, sondern das Leben gelebt werden. In einer Zeit wie der unsrigen, in der die Lebenswerte des Kindes häufig verschüttet werden, ist diese Forderung besonders hart an die Kindergärten zu stellen.
Die dem Kind adäquate Arbeitsmethode ist das Spiel. Hierdurch gewinnt es Freude an der eigenen Leistung, lernt es Fertigkeiten und Geschicklichkeit, Phantasie und Gemütsbildung, hier hat es die Möglichkeit, überschüssige Kräfte sinnvoll abzureagieren.

Welche Methoden bedingt das Prinzip der Kindgemäßheit?

Der Umgang mit den Kindern sollte sich nach folgenden Leitlinien orientieren:

Zwischen den Kindern und der Erzieherin sowie der Kinder untereinander herrscht ein angstfreier Umgang. Die Kinder bekommen das Gefühl der Sicherheit.

Alles Tun im Kindergarten macht Freude und ist durch Freude bestimmt.

Sowohl in den Spiel- als auch in den Lernsituationen gilt kein Leistungszwang.

Rahmen- und Stoffpläne im Kindergarten sind keine verbindlichen Soll-Vorschriften. Ein bestimmtes Lernziel muß nicht erreicht werden.

Die Neigungen, Wünsche und Interessen der Kinder sind voll zu berücksichtigen.

Wissen, das die Kinder sich aneignen sollen, ist immer Erfahrungswissen.

Die Wissensinhalte sind dem Kinde angepaßt.

Die Erzieherin sollte nie „über die Köpfe der Kinder hinwegreden."

Spiel- und Lernsituationen müssen so organisiert werden, daß sie nicht langweilig erscheinen.

Das Spiel ist die der kindlichen Wesensart und seiner Dynamik angemessene Art zu handeln.

Das Spiel ist durch folgende Merkmale gekennzeichnet:

Für Kinder ist Spielen ein Selbstzweck. Die Kinder spielen um des Spielens willen.

Im Spiel herrscht ein Wechsel von Spannung und Lösung. Er vollzieht sich in vielen Wiederholungen.

Die Kinder setzen sich im Spiel mit einem Stück der Realität auseinander. Sie gestalten aktiv ihre Spielwelt.

Im Spiel sind Kinder auf den Augenblick konzentriert. Sie können dabei alles andere vergessen.

Spiel ist eine „Quasi-Realität". Im Spiel erproben Kinder Handlungen, ohne mit den Auswirkungen ihres Handelns konfrontiert zu werden.

Im Spiel sind Kinder körperlich und geistig aktiv und emotional angesprochen.

Im Kindergarten bieten sich verschiedene Spielformen an:
a) Bewegungsspiele
b) Funktionsspiele
c) Rollen- und Partnerspiele
d) Regelspiele
e) Wett- und Kampfspiele

a) Bewegungsspiele

Die kindliche Bewegung steht normalerweise im Einklang von emotionaler Stimmung und motorischem Verhalten, gleichsam als Einheit von in-

nerer Verfassung und äußerem Gehabe. Die spielerische Bewegung ermöglicht dem Kind eine ungehemmte spontane Ausdrucksentfaltung. Konstitutive Elemente der Bewegung sind: Rhythmik, Dynamik und Melodik. Formen der Bewegungsspiele sind die Kreis- und Singspiele und die Tanzgeschichten. Sie kommen dem Bedürfnis des Kindes nach Kontakt mit anderen Kindern entgegen. Beispiele für Spiele:
„Es tanzt ein Biba-Butzemann", „Dornröschen", „Der Plumpsack geht um".
Die Spiele können als Gruppen- oder Paarspiele durchgeführt werden. Als Mittel können alle Klang- und Rhythmusinstrumente des Orffschen Instrumentariums verwendet werden sowie andere geräuscherzeugende Materialien (Folien, Pappen, Bleche, Saiten) und selbstgebastelte Instrumente.

b) Funktionsspiele

Bei den Funktionsspielen werden einzelne körperliche Geschicklichkeiten und geistige Funktionen geübt. Beispiele für Spiele:
Hüpfen, Seilchenspringen, Gummitwist, Gedächtnisübungen.

c) Rollen- und Partnerspiele

Bekannt sind die Spiele, in denen das Kind die Rolle des Erwachsenen übernimmt:
Arztspiele, Vater-Mutter-Kind-Spiele, Kaufmannsladen, die Post. Es sind auch Tier- oder Märchenrollen denkbar.

Entscheidendes Kriterium für diese Spielform ist die fließende Grenze zwischen Realität und Illusion. Unterschieden werden können die Rollenspiele mit den Sonderformen Stegreifspiel und Hand-(Stab-)puppenspiel und die Phantasie-, Illusions- oder Fiktionsspiele.

Komponenten des *Rollenspiels* sind:
a) Imitation
b) fiktive Veränderung der Realität
c) fiktive Handlung
d) Kontinuität
e) Zusammenspiel
f) mündlicher Ausdruck

Beim *Stegreifspiel* stehen Umfang und Inhalt des Rollengeschehens nicht zum Spielbeginn fest, sondern entwickeln sich aus der Situation heraus.

Die Rollenspielformen haben eine hohe Bedeutung für die Sozialerziehung im Kindergarten.

Bei den *Phantasiespielen* übernehmen beim Spielakt Dinge der Umwelt andere Qualitäten: der Stock wird zum Gewehr, der Stuhl zur Eisenbahn, der Pappkarton zur Hütte und der Baustein zum Auto.

d) Regelspiele

Bei diesen Spielen bestimmt die Spielregel den Spielablauf. Beispiele für Spiele:
Mensch-ärger-dich-nicht, Schwarzer Peter, Halma, Mühle und andere Brettspiele.

e) Wett- und Kampfspiele

Die Spiele zeichnen sich durch den Wettkampfcharakter aus. Es spielen zwei Partner oder zwei Gruppen gegeneinander. Beispiele für Spiele:
 Fußball, Völkerball, Tischtennis.

Der pädagogische Wert dieser Spiele ist umstritten. Das Konkurrenzverhalten der Kinder wird unterstützt.

Es gibt auch genügend Spiele ohne Gewinner und Verlierer.

Im pädagogischen Alltag kann jedoch beobachtet werden, daß die Wettspiele für die Kinder immer wieder einen besonderen Anreiz haben.

Ob die Erzieherin diese Spiele einsetzt, muß sie schließlich selber entscheiden. Wichtig ist, wie auch bei anderen Gelegenheiten, das rechte Maß. Die Spielregeln sollten unbedingt eingehalten werden. Entstehen zum Ende des Spiels Frustrationen, so muß die Erzieherin diese aufarbeiten.

Das Prinzip der Kindgemäßheit in den einzelnen Rahmenbereichen

a) Mathematik

Für den mathematischen Bereich gibt es eine Fülle von mathematischen Programmen und Spielen. Sie sind als Vorschulprogramme gedacht und fördern einseitig mathematische und logische Fähigkeiten.
Für die meisten Kinder sind diese Spiele zu schwer. Die Erzieherin sollte sich überlegen ob und wie sie diese Spiele einsetzt.
Bei den Spielen mit den „Logischen Blöcken" sollte immer nur ein Merkmal oder ein Unterschied die Spielregel bilden. Habe die Kinder diese Spiele schon öfter durchgeführt, dann kann man es auch einmal mit zwei Merkmalen versuchen.

Beispiel
„Suche aus dem Haufen alle *roten* Bausteine heraus!"

„Lege alle *grünen* Bausteine zusammen!"

„Wer findet die *dreieckigen* Steine?"

„Gib mir bitte alle *grünen Dreiecke!*"

„Lege zu jedem *Dreieck* ein *Quadrat!*"

„Wir legen eine Reihe. Immer einen *dreieckigen* und einen *runden* Baustein, einen *dreieckigen* und ..."

Jedes Würfelspiel ist eine gute Möglichkeit, den Zahlbegriff auf einfache Weise einzuführen:
„Du mußt mit deinem Figürchen 3 Felder vorgehen!"

Bilderlotto und Bilderdomino sind eine andere spielerische Form. Es können auch Steine, Plättchen, Perlen, Stäbchen verteilt/zugeordnet werden:
„Jedes Kind bekommt vier ..."
„Teilt den Haufen unter euch auf. Aber jedes Kind soll gleich viel Steine haben."

Mit einiger Überlegung wird die Erzieherin auf eine Reihe von Spielen kommen, die sie leicht mit den Kindern durchführen kann. Sie muß nur darauf achten, daß die Kinder selbsttätig mit dem Material umgehen. Die Aufgaben sollten auch so leicht sein, daß die Kinder sie selbst korrigieren können.

b) Spracherziehung

Ausspracheübung für verschieden schwierige Mitlautverbindungen im Wort: Jedes Kind bekommt fünf oder mehr Gegenstände vor sich hingelegt, z. B. Schnur, Block, Spiegel, Blatt, Buntstift, . . . Ein Kind nennt ein Ding und alle anderen müssen den betreffenden Gegenstand schnell hochheben.

Einzahl-, Mehrzahlbildung: Den Kindern werden auf Karten Abbildungen von Dingen gezeigt, die ein- und mehrfach zu sehen sind: eine Kirsche — zwei Kirschen, ein Haus — drei Häuser usw. Die Kinder benennen die Karten: „Auf diesem Bild sind drei Häuser." Sind alle Bilder einmal gezeigt worden, so setzen sich die Kinder in zwei Reihen gegenüber. Eine Reihe bekommt die Karten mit der Einzahl, die andere die Karten mit der Mehrzahl. Die Kinder der Gruppe Einzahl erfragen, ähnlich wie beim Quartett, von der anderen Gruppe die passende Mehrzahlkarte.

Suche den Reim: Bildkartenpaare (Haus-Maus, Kamm-Schwamm, Vase-Hase) werden gemischt und verteilt. Die Spielregel entspricht dem Schwarzen-Peter-Spiel, zwei gleiche Karten können abgelegt werden.

Geschichten vorlesen und Geschichten spielen: Die Erzieherin liest eine kleine Geschichte vor und läßt sie von den Kinder frei spielen. Wichtig ist dabei, daß sich die Kinder frei äußern können.

Gedichte: Kleine Spaßverse und Spaßgedichte mögen die Kinder besonders gern.

Des Abends, wenn ich früh aufsteh,
des Morgens, wenn ich zu Bette geh,
dann krähen die Hühner, dann gackert der Hahn,
dann fängt das Korn zu dreschen an,
die Magd, die steckt den Ofen ins Feuer,
die Frau, die schlägt drei Suppen in die Eier,
der Knecht, der kehrt mit der Stube den Besen,
da sitzen die Erbsen, die Kinder zu lesen.
O weh, wie sind mir die Stiefel geschwollen,
daß sie nicht in die Füße nein wollen.
Nimm drei Pfund Stiefel und schmiere das Fett
und stelle mir vor die Stiefel das Bett.

(volkstümlich)

Nun kann es durchaus sein, daß die Kinder nicht wissen, was eine Magd, ein Knecht oder Feuer ist. Sie kennen zwar „Brathähnchen" aber keinen Hahn und „Bambi" aber kein Reh. Die Erzieherin wird ihre Kinder einschätzen und wissen, was sie ihnen zumuten kann. Am besten ist es, wenn die Kinder selbst kleine Spaßgeschichten erfinden.

c) Umwelt-, Sach- und Naturbegegnung

Ich sehe etwas, was Du nicht siehst! Die Kinder kennzeichnen einen Gegenstand aus dem Kindergartenzimmer durch Beschreibung, die anderen müssen den Gegenstand erraten.

Beruferaten: Die Kinder nennen Arbeitsgeräte oder Tätigkeitsmerkmale eines Berufs. Die Kinder müssen erraten, für welchen Beruf die Geräte gebraucht werden oder für welche Arbeit die betreffende Tätigkeit gilt.

Blumenladen: Blumen der Wiese, des Wegrandes oder der Schutthalde werden „zum Verkauf" ausgebreitet. Der „Käufer" muß die betreffende Pflanze beschreiben, wenn er sie kaufen will. Im Herbst können Blätter und Früchte entsprechend paarweise zugeordnet werden.

d) Wahrnehmung und Motorik

Tastkasten: Ein Schuhkarton hat auf einer Querseite eine Öffnung, die groß genug ist, damit eine Kinderhand hindurchgesteckt werden kann. Die Öffnung ist durch einen angehefteten Lappen (mehrfach eingeschnitten) verdeckt. Innerhalb des Tastkastens sind verschiedene Gegenstände unterschiedlicher Tastqualität (Fell, Sandpapier, Watte, . . .) angebracht. Die Kinder stecken die Hand in den Kasten, befühlen die Gegenstände und versuchen die Empfindungen zu beschreiben. Zur nachträglichen Kontrolle kann der Schuhkarton geöffnet werden.

Kästchen einpacken: Kästchen verschiedener Größe können übereinandergestellt werden (Würfelturm) oder ineinander geschachtelt werden.

Fliegende Untertassen: Bunte Pappscheiben werden auf den Boden in unterschiedliche Abstände hingelegt. Das Kind steht in einem bestimmten Abstand und wirft die entsprechenden Pappscheiben zu der passenden Scheibe am Boden.

e) Sozialerziehung

Rollenspiel, Puppenspiel und Regelspiel sind angemessene Formen in diesem Bereich.

f) Verkehrserziehung

Verkehrserziehung kann spielerisch mit Roller und Dreirad auf einem Hof oder dem Verkehrsübungsplatz für Kinder durchgeführt werden. Ein Spiel mit Spielautos und kleinen Holzpuppen auf einem Karton mit aufgezeichneten Straßen, Straßenkreuzung, Fußgängerüberweg u. ä. ist ebenfalls möglich. Wichtig ist die klare und deutliche Übersicht und eine Reduzierung auf Wesentliches.

6. Das Prinzip der Teilschritte

Die Party ist zu Ende. Zurück bleiben hohe Stapel abgegessener Teller, ein großer Haufen Besteck und lange Reihen von Gläsern. Angesichts dieser Fülle hat die Hausfrau keine Lust, an die Arbeit zu gehen, und auch „er" schaut gleichfalls mürrisch drein. Aber es hilft ja nichts. Schließlich geben beide sich „innerlich einen Ruck". Womit soll man anfangen? Die Gläser sehen so aus, als bräuchten sie den wenigsten Aufwand, und von diesen sind die handlichen Whiskygläser wohl am leichtesten zu spülen. Sie putzt die Gläser aus und er trocknet sie ab. Als die Weingläser an die Reihe kommen, sind schon zwei Drittel aller Gläser bereits gesäubert. Nach den Gläsern ist es an der Zeit, das Wasser zu wechseln und eine kurze Pause einzulegen. Jetzt kommen die Teller, erst die flachen und dann die tiefen. Der Rest ist ein überschaubarer Haufen Besteck und läßt das baldige Ende der Arbeit schon ahnen.

Wir können uns an eine ähnliche Situation sicher leicht erinnern. Ein großer Berg von Arbeit liegt sichtbar vor uns. Wir haben keine Lust zu beginnen, weil es unwahrscheinlich ist, daß wir jemals damit fertig werden. Aber weil wir dennoch keine andere Wahl haben, teilen wir den Haufen in unserer Vorstellung in mehrere kleinere Teile und nehmen uns vor, erst einmal einen dieser Teile zu bewältigen. Nach dem ersten Teil kommt der zweite an die Reihe und auf diese Weise gelingt es uns schließlich, die gesamte Arbeit zu leisten.

Das an dem Beispiel dargestellte Prinzip läßt sich auch auf die geistige Arbeit anwenden.

Die Zehnerreihe des Einmaleins läßt sich leicht aufteilen, wobei die Anfangs- und Endpunkte der Reihe (1x und 10x) sowie der Mittelpunkt (5x) besondere Gedächtnisstützen darstellen. Die Folgen 1x bis 5x und 5x bis 10x lassen sich dann leicht merken.

Der Inhalt eines Fachbuches läßt sich nur dann merken, wenn man sich einen Überblick nach Teilen, Kapiteln und Unterkapiteln verschafft.

Worin besteht das Prinzip der Teilschritte?

Das Prinzip der Teilschritte besteht darin, eine köperliche oder geistige Arbeit ihrer Quantität nach in einzelne kleinere Teilaufgaben zu gliedern.

Bei einer geistigen Arbeit bildet die Aufgliederung ein Raster oder ein Schema oder auch eine Struktur, die sich graphisch darstellen läßt. Die einzelnen Teilaufgaben werden als Einheiten erfaßt, müssen aber immer im Zusammenhang des Schemas gesehen werden und sich in diesen Bezugsrahmen einpassen lassen.

Das folgende Beispiel ist eine Illustration des Prinzips der Teilschritte, ist aber nicht für die Kindergartengruppe gedacht.

Beispiel: Punsch für 6—8 Personen

Abgeriebene Schale von 2 Zitronen,
2 l heißer starker Tee,
200—250 g Zucker,
3/4 l Calvados,
3/4 l Cuba-Rum,
3/4 l Rotwein,
1 Zitrone

Abgeriebene Zitronenschale in einen großen Topf geben. Mit dem heißen Tee übergießen und zugedeckt auf der warmen Kochplatte 10 bis 15 Minuten ziehen lassen. In ein großes feuerfestes Gefäß seihen. Zucker zufügen und unter Rühren auflösen. Calvados, Rum und Rotwein jeweils vorwärmen und zugießen. Zitrone in dünne Scheiben schneiden, dazugeben. Alles vorsichtig umrühren. In Punschgläsern heiß servieren. Trinkhalme dazugeben.

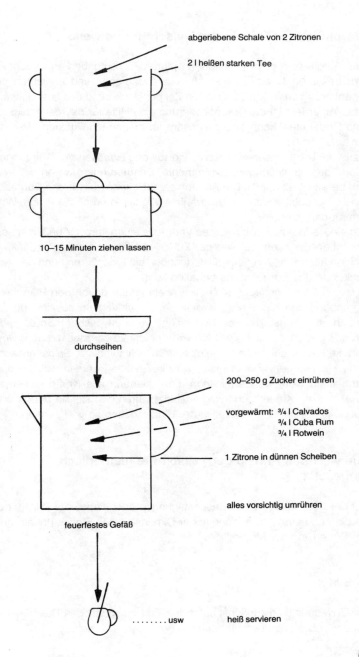

Warum ist das Prinzip der Teilschritte notwendig?

Das Aufgliedern einer Aufgabe in mehrere Teilaufgaben ermöglicht einen besseren Überblick über die Gesamtaufgabe und erleichtert die Orientierung zu einem bestimmten Zeitpunkt während des Lösungsganges. Außerdem ist die Durchgliederung eine Hilfe für die Merkfähigkeit. Das Gedächtnis kann sich gleichsam an markanten Punkten „festhalten".

Es ist eine besondere Erleichterung für das Erfassen von Vorgängen (Vorträge, Darstellungen, Experimente, Erläuterungen), wenn der Verlauf bereits bekannt ist. Die Aufmerksamkeit kann voll für das Dargebotene eingesetzt werden und wird nicht abgelenkt durch die Frage: Was kommt danach?

Hat ein Redner zu Beginn seines Vortrages einen kurzen Abriß über sein Vorhaben gegeben, so wird der Zuhörer, der dem Vortrag gedanklich nicht in allen Punkten gefolgt ist, dennoch die Orientierung und den Anschluß an das Dargebotene behalten können.

In vielen Fällen scheuen sich die Erzieherinnen davor, den Plan ihres Vorhabens den Kindern zu Beginn der Beschäftigung auseinanderzusetzen, aus Angst, die Spannung ginge verloren. Sicher mag es auch Gründe geben, seine Teilschritte vorher nicht zu verraten, oft aber werden die Kinder durch die Geheimnistuerei völlig verwirrt. Selbst erwachsene Hospitanten wissen nicht, wo die Erzieherin hinauswill. Es darf dann auch nicht wundern, wenn die Erzieherin alle Kräfte einsetzen muß, um die Kinder gedanklich dahinzuführen, wo sie sie haben will. Spontaneität und Eigeninitiative der Kinder gehen so völlig verloren.

Wie wird das Prinzip der Teilschritte methodisch eingesetzt?

Bei der Durchführung von Beschäftigungsproben findet das Prinzip der Teilschritte seine Anwendung in der Dimension des Stoffes (Inhalt) und der Dimension der Methodik.

a) Stoff

Die Erzieherin wird zunächst unter dem Gesichtspunkt des Themas eine Fülle von Stoff des betreffenden Sachgebietes sammeln.

Dieses „Sammeln" kann aus einer bloßen Überlegung bestehen (was kommt infrage, was kann ich anbieten?), es kann aber auch eine Handzettelnotiz sein. Die Vorüberlegungen können systematisch erfolgen und zu einem bestimmten Zeitpunkt abgeschlossen sein, sie können sich aber auch über mehrere Tage hinziehen. Die Erzieherin notiert, was ihr zu dem Thema einfällt und ihr passend erscheint. Das „Sammeln" braucht zunächst nicht in Hinblick auf die Durchführbarkeit zu erfolgen. Es ist vielmehr wichtig, eine Fülle Material zur Auswahl zu haben. Intuitive Einfälle werden in den Katalog aufgenommen.

Nach dem Sammeln folgt das Sichten des Materials. Dieser Durchgang erfolgt systematisch unter den Gesichtspunkten:
1. Ist der Stoff angemessen in bezug auf die Entwicklung des Kindes?
2. Ist der Stoff lebensbedeutsam, lebensnah?
3. Ist der Stoff wesentlich, wichtig, interessant?

Inhalte, die diesen Kriterien nicht entsprechen, werden ausgesondert. Die Inhalte, die für die Beschäftigung als geeignet ausgesucht wurden, können jetzt geordnet werden. Hierbei spielen die Fragen eine Rolle:
1. Welche Erkenntnisse sollen gewonnen werden?
2. In welcher Reihenfolge werden die Erkenntnisse vermittelt?

Beispiel:

Thema: Früchte im Herbst

Früchte gibt es eine ganze Fülle von den Beeren über Kern- und Steinobst bis zu den Früchten wildwachsender Laub- und Nadelbäume. Ein Notizzettel enthält also eine Menge Namen von Früchten. Beim Sichten wird die Erzieherin entscheiden, Kern- und Steinobst ist bekannt, wesentlich dürfte die Erkenntnis sein, daß auch Bäume des Waldes Früchte haben.
Hierbei stehen zur Auswahl: Tanne, Fichte, Lärche, Kiefer, Ahorn, Kastanie, Eiche, Buche, Haselnuß.
Eine differenzierte Betrachtungsweise bei Tanne und Kiefer in bezug auf Früchte und Nadeln dürfte bei den Kindern sehr schwierig werden, die

Formunterschiede bei Eiche, Kastanie und Ahorn, Buche und Haselnuß sind offenkundiger.
Um eine Überforderung zu vermeiden, wird sich die Erzieherin auf 3 Arten beschränken und danach auswählen, was erreichbar ist. Eichen, Kastanien und Ahorn stehen im Stadtwald oder Park.

Die anzustrebenden Erkenntnisse müssen nun aufgelistet, geordnet werden:
Farbe, Form, Oberflächenbeschaffenheit der Früchte oder auch Schale, Fruchtgehäuse, Samen . . .

b) Methodik

Zunächst wird zu überlegen sein, welche methodischen Schritte überhaupt in Frage kommen (i. S. des ,,Sammelns"): Lerngang, Betrachten der Bäume, Auflesen der Früchte, Pflücken, jeder sammelt für sich, alle gemeinsam, Sortieren, Zuordnen von Blättern, Formbetrachtung von Blatt und Frucht gemeinsam oder getrennt, Vergleich der Blätter untereinander, Basteln mit Früchten, Keimen lassen, Einzel- oder Gruppenarbeit, . . . Hiernach wird geordnet, in welcher systematischen Reihenfolge die einzelnen Schritte zu erfolgen haben.

1. Lerngang
1.1. Benennen der Bäume
1.2. Sammeln der Früchte und Blätter in einen Korb
   (Einzeltätigkeit der Kinder)
2. Beschäftigung im Kindergarten
2.1. Zuordnung Früchte — Blätter
   (Zweiergruppen)
2.2. Benennen
2.3. Betrachtung der Früchte
2.3.1 Form
2.3.2 Farbe
2.3.3 Oberflächenbeschaffenheit

Die Methodik kann weiterhin vorsehen:
Betrachtung der Blätter, freies Spiel mit den Früchten, (Ahornfrüchte lassen sich auf die Nase kleben), Basteln mit Kastanien und Eicheln, Aufzeichnen großer Bäume auf Packpapier und Anheften der Blätter, um die

Ergebnisse zu sichern. Diese Tätigkeiten verstehen sich als Ausgangspunkt für weitere Beschäftigungen.

Das Prinzip der Teilschritte in den einzelnen Rahmenbereichen

Das Aufgliedern in Teilschritte hängt wesentlich ab von Art und Umfang der Beschäftigung. Die Teilschritte oder auch Teilziele im kognitiven Bereich sollen sich im allgemeinen auf 3 bis 4 beschränken, um nicht einen schulischen Lernprozeß entstehen zu lassen. Bei Beschäftigungen, die mehr einen manuellen Charakter haben, kann sich die Zahl erhöhen.

Wichtig ist, daß ein Teilschritt einen Höhepunkt darstellt. Bei einer Bilderbuchbetrachtung lassen sich die Teilschritte leicht nach den Handlungssequenzen gliedern, bei der Umweltbegegnung (Wir feiern ein Fest) können das Herstellen der Zimmerdekoration, das Dekorieren und das Tischdecken Teilschritte sein. Beim Sport sind die einzelnen Übungen Grundlage der Aufteilung. Ein Rollenspiel läßt sich aufgliedern in folgende Schritte: Handlung vortragen, Problem herausarbeiten, Rollen benennen und wählen lassen, Rollen spielen, Nachbesprechung.

Beispiel für eine Bastelstunde: Tiere aus Eicheln
(Einführungsstunde)

1. Eicheln sortieren (Kopf, Rumpf)
2. Streichhölzer (Beine) zuordnen
3. Streichhölzer schneiden, zuspitzen
4. Löcher in Kopf und Rumpf bohren
5. Beine einsetzen
6. Hals an Kopf setzen
7. beides auf den Rumpf stecken.

7. Das Prinzip der Differenzierung

In einer Bastelbeschäftigung wollen die Kinder Marotten (Stabpuppen) herstellen. Als Material bietet die Erzieherin Pappmaché und Kartoffeln an.
Die Pappmaché-Köpfe sind schwieriger herzustellen. Hier muß gestaltet und geformt werden. Die Arbeit erfordert mehr Geduld und Zeit. Die Köpfe müssen trocknen und werden später angemalt.
Die Kartoffeln sind leichter zu bearbeiten und bilden durch ihr knolliges Aussehen den Ausgangspunkt für die Gestaltung von Gesichtern. Knöpfe, Fell- und Stoffreste finden Verwendung, um Augen, Haare und Kopfbedeckung darzustellen. Am Schluß wird der Puppenkopf auf einen Stab gesteckt.

Ein Kind hat sich eine längliche Kartoffel ausgesucht und sie quer auf den Stab gespießt. Es befestigt ein Stückchen struppiges Fell über die gesamte Längsseite der Kartoffel. Das Gebilde bekommt einen mausartigen Charakter. Nach einer kleinen Weile des Überlegens bezeichnet das Kind seine Schöpfung als „Igel".

Entgegen der allgemeinen Aufgabenstellung Männer, Frauen, Kinder, Greise, Hexen usw. als Stabpuppen herzustellen, hat dieses Kind eine abweichende, eigenwillige und individuelle Lösung gefunden: „Igel". Selbstverständlich läßt die Erzieherin dieses Resultat als einen speziellen Fall eigentümlicher Kreativität gelten.

In gleicher Weise wird sie individuelle Verhaltensweisen und Einstellungen der Kinder akzeptieren, etwa bei der Auswahl von Material beim Basteln, bei der Wahl der Spielzeuge, der Auswahl von Spielkameraden, der Selbstbestimmung des Arbeitstempos und bei Äußerungen von Bedürfnissen und Meinungen. Die individuellen Besonderheiten des Kindes, seine Fähigkeiten, Begabungen, Neigungen und seinen emotionalen und kognitiven Entwicklungsstand wird die Erzieherin in ihren Beschäftigungen berücksichtigen.

Worin besteht das Prinzip der Differenzierung?

Die Inhalte des Angebots werden nach Umfang und Schwierigkeitsgrad unterschiedlich ausgewählt. Jede Bastelarbeit, jedes Angebot im Bereich der Bewegungserziehung usw. enthält Aufgaben/Übungen, die zeitlich einen größeren/kleineren Umfang einnehmen, die schwieriger/einfacher sind. Die Erzieherin kann deshalb ihre Angebote hinsichtlich der Anforderungen gliedern.

Differenzierung ist die Aufspaltung des freien und gezielten Angebots hinsichtlich des Schwierigkeitgrades. Die Differenzierung erfolgt nicht in Hinblick auf Leistung, sondern bezieht sich auf die Fähigkiet des Kindes. Die Beschäftigungen werden der Eigenart und Fähigkeit des Kindes angepaßt und nicht umgekehrt; es sind gleichsam Beschäftigungen „nach Maß".

Die Kindergartengruppe ist nicht als homogener Block zu sehen, ganz gleich ob es sich um eine altershomgene oder altersgemischte Gruppe handelt. Sie ist vielmehr als differenzierte Einheit aufzufassen.

Das Bildungsangebot muß auch da ansetzen, wo das einzelne Kind in seiner psycho-physischen Entwicklung steht. Das setzt voraus, daß die Erzieherin das Kind entwicklungsmäßig richtig einschätzen kann, seine besonderen Fähigkeiten, Liebhabereien, Stärken, Bedürfnisse und Schwächen kennt. Diese methodische Maßnahme heißt *Individualisierung*.

Differenzierung und Individualisierung darf jedoch nicht so verstanden werden, daß das Gemeinsame und Verbindende der Gruppe aus den Augen verloren wird. Individualismus und Subjektivismus wären die unmittelbaren Folgen.

Es gilt deshalb der vereinfachende Satz: „Gemeinsam — soweit als möglich, getrennt — soweit als nötig."

Aufgabe des Kindergartens ist die allseitige Bildung des Kindes. Der Kindergarten muß sich der Entwicklung der kindlichen Persönlichkeit annehmen. Das oberste Ziel ist die personale Autonomie. Ein Mittel, um sie zu erreichen, stellt die Selbständigkeitserziehung dar.

Selbständigkeitserziehung ist ohne Individualisierung und Differenzierung nicht möglich.

Wie wird das Prinzip der Differenzierung methodisch eingesetzt?

Die Differenzierung betrifft den intra-individuellen Bereich (bezogen auf das einzelne Kind) und den inter-individuellen Bereich (bezogen auf die Gruppe).

a) Intra-individueller Bereich

Das jüngere oder in der Entwicklung noch nicht so weit fortgeschrittene Kind bedarf vermehrter Hilfe durch die Erzieherin oder durch andere Kinder der Gruppe. Das verhaltenssichere Kind bekommt weiterführende Aufgaben oder Arbeitsmittel anderer Qualität, die seinen Fähigkeiten entsprechen. Es kann anderen Kindern bestimmte Hilfestellungen geben oder für besondere „Ämter" herangezogen werden, die seinen Neigungen entsprechen. (Bei der Vergabe von „Ämtern" ist Vorsicht geboten, da sie Abhängigkeiten zur Folge haben können und andererseits auch schnell ihren Reiz verlieren können.)

b) Inter-interindividueller Bereich

Das Angebot an die ganze Gruppe wird aufgeteilt. Die Differenzierung sieht eine unterschiedliche Aufgabenstellung vor. Möglich ist auch eine Aufgabenteilung.
Besteht die Gefahr des Konkurrenzkampfes, muß die Erzieherin darauf achten, daß sie die unterschiedlich schweren Aufgaben gleich bewertet. Um die Differenzierung durchführen zu können, muß die Erzieherin die Kinder ständig beobachten, ihre Fähigkeiten und Neigungen sowie ihren Entwicklungsstand kennen. Die Kinder müssen freie Entscheidungen treffen können und selbständig Arbeitsmaterial, Werkzeug und Spielzeug auswählen und holen können.
Die Überlegungen zur Differenzierung finden ihren schriftlichen Niederschlag in dem Abschnitt „Individuelle und gruppenspezifische Voraussetzungen" in der didaktischen Analyse.

Das Prinzip der Differenzierung in den einzelnen Rahmenbereichen

a) Mathematik

Die Lehrgänge der mathematischen Früherziehung bieten eine Reihe von Spielformen an, aus denen die Erzieherin für den betreffenden mathematischen Bereich auswählen kann. Zu den Übungen werden Variationen angeboten, die dem Schwierigkeitsgrad nach differenziert sind. Es ist möglich, sowohl für das einzelne Kind als auch für Untergruppen Spiele auszuwählen, die dem jeweiligen Entwicklungsstand angemessen sind.

b) Spracherziehung

Vom freien Erzählen über Wortschatzerweiterungsübungen, Verwendung von räumlichen und zeitlichen Beziehungsbegriffen, der Mehrzahlbildung bis zu den Bildergeschichten kann die Erzieherin in ihren gezielten Beschäftigungen den Schwierigkeitsgrad variieren oder Angebote erweitern, um sie der Gruppe oder dem einzelnen Kind anzupassen. Die Lagebezeichnungen ,,vor" und ,,hinter" sind leichter als die Bezeichnung ,,zwischen" oder ,,rechts neben" und ,,links neben".

Ein Kind kann die Beziehungsbegriffe nur anwenden, wenn es sie selbst erfährt, also auf oder unter dem Stuhl sitzt, während ein anderes diese Beziehungen auf einem einfachen oder sehr detailliertem Bild erkennen kann.

c) Umwelt- und Sachbegegnung

Selbständig zur Toilette gehen, sich die Hände waschen, die Zähne putzen und anziehen, können immer nur einige Kinder, niemals alle in einer altersgemischten Gruppe.

Schuhbänder einziehen, Schnallen schließen, Knoten machen, Schleifen binden und einen kleinen Teppich weben, verlangen manuelle Geschicklichkeit von sehr unterschiedlicher Qualität. Die Erzieherin muß wissen und einplanen können, welche Fertigkeiten ein Kind schon beherrscht, welche ihm als erreichbar zuzumuten sind und welche weiteren Anforderungen sie stellen kann. Dementsprechend wird sie nicht von allen Kindern gleichzeitig ein bestimmtes Maß von manuellen Fertigkeiten erwarten können.

d) Ästhetische Erziehung

Puppen aus einem plastischen Material kneten zu können und ein Puppenhaus aus einem Karton herstellen, setzt unterschiedliche Kenntnisse und Erfahrungen voraus. Innerhalb einer Gemeinschaftsarbeit kann nach verschiedenen Techniken differenziert werden. In der Gruppenarbeit können die Aufgaben so verteilt werden, daß jedes Kind seinen augenblicklichen Fähigkeiten, Wünschen und Interessen entsprechen seine Arbeit findet.

e) Sport

Es gibt in einer Gruppe immer Kinder, die die Bewegungsabläufe mit einer größeren Sicherheit beherrschen als andere. Ihnen sind schwierigere Übungen zuzumuten, um sie nicht zu unterfordern und zu langweilen.
Die Augen-Hand-Koordination ist in dem entsprechenden Entwicklungsstand unterschiedlich ausgebildet. Die eine Gruppe der Kinder kann sich den Ball gegenseitig zuwerfen und fangen, während eine andere Gruppe auf diese Übung hin trainiert werden muß, indem sich die Kinder den Ball gegenseitig zurollen.

f) Sozialerziehung

Kinder, die in ihrer Entwicklung fortgeschritten sind, können anderen leicht helfen, ihnen etwas zeigen oder vormachen. Ein gemeinsames Rollenspiel erlaubt auch Beteiligung bei unterschiedlichen Anforderungen: eine Gruppe spielt die Familie, die andere die Verkäufer.
Jedes Rollenspiel bietet eine Skala verschiedener Handlungsmöglichkeiten, nach der differenziert werden kann.

8. Das Gespräch

Das Gespräch ist ein wichtiger Bestandteil der menschlichen Interaktion. Das Miteinander erfolgt zwischen zwei Personen (1) (Dialog), zwischen einer und mehreren Personen (2) (Vortrag mit Gelegenheit zur Zwischenfrage) oder als Gespräch mehrerer Personen untereinander (3) (Diskussion am Familientisch).

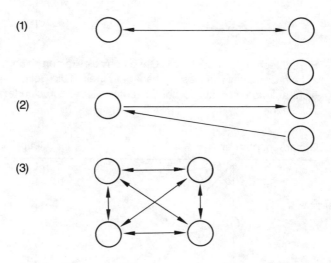

Das gute, richtige Gespräch ist das wechselseitige Reden, nicht der Monolog. Ebenso wichtig wie das Reden ist das Zuhören, das Aufnehmen der Gedanken des anderen.

Das Gespräch hat verschiedene soziale Funktionen:
Informationsaustausch, Meinungskundgabe, Entscheidungshilfe und Beeinflussung anderer.
Unterschieden werden kann zwischen den Arten freies oder informelles Gespräch (Unterhaltung) und gezieltes oder formalisiertes Gespräch (Rundgespräch, Diskussion, Debatte).

Ein gutes, fruchtbares Gespräch entwickelt sich fort:

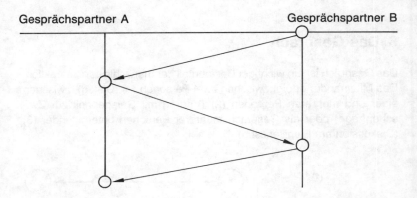

Ein schlechtes, unfruchtbares Gespräch zeigt keinen Verlauf in Richtung auf ein Ergebnis. Die Gesprächspartner greifen die Beiträge gegenseitig nicht auf, kommen auf vorher Gesagtes wieder zurück oder reden nicht zur Sache:

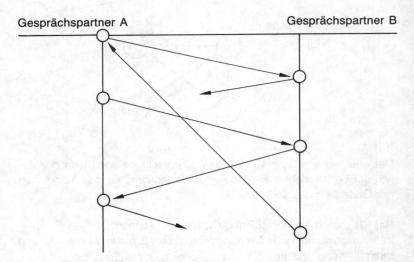

Um die Häufigkeit der Kommunikation der Kinder untereinander oder den Gesprächsablauf festzuhalten, kann die Erzieherin sich soziometrischer Methoden bedienen.

Die Aufzeichnungen können in Form der Matrix oder des Soziogramms gemacht werden.
Die Matrix enthält waagerecht und senkrecht die Namen der Kinder. Die Erzieherin oder wenn sie zu sehr in das Geschehen eingebunden ist, eine andere Person (Fremdbeobachtung) führt eine Strichliste von den Kindern, die andere ansprechen, auf sie zugehen und von sich aus den Kontakt auslösen. Die Eintragung erfolgt *waagrecht,* z. B. Hans wendet sich [/ / /] mal an Helga.
Das Endergebnis besagt, Hans hat achtmal Kontakt zu einem anderen Kind aufgenommen und fünfmal Kontakt erhalten. Insgesamt fanden 13 Kontakte statt.

	Werner	Hans	Karl	Ali	Otto	Dieter	Klaus	Ina	Helga	Edith	Isolde	Bettina	
Werner		/		/		/							3
Hans	//		//						///		/		8
Karl	/			/		//				//			6
Ali	/												1
Otto						/							1
Dieter					/								1
Klaus	/										//// /		6
Ina									///	///			6
Helga		//											2
Edith							/						1
Isolde										///			3
Bettina							//			/	//		5
Kontakte	3	5	2	1	2	3	2	2	9	6	7	1	
	3/3	8/5	6/2	1/1	1/2	1/3	6/2	6/2	2/9	1/6	3/7	5/1	
Rangfolge	6.	1.	4.	9.	8.	7.	4.	4.	2.	5.	3.	6.	

Matrix

Die Aufzeichnung kann auch als *Soziogramm* vorgenommen werden.
Die Kinder werden durch Symbole dargestellt.

Junge A   Mädchen B

Die Richtung der Kontaktaufnahme wird durch einen Pfeil symbolisiert.
Bei jedem weiteren Kontakt erhält der Pfeil einen Querstrich.

1. Kontakt von .... nach ....
3. Kontakt von .... nach ....

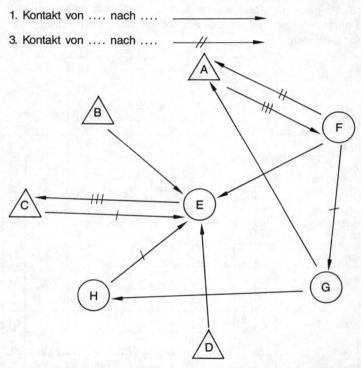

Das Soziogramm stellt eine Momentaufnahme der Gruppensituation dar.
Es läßt deshalb nur Aussagen über die augenblickliche Gruppenstruktur
zu. Außerdem sind die Aussagen nur quantitativ zu werten, nicht qualitativ.
Einem Soziogramm kann zwar entnommen werden, daß A sich fünfmal
zu Wort gemeldet hat, über die Qualität der Beiträge kann jedoch nichts
gesagt werden.
Ist die Gruppe groß, dann verliert das Soziogramm auch an Übersicht.

Die Erzieherin führt *formlose* Gespräche in freier Unterhaltung mit den Kindern oder als Eltern-Gespräch zwischen „Tür und Angel".

Sie führt auch Gespräche *formaler* Art.
Mit dem formalen Gespräch in der Gruppe verbindet die Erzieherin einen bestimmten Zweck.

Das Gespräch wird somit zu einer Methode in ihrer erzieherischen Arbeit. Die Erzieherin hat ein vorformuliertes Ziel. Hierbei ist auf die Zielklarheit zu achten.
Sie kann auch eine bestimmte Problematik aufzeigen.
Sie vermeidet dabei ein von ihr vorgegebenes Resultat.
Wichtig bleibt dabei, daß die Kinder ein Problem erkennen und eigene Vorschläge für die Lösung machen.

Um den Gesprächsverlauf voranzutreiben und zu lenken, bedient sich die Erzieherin der *Fragetechnik*. Angewendet wird die direkte und die indirekte Frage.

Die direkten Fragen haben den Sinn, ein bestimmtes Wissen abzurufen. Hierzu zählen die sogenannten W-Fragen: wer? was? wo? wann?

„Wer kocht bei euch zu Hause das Mittagessen?"
„Was gibt es heute bei euch zu essen?"
„Wo werdet ihr heute essen?"
„Wann werdet ihr heute essen?"

Eine weitere Art der direkten Fragen ist die *Entscheidungsfrage*. Sie läßt den Befragten nur die Alternative zwischen zwei Möglichkeiten.
„Schmeckt der Apfel süß oder sauer?"
„Kommst du her, ja oder nein?"

Ebenso zählen zu den direkten Fragen die *Suggestivfragen*.
„Hat er das nicht gut gemacht?"
„Du bist doch auch der Meinung, daß ..."

Der Suggestivfrage unterliegt eine verdeckte Beeinflussung, denn die Beantwortung ist in der Frage schon enthalten. Durch einen bestimmten, mitunter bedrohlichen Unterton der gestellten Frage, weiß der Befragte sogleich, wie er antworten soll.

Wenn auch die direkten Fragen im Frage-Repertoire der Erzieherin häufig vorkommen, so sind sie dennoch im allgemeinen abzulehnen.
Die Kinder werden durch diese Form der „Befragung" zu stark eingeengt und oft gedanklich gegängelt.
In jedem Falle ist es besser, indirekte Fragen zu stellen.
Die indirekten Fragen geben einen Impuls, sie lassen Gedankenfreiheit zu, regen selbst zum Nachdenken und zum Kontrollieren der eigenen Antworten an oder fordern die eigene Meinung heraus. Indirekte Fragestellungen fördern eher die Kreativität als das starre Schema der direkten Fragen.

Die Impulse bedürfen einer besonderen Formulierung und sind häufig gar keine Fragen, sondern Aufforderungen:
„Denk noch einmal darüber nach!"
„Du kannst es noch genauer sagen!"
„Kannst du dir auch eine andere Lösung vorstellen?"
„Glaubst du, daß deine Antwort richtig ist?"

Anstatt zu fragen: „Was tut die Mutter zu Hause?" kann der Impuls gegeben werden: „Du hast der Mutter zu Hause schon oft bei der Arbeit zugesehen. Erzähle darüber etwas."

Da die Impulse den Kindern eine relativ große Freiheit in der Beantwortung lassen, besteht die Gefahr, daß die Kinder abschweifen, unrichtige oder unlogische Antworten geben und nicht das sagen, was die Erzieherin hören möchte. Würde sie darauf sagen: „Nein, das ist falsch", so wäre das Gespräch abgebrochen. Die Erzieherin hat nur die Möglichkeit, korrigierend einzugreifen, etwa mit der Aufforderung: „Meinst du, daß es wirklich so ist, überleg es noch einmal."
Sie kann auch andere Kinder dazu anregen, einen Beitrag zu leisten, um eine Korrektur allgemein durch das Gruppengespräch herbeizuführen.

Um ein Gespräch mit Impulsen zu lenken und zu leiten und nicht mit direkten Fragen zu dirigieren, bedarf es einer längeren Übung und einer häufigen Selbstanalyse der Fragetechnik.
Bei einem Gespräch gilt auch die Überlegung, ob die Kinder einzeln gefragt werden sollen oder ob die Frage an die ganze Gruppe zu richten ist.
In der Regel sollen die Impulse an die ganze Gruppe gerichtet werden, um alle Kinder zu beteiligen. Wenn einzelne Kinder nicht mitmachen wollen, kann man sie durch eine gezielte Frage auffordern oder wenn ein Kind sich besonders gedrängt fühlt, eine Antwort zu geben.

Im Gespräch und weiteren Umgang mit den Kindern sollte die Erzieherin sich selbst beobachten, wie folgende Reaktionen in ihrem Verhalten gewichtet sind: Lob, Zustimmung, nonverbale Zustimmung, keine Leistungsrückmeldung, nonverbale Ablehnung, Ablehnung, Tadel.

Dem *Gespräch in der Elternarbeit* kommt eine andere Bedeutung zu als Vortrag, Diskussion oder als Aussprache, Gedankenaustausch mit den Eltern eines Kindes.

Sowohl der Vortrag als auch die Diskussion bei einem Elternabend (siehe Kapitel Elternarbeit!) bedingen die Vorüberlegungen: Welche Tischordnung wähle ich? Welche Hilfsmittel setze ich zur Veranschaulichung ein?

Die Wahl der Sitzordnung hängt ab von der Anzahl der Besucher, den räumlichen Verhältnissen und der beabsichtigten Atmosphäre: streng sachlich oder persönlich, gemütlich.

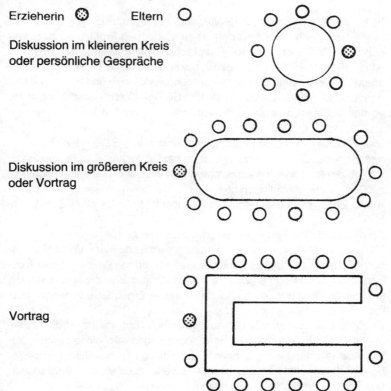

Erzieherin ⊛   Eltern ○

Diskussion im kleineren Kreis oder persönliche Gespräche

Diskussion im größeren Kreis oder Vortrag

Vortrag

Bastelabend mit persönlichem Gespräch

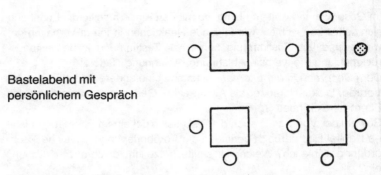

Die Erzieherin sollte vorher überlegen, ob sie ihren Vortrag oder die Einleitung zu einer Diskussion durch eine Tafelskizze, Dia-, Film- oder Overhead-Projektor anschaulicher gestalten kann.

Eine den Eltern vorher zugegangene *Tagesordnung* gibt diesen die Möglichkeit, sich vorher mit dem Thema oder den Problemen zu befassen und läßt daher u. U. den Gesprächsfortgang flüssiger ablaufen.

Ist die Erzieherin nicht allen Eltern bekannt, so sollte sie sich zu Beginn vorstellen und danach die Tagesordnung verkünden und fragen, ob alle damit einverstanden sind. Es ist für alle Beteiligten günstig, wenn sie vorher festlegen, wie lange die Veranstaltung dauern soll.

Hält die Erzieherin einen Vortrag, dann gibt sie zu Beginn eine kurze *Inhaltsangabe*. Der Zuhörer kann dann besser folgen. Sie klärt auch zuvor, ob direkt Fragen gestellt werden dürfen oder ob sich eine allgemeine Diskussion anschließen soll.

Kurze Zusammenfassungen der Teilabschnitte erleichtern den Überblick.

An den Schluß gehört eine *Gesamtzusammenfassung*.

Manchmal getrauen sich die Eltern nicht, am Ende eines Vortrages Fragen zu stellen. Um das Gespräch in Gang zu bringen ist es gut, wenn die Erzieherin schon vorher weiß, auf welche problematischen Punkte sie jetzt hinweisen kann, ohne jedoch eventuell Ergebnisse vorwegzunehmen.

Zu einer *Diskussion* gehört eine kleine Einleitung mit der Problemdarstellung oder Erläuterung der Randbedingungen oder eines Sachverhaltes (Auswahl von Lernmaterialien, Auswahl von Turngeräten, Lernangebote, Schwerpunkte im Jahresplan, Erziehungsschwierigkeiten, rechtliche Fragen, Verhütung von Unfallgefahren, usw.).

Die Erarbeitung einzelner Teilaspekte oder Punkte sollte nach einem bestimmten Zeitplan ablaufen. Oft bringt auch eine längere Zeitspanne keine besseren Ergebnisse. In Erziehungfragen ist es üblich, ein Problem auszudiskutieren. Bei Elternabenden meint dann jeder, er müsse mitreden. Die Erzieherin wird bald merken, ob es sich um Selbstdarstellungen oder sachliche Beiträge handelt. Es wird mitunter gut sein, auf Ergebnisse zu drängen, soweit sie erwartet werden können. Das Ergebnis zu jedem Punkt muß von der Erzieherin genannt werden.

Am Schluß der Diskussion werden noch einmal alle Ergebnisse vorgetragen.

Das *persönliche Gespräch* zwischen ,,Tür und Angel" wird locker und zwanglos geführt. Das Gespräch bei einem Hausbesuch erfordert von der Erzieherin sehr viel Einfühlungsvermögen und Taktgefühl. Die Leiterin oder Gruppenleiterin wird einer jungen Erzieherin ihre Hilfe anbieten und sie notfalls bei ihrem ersten Elternbesuch begleiten.

Nach einem kurzen allgemeinen Gespräch über das persönliche Befinden oder die Familienverhältnisse oder auch über das Wetter, sollte die Erzieherin recht bald zur Sache kommen, auch dann, wenn es sich etwa für die Eltern um unerfreuliche Mitteilungen (Erziehungsschwierigkeiten) handelt. Wichtig ist, daß die Erzieherin zu erkennen gibt, daß es ihr um das Wohl des Kindes geht und sie deshalb sachdienliche Auskünfte erbittet, ohne die Eltern ,,aushorchen" zu wollen. Mißtrauen wird ausgeräumt, wenn die Erzieherin Verständnis zeigt und ihr Problem in der Weise darstellt, daß sie es ja ist, die einen Rat braucht, um dem Kind weiterhelfen zu können.

Sollten sich Standpunkte verhärten, so ist es besser, das Gespräch rechtzeitig abzubrechen und einen neuen Termin zu vereinbaren. Liegt eine Nacht zwischen ,,aufregenden" Ereignissen, so sieht man am anderen Tage zu seinem eigenen Erstaunen die Vorkommnisse oft in einem ganz anderen Licht.

9. Die Gruppenarbeit

Ein kleines Mädchen sitzt am Strand und formt aus Sand einen Kuchen. Ein vorübergehender Junge bleibt stehen, schaut interessiert zu und fragt, ob er mitspielen könne. Das Mädchen sagt zu ihm: ,,Du mußt die Eierpampe holen!" Der Junge nimmt den Eimer und schafft nassen Sand heran. Schließlich kommt ein weiteres Kind dazu. Es bittet ebenfalls mitspielen zu dürfen und erhält den Auftrag, ,,die Sandkuchen zu verkaufen."

Drei Kinder haben ,,großen Waschtag". Ein Kind spielt mit der kleinen Waschmaschine, ein anderes spült die Wäsche und ein drittes hängt die Puppenwäsche auf die Leine.

Peter, Klaus und Gitte spielen ,,Baustelle". Gitte bringt mit ihrem Lastwagen die Bausteine heran, Peter lädt sie mit seinem Kran ab und Klaus baut mit ihnen ein Haus.

Wilfried, Heinz und Erika spielen ,,Autopanne". Erika hat einen Autoschaden. Heinz bietet seine Hilfe an, und Wilfried kommt mit dem Abschleppwagen.

Die vier Beispiele sollen zeigen, wie ein gemeinsames Vorhaben der Kinder arbeitsteilig bewältigt wird.

Die spielerischen Handlungen können als Gruppen-, Team-, Projekt- oder Partnerarbeit bezeichnet werden.

Das Agieren in Gruppen ist im Kindergarten eine häufige Erscheinungsform kindlichen Spiels, etwa wenn sich im Freispiel spontan Gruppen bilden. Es ist auch ein wesentliches soziales Erziehungsmittel. Die Gruppenarbeit bietet den Kindern eine Fülle von wichtigen sozialen Erfahrungen.

Was ist Gruppenarbeit?

Gruppenarbeit ist eine spezielle Form der Arbeitsteilung, wobei es gleich ist, ob es sich hierbei um körperliche oder geistige Arbeit handelt.
Sie setzt voraus, daß Arbeitszerlegung, Teilverrichtungen möglich sind.
Die anfallende Arbeit wird nach einem bestimmten Plan zerlegt und auf die Mitglieder einer Gruppe entsprechend ihren Fähigkeiten und Kenntnissen verteilt.
Die Ergebnisse (Lösungen) der Teilarbeiten werden zu einem Gesamtergebnis zusammengetragen.

Verlauf der Gruppenarbeit:

a) Planungsstadium — Zerlegung der Gesamtarbeit
b) Aufgabenverteilung
c) Einzelarbeiten
d) Integration der Ergebnisse

Gruppenarbeit mit gleichen Aufgaben und zeitgleichen Lösungen

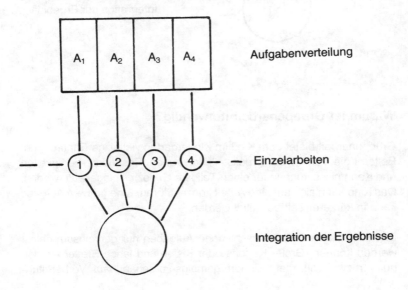

Gruppenarbeit mit unterschiedlichen Aufgaben und zeitlich unterschiedlichen Lösungen

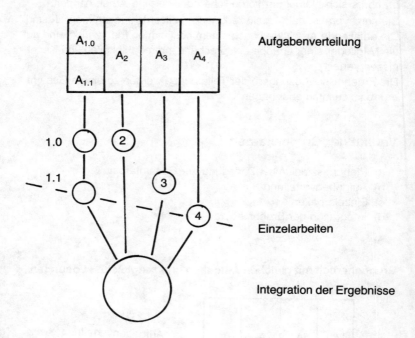

Aufgabenverteilung

Einzelarbeiten

Integration der Ergebnisse

Warum ist Gruppenarbeit notwendig?

Gruppenarbeit bietet dem Kind im Kindergarten vielfältige Erfahrungen. Es lernt die Vorteile der Arbeitsteilung kennen. Besondere Fertigkeiten und Kenntnisse können für einen Teilbereich gezielt eingesetzt werden. Das Kind kann sich auf eine Arbeit konzentrieren. Eine größere Aufgabe kann in kürzerer Zeit bewältigt werden.

Das Kind erkennt, daß verschiedene Aufgaben nur gemeinsam gelöst werden können. Große Kartons oder Kisten und lange Bretter werden nur von zwei oder mehr Kindern gemeinsam gehandhabt. Vorbereitun-

gen für ein Fest müssen von mehreren getroffen werden. Ein Wandbild, ein Fries und ein Flickenteppich kann in größeren Ausmaßen nur von einer Gruppe geschaffen werden.
Ferner erfährt das Kind, daß es mehr Spaß machen kann, mit anderen Kindern gemeinsam eine Sache herzustellen.

Während der Gruppenarbeit kann das Kind individuelle Unterschiede des sprachlichen Verhaltens und der Fähigkeiten bei anderen wahrnehmen und lernen, sie zu akzeptieren.
Die soziale Sensibilität des Kindes wird gefördert. Das Mit-einander-Leben, das Auskommen mit anderen Kindern wird praktisch geübt und trainiert. Das Kind muß lernen, sich in die Lage des anderen hineinzuversetzen, die Ansprüche anderer wahrzunehmen und zu berücksichtigen. Material muß geteilt und Werkzeug ausgeliehen werden. Das Kind wird gezwungen, den Kommunikationsprozeß aufzunehmen, seine eigenen Ansprüche zu verbalisieren und u. U. durchzusetzen. Dabei wird es angeleitet, eigenes Verhalten zu kontrollieren, eigene Impulse zu steuern, persönliche Wünsche eventuell zurückzustellen und sich selbst zu beherrschen. Es lernt auf diese Weise die Grenzen der Freiheit kennen und gewöhnt sich daran, Frustrationen zu ertragen. Regeln des Zusammenlebens müssen beachtet werden, Aggressionen kann es nicht an anderen abreagieren.

Die Erzieherin wird helfend eingreifen, wenn es darum geht, Konflikte zu erkennen, anzunehmen, auszuhalten und auszutragen, nicht durch Körperkraft, sondern durch sachliche Argumentation.
Dieses Moment beinhaltet eine äußerst schwirige aber fruchtbare Bildungsaufgabe des Kindergartens.

Erziehungsziel der Gruppenarbeit ist die Kooperationsfähigkeit, die Fähigkeit des gemeinsamen Handelns unter einer gemeinsamen Zielsetzung.
Kooperationsfähigkeit beinhaltet *Rollendistanz* (Abstandnehmenkönnen von der eigenen Rolle) und *Frustrationstoleranz* (Fähigkeit ein gewisses Maß an Frustration ertragen zu können).

Wie wird die Gruppenarbeit methodisch eingesetzt?

Die Gruppenprozesse hängen ab von
a) Gruppengröße
b) Kompetenz
c) Rollenverteilung
d) Art des Vorhabens

a) Gruppengröße

Kleinere bis mittlere Gruppen sind für die Erzieherin überschaubarer. Eine Untergruppe sollte nicht mehr als 7 bis 8 Kinder haben. Bei größeren Gruppen muß unverhältnismäßig viel Material und Werkzeug zur Verfügung gestellt werden. Sehr große Gruppen behindern sich in ihrer Arbeit selbst. Die Gruppengröße ist immer im Zusammenhang mit dem Vorhaben zu sehen. Bei einer schwierigen Tätigkeit wird die Erzieherin wenige Kleingruppen von 2 bis 3 Kindern nehmen, bei einem Wettspiel können zwei Gruppen mit vielen Kindern gebildet werden.

b) Kompetenz

Kinder, die in der Gesamtgruppe von Natur aus über mehr Kompetenz verfügen (sprachliche und geistige Entwicklung, Körperkraft, Wendigkeit, Star der Gruppe, Anführer ...), können innerhalb einer Untergruppe hemmend auf die anderen Kinder wirken oder störend, wenn sie unterfordert sind.

c) Rollenverteilung

Die Rollen sollten nach Interessen, Bedürfnissen und Fähigkeiten verteilt oder ausgesucht werden. Es sollte Rollenklarheit herrschen, damit die Kinder nicht verunsichert werden. Die Rollen werden gegenseitig abgegrenzt, damit die Kinder wissen, was sie zu tun haben und worin das Gruppenziel besteht.

d) Art des Vorhabens

Der Schwierigkeitsgrad muß der Gruppe angemessen sein, damit alle Kinder selbständig arbeiten können. Für alle Kinder muß das Vorhaben überschaubar bleiben. Material und Werkzeuge müssen in hinreichender Anzahl vorhanden sein, damit kein Leerlauf entsteht oder die Kinder einen Streit um ein Werkzeug anfangen.

Gruppenprozesse können durch die Erzieherin mit einem Soziogramm erfaßt werden.

Wird Gruppenarbeit eingesetzt, so sollte das bis auf wenige Ausnahmen (spontane Gruppenbildung beim Spiel) nicht ad hoc geschehen, sondern sorgfältig geplant werden.
Hierzu gehören folgende Überlegungen:

Vorüberlegungen:

1. Zur Gesamtgruppe

Dreijährige Kinder haben eine egozentrische Einstellung, die zu altersgemäßen Konflikten in der Gruppe führen. Der Kontakt zur Bezugsperson (Erzieherin) ist in diesem Stadium wichtiger als zu den anderen Spielkameraden. Das Kind spielt lieber isoliert für sich selbst. Diese Haltung ist seinem Entwicklungsstand angemessen — für ein fünfjähriges Kind wäre dieses Verhalten jedoch abweichend.
Eine gewisse kognitive Reife muß vorausgesetzt werden, um in einer Gruppe oder Untergruppe gemeinsam mit anderen Kindern spielen und „arbeiten" zu können: Gruppenziele und -erwartungen müssen wahrgenommen, Argumente müssen verstanden werden können. Hierfür ist Bedingung, daß das Kind über eine ausreichende Sprachfähigkeit verfügt und anderen zuhören kann.

Die Gruppenreife:
Gruppenreife ist die Fähigkeit des Kindes, sich mit Hilfe einer erwachsenen Person (Erzieherin) in eine bestimmte Gruppe integrieren zu lassen, sich in dieser zurechtzufinden und in ihr wohlfühlen zu können.

Komponenten der Gruppenreife sind:
    a) Das Kind muß in der Lage sein, sich wenigstens zeitweilig von der Bezugsperson (Mutter) trennen zu können.

b) Das Kind muß die elementaren Formen der sprachlichen Kommunikation beherrschen.
c) Es muß die Fähigkeit besitzen, Fragen und Argumente zu verstehen und darauf eingehen zu können.
d) Es muß eine Konzentrationsfähigkeit besitzen, die es erlaubt, ungefähr 5 bis 10 Minuten sich mit einer Sache zu beschäftigen.
e) Die Sauberkeitserziehung sollte im allgemeinen abgeschlossen sein.

Durch ständiges Beobachten und mit Hilfe von Soziogrammen muß die Erzieherin sich von der jeweiligen Gruppenstruktur ihrer Gesamtgruppe ein Bild machen.
Insbesondere ist hierbei zu erfassen:
a) der individuelle Entwicklungsstand der einzelnen Kinder
b) die Rollenverteilung innerhalb der Gruppe (Star, Außenseiter, Störer, informelle Untergruppen)
c) schwerpunktmäßige Interessen, Neigungen und Begabungen der Kinder

2. Zur Gruppenarbeit (Gemeinschaftsarbeit)

Die Gesamtaufgabe muß teilbar sein.

a) Teilarbeiten mit gleichem Schwierigkeitsgrad
Die Gesamtaufgabe kann in verschiedene gleich schwere Aufgaben geteilt werden: Ästhetische Erziehung, Thema „Der große Baum". Die Kinder malen Einzelheiten (Blätter, Äste, Blüten, Vögel), die danach ausgeschnitten und zu einem Gesamtbild komponiert werden.

b) Teilarbeiten mit differenziertem Schwierigkeitsgrad
Die Gesamtaufgabe wird in unterschiedlich schwere Einzelarbeiten aufgeteilt: Basteln, Thema „Hexenhaus". In große Pappkartons werden Türen und Fenster geschnitten. Die Hexenhäuser müssen bemalt, beklebt und tapeziert werden.

Durchführung der Gruppenarbeit

a) Aufgabenverteilung
Die einzelnen Aufgaben werden entsprechend der Fähigkeiten und

Wünsche der Kinder verteilt. Probleme ergeben sich dadurch, daß Kinder häufig ihre eigenen Fähigkeiten nicht genau einschätzen können und Aufgaben übernehmen wollen, denen sie nicht gewachsen sind.
Das pädagogische Geschick der Erzieherin wird sich beweisen müssen zwischen den beiden Polen: dirigistisches Verhalten und Laisser-faire-Stil.
Grundsätzlich sollte es so sein, daß die Kinder die Aufgaben wählen dürfen.
Wichtig ist, daß bei der Aufgabenverteilung der Einsatzplan und die Einzelaufgabe genau und intensiv besprochen wird. Von der Rollenklarheit hängt die Effektivität der Gesamtarbeit ab.

b) Einzelarbeiten
In seltenen Fällen (Einführung einer neuen Technik im ästhetischen Bereich oder beim Basteln) ist ein gleichmäßiges Vorgehen angezeigt. Der Arbeitsverlauf wird an den entsprechenden Teilschritten unterbrochen, um Ergebnisse zu vergleichen und Korrekturen geben zu können. Die Kinder sollten gemeinsam die Erklärungen und Demonstrationen der Erzieherin beobachten.
Dieses Vorgehen ist schulisch und läßt sich nur rechtfertigen bei rein technischen Abläufen und nicht bei kreativen Tätigkeiten.

Im allgemeinen wird der individuelle Arbeitsfortschritt bestimmend sein. Das Kind wählt sich sein Arbeitstempo selbst. Die Einzelergebnisse werden sukzessive geliefert.

Bei Gruppenarbeit erhebt sich immer wieder die Frage, ob die Erzieherin sich beteiligen soll oder nicht. Hierbei gilt es abzuwägen: Integriert sich die Erzieherin, macht sie mit, so haben die Kinder das Gefühl der Sicherheit, sie empfinden die Erzieherin als dazugehörig und nicht als Außenseiter oder Randfigur.

Gleichwohl hat die Erzieherin Lenkungs- und Leitungsfunktion und darf auf keinen Fall die Übersicht über die Gruppe verlieren. Sie darf nicht den Fehler machen, wie ihn manche Schülerinnen der Fachschule für Sozialpädagogik begehen, die aus Unsicherheit sich zu einer Untergruppe setzen und so intensiv selbst mitbasteln, daß sie alles um sich herum vergessen.

c) Integration der Ergebnisse
Sind alle Ergebnisse zusammengetragen, so erfolgt eine Gesamtbe-

trachtung und eventuell eine Wertung der Lösungen. Mißglückte Lösungen sollten dann u. U. ausgeschieden werden.
Es erscheint wichtig, daß die Kinder gemeinsam das Ergebnis interpretieren.
Jedes Kind sollte wenigstens einen Beitrag geliefert haben, der dem Gesamtergebnis zugefügt wird, um es auch am allgemeinen Erfolgsgefühl teilhaben zu lassen.

Die Gruppenarbeit in den einzelnen Rahmenbereichen

In der *mathematischen Früherziehung* können Partner- und Gruppenspiele eingesetzt werden.
In der *Umwelt- und Sachbegegnung* können Gruppenversuche und Gruppenbeobachtungen sowie Gemeinschaftsaufgaben (wir decken den Tisch, wir pflegen den Garten) durchgeführt werden.
Im Bereich *Wahrnehmung und Motorik* bieten sich Spiele mit Kleingruppen an: Schnüre entwirren, Puzzles, Tastkästen, Balanzierübungen mit zwei Helfern, Gruppen mit Klang- und Schlaginstrumenten.
Im *ästhetischen Bereich* und beim Basteln sind Gemeinschaftsaufgaben besonders geeignet.
In der *Sozialerziehung* kann das Rollen- und Darstellungsspiel in Gruppen durchgeführt werden.

10. Deduktion und Induktion

Eine Schülerin der Fachschule für Sozialpädagogik führt eine Beschäftigungsprobe im Rahmenbereich Umwelt- und Sachbegegnung mit dem Thema „Übungen mit der Waage" durch.

Sie hat eine hölzerne Waage vor die Kinder hingestellt. An beide Waagebalken sind in regelmäßigen Abständen kleine Nägel eingeschlagen, an die Holzgewichte angehängt werden können.

Die Kinder sind fünf Jahre alt. Sie schauen interessiert auf die vor ihnen aufgebauten Dinge und man merkt, daß sie am liebsten sofort mit der Waage spielen möchten.

Die Beschäftigungsprobe beginnt damit, daß die Schülerin den Kindern die Waage erklärt, indem sie auf die betreffenden Teile zeigt und die Begriffe „Waagebalken", „Drehpunkt" und „Kraft" (für die Gewichte) nennt.
Danach formuliert sie den Satz: „Man muß umso mehr Kraft aufwenden, je näher man die Kraft am Drehpunkt ansetzt."

Die Kinder sollen die Richtigkeit dieses Satzes überprüfen. Die Erzieherin hängt ein Gewicht an den äußersten Nagel eines Waagebalkens, die Kinder werden aufgefordert, andere (schwerere) Gewichte an die verschiedensten Stellen des entgegengesetzten Waagebalkens zu hängen.

Dieses „Experiment" ist ein Negativ-Beispiel. Es wird deshalb hier aufgeführt, weil immer wieder zu beobachten ist, daß Schülerinnen in den ersten Jahren diesen falschen Weg einschlagen und weil sich hieran leicht aufzeigen läßt, wie es richtig gemacht werden kann.

Warum ist das Vorgehen falsch?
1. Die Beschäftigungsprobe beginnt mit explizit eingeführten Fachtermini, quasi mit dem Nennen von Begriffen. Hierdurch wird keinerlei Erkenntnis vermittelt. Was wissen die Kinder mehr von der Waage, wenn sie den linken oder rechten Arm als „Waagebalken" bezeichnen kön-

nen. Im Zusammenhang mit der durch das Gesetz formulierten Erkenntnis ist der Begriff „Waagebalken" unerheblich.

Überdies kann der Begriff „Kraft" ebenso wie „Strom", „Magnetismus" usw. den Kindern dieser Altersstufe weder definiert noch veranschaulicht werden.

2. Das von der Erzieherin formulierte Gesetz ist eine allgemeine, abstrakte Aussage. Es ist gleichsam ein All-Satz, denn er gilt für alle Waagen des in der Fomulierung genannten Typs (mit Drehpunkt).
Die Kinder werden in die schwierige Lage versetzt, eine allgemeingültige abstrakte Formel auf eine sinnlich wahrnehmbare konkrete Situation zu überführen und gleichzeitig den Wahrheitsgehalt der Formel zu überprüfen.
Das heißt gleichermaßen von den Kindern zu verlangen, sie sollen erkennen, daß $a + b = c$ auch ausformuliert werden kann in: 3 Bonbons und 2 Bonbons sind 5 Bonbons.

Um die Problematik der Aussage „Man muß umso mehr Kraft aufwenden, je näher man die Kraft am Drehpunkt ansetzt", noch mehr zu verdeutlichen, muß angefügt werden, daß dieser Aussage stillschweigend die Voraussetzung unterliegt, daß das Gewicht des einen Waagebalkens konstant und immer an der gleichen Stelle bleiben muß, sonst verliert des Gesetz seinen Sinn.
Es dürfte offenkundig sein, daß fünfjährige Kinder diese Denkleistung nicht vollbringen können.

3. Das abstrakt Formulierte ist für die Kinder nicht übertragbar auf die konkrete Situation, und umgekehrt ist das anschaulich Sichtbare (die Gewichte an dieser und jener Stelle des Waagebalkens und damit verbunden das Gleich-, bzw. Ungleichgewicht) nicht überführbar in einen All-Satz (formal-logisch) — denn das Gesetz gilt ja allgemein. Die Kinder können aus einer sichtbaren Tatsache keine allgemeingültige Aussage im Sinne der Naturwissenschaften treffen.

Wie aber sollte dieses „Experiment" richtig ablaufen?
Die Kinder spielen mit der Waage. Bestimmt wird eines der Kinder ein Gleichgewicht herstellen. Das, was sie jetzt sehen, kann als „Gleichgewicht dieser Waage" gekennzeichnet werden.

Die Problemstellung könnte heißen: ,,Wie kann die Waage im Gleichgewicht gehalten werden, wenn die Gewichte nicht gleich weit von der Mitte entfernt sind?" Oder ,,Hänge ein Gewicht an eine andere Stelle und versuche das Gleichgewicht herzustellen."
Die Kinder müssen probieren. Nur die jeweils sichtbaren Verhältnisse können formuliert werden und bilden die Erkenntnis.
,,Die Waage ist im Gleichgewicht, wenn ein Gewicht an dieser . . . Stelle und ein anderes (schwereres, . . . rotes, . . . größeres, . . .) an jener Stelle hängt."
Allmählich wird sich die Erkenntnis bilden, daß die Waage auch dann im Gleichgewicht bleiben kann, wenn die Gewichte umgehängt werden.
Ob ein Kind in der Lage ist, diese Erkenntnis mit seinen Worten zu formulieren oder auszudrücken, wird die Erzieherin abwarten müssen.
(Näheres hierzu im Kapitel ,,Umwelt- und Sachbegegnung")

Die Deduktion

Die Deduktion (deducere (lat.) = hinunterführen, wegführen, ableiten) ist eine Schlußfolgerung.

Aus allgemeingültigen abstrakten Sätzen werden konkrete, spezielle Aussagen abgeleitet.
Etwa: ,,Die Winkelsumme im Dreieck ist immer 180°"
,,Die kürzeste Entfernung zwischen zwei Punkten ist die Gerade."
,,In verbundenen Gefäßen steigt das Wasser immer gleich hoch."
,,Alles ist mit sich, und nichts ist mit seinem Negat identisch."

Formal gesehen sind solche Aussagen All-Sätze, denn sie beinhalten, daß sie für alle Erscheinungen gelten, für die sie formuliert sind.
Es gilt: Die Winkelsumme beträgt in allen real vorkommenden Dreiecksformen sowie in allen denkbaren Dreiecken immer 180°.
Die Deduktion erfolgt in der Weise, daß die Kenntnis aus dem All-Satz übertragen wird auf eine konkrete Situation, also von dem abstrakt formulierten Satz auf die vor einem liegende reale geometrische Form.
Voraussetzung hierfür jedoch ist, daß die Dreiecksform als solche erkannt wird.

Der Denkakt verläuft vom allgemeingültigen Satz zum besonderen speziellen Fall.

Auf eine kurze Formel gebracht heißt die deduktive Methode

Vom **Allgemeinen** ——— zum ——▶ **Besonderen**

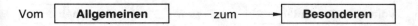

Der Denkschluß erfolgt von der abstrakten Regel (Formel) oder vom Gesetz zum speziellen (konkreten) Fall oder Vorgang.

Verschiedene enge Röhren werden in Wasser getaucht. Hierbei kann folgendes beobachtet werden:
a) In den engen Röhren steigt das Wasser höher als in den weiten.
b) In den engen Röhren steigt das Wasser um so höher, je enger die Röhren sind.

Wird diese Beobachtung in einer Vielzahl von Fällen gemacht, so läßt sich daraus der Schluß ziehen, daß es unter gleichen Verhältnissen immer so ist. Die Verallgemeinerung läßt sich in einem Satz zusammenfassen:
„In verbundenen engen Röhren (Kapillaren) steigt das Wasser um so höher, je enger der innere Querschnitt der Röhren ist."

Die Induktion

Die Induktion ist der umgekehrte Schluß. Er erfolgt von den Einzelfällen auf einen allgemeingültigen Satz.
Dieser methodische Weg könnte auch als Erfahrungs- oder empirische Methode bezeichnet werden.
In den Naturwissenschaften, in der experimentellen Psychologie und in den empirischen Sozialwissenschaften werden diese Schlüsse bei der Theorienbildung angewandt.

Streng logisch sind auf diese Weise gefundene All-Sätze nur Vermutungen mit einer sehr hohen Wahrscheinlichkeit. Es wäre zumindest denkbar, wenn auch unwahrscheinlich, daß einmal der Fall eintreten könnte, daß das Wasser im engsten Röhrchen nicht am höchsten steigt. Gleichermaßen könnte man auch ein Dreieck entdecken, dessen innere Winkelsumme nicht 180° beträgt. Die Aussagen gelten also nur solange, bis sie nicht durch eine besondere Tatsache widerlegt werden.

Auf eine kurze Formel gebracht heißt die induktive Methode

Vom | **Besonderen** | —— zum —→ | **Allgemeinen**

Der Denkschluß verläuft von der konkreten Beobachtung zum allgemeinen Gesetz.

Welche Methode wird im Kindergarten angewendet?

Streng genommen kann keine der beiden Methoden angewendet werden.

Die Denkrichtung aber ist die der induktiven Methode, jedoch nicht der induktive Schluß selbst.

Beobachtungen, „Experimente" und somit Erkenntnisgewinnung, beispielsweise im mathematischen Bereich oder bei der Umwelt- und Sachbegegnung oder Naturbetrachtung, gehen aus von dem konkret Erfaßbaren — hier und jetzt —. Die formulierten oder in der kindlichen Aussageform verbalisierten Ergebnisse werden nicht auf die Ebene der Verallgemeinerung gehoben.

Die Aussage kann nur heißen: „Der Korken schwimmt auf dem Wasser und der Nagel geht unter."

Nicht: „Kork schwimmt und Eisen geht unter."

11. Das Freispiel

Freispiel heißt freies Spielen. Das Kind bestimmt selbst über die Dauer und den Ort seines Spiels. Es wählt sich das Spielmaterial aus und entscheidet, ob es allein oder mit anderen Kindern spielen möchte. Es hat auch die Freiheit, nur da zu sitzen und zu träumen, wenn es das möchte.
Das freie Spiel hat eine zentrale Bedeutung in der Kindergartenpädagogik.
Das Kind möchte tun, was ihm gerade einfällt.
Es möchte sich einmal länger und dann wieder nur kurz mit einem Spielzeug beschäftigen.
Es möchte allein spielen.
Es will aber auch mit anderen Kindern etwas gemeinsam tun. Das Kind braucht Ruhe und Konzentration, und dann möchte es sich wieder austoben und bewegen.
Es möchte auch, daß der Erwachsene mit ihm spielt.

Diesen vielfältigen Bedürfnissen muß die Erzieherin entgegenkommen. Sie muß sie sehen und die Voraussetzungen dafür schaffen.

Kinder brauchen
Zeit, Raum, Sachen, Partner
zum Spielen

Zeit
Wieviel Zeit die Kinder zum Spielen brauchen, richtet sich nach ihren Bedürfnissen.
Manchmal kann das Freispiel den ganzen Tagesablauf bestimmen. An anderen Tagen wieder liegt der Schwerpunkt beim gemeinsamen Tun. Sind die Kinder motorisch unruhig, dann ist keine gelenkte Tätigkeit angezeigt.
In der Regel ist die Zeit nach dem Eintreffen der Kinder bis zur Frühstückspause dem Freispiel gewidmet. Nach dem Frühstück bietet die Erzieherin eine gelenkte Beschäftigung an. Danach können die Kinder dann wieder bis zum Mittag spielen.

Raum
Das Kindergartenkind muß sich erst mit dem Raum vertraut machen. Mit Raum ist hier nicht nur der Gruppenraum gemeint.
Der Lebensraum des Kindes umfaßt die Eingangshalle, den Flur, die Toiletten- und Waschräume, den Freispielplatz und die Wiese genauso wie die Ecke, in der die Mülltonnen stehen.
Dieser Raum oder besser diese Räume wollen erfahren und erobert werden. Der Raum wird gebraucht, um dem natürlichen Bewegungsdrang nachgeben zu können.
Hier kann gelaufen, gekrabbelt, geklettert, gekniet, gehockt werden. Hier kann das Kind am Boden liegen, Stühle schieben, Tische verrücken, auf das Klettergerüst steigen, am Seil hängen usw.
Die Räume sind Orte, an denen das Kind etwas erlebt, allein und mit anderen zusammen. Da wird gebastelt, gefeiert, da werden Geschichten erzählt, da wird gesungen, da kann man sich zanken und wieder vertragen.

Sachen
Jedes Kind braucht Spielzeug. Es braucht Spielzeug, mit dem es etwas anfangen kann.
Es braucht aber auch andere Sachen, mit denen es hantieren kann. Am liebsten könnte es „alles" gebrauchen. Besonders interessant sind die Dinge, die die Erwachsenen für gefährlich halten: Streichhölzer, ein Messer, eine große Schere.
Und dann sind da noch Gegenstände, mit denen es Krach machen kann: ein Topf, die Waschmitteltonne, die Trommel und die Klangstäbe.
Im Kindergarten gibt es auch Sachen, die selber gebastelt wurden und mit denen das Kind spielen kann.

Partner
Die Partner des Kindes sind all die anderen in der Gruppe. In erster Linie zählen natürlich die Spielkameraden. Es dürfen nicht die Kinder der Nachbargruppen vergessen werden.
Zu den Partnern zählen auch die Erwachsenen. Zu den Spielpartnern zählen in besonderer Weise die Gruppenleiterin, die Helferin, der Praktikant oder die Praktikantin. Partner im weiteren Sinne sind die Eltern der anderen Kinder, die Leiterin und manchmal auch der Postbote, wenn er kommt und einen Spaß mitmacht.
Für das Kind können auch Tiere Partner sein. Es muß lernen, mit ihnen artgerecht umzugehen, sie zu pflegen, für sie zu sorgen und sie nicht als „Spielzeug" zu betrachten.

Spielnachmittage
Bei einem Spielnachmittag werden Spielaktionen gemeinsam mit den Kindern und ihren Eltern durchgeführt.

Der Spielnachmittag wird gemeinsam mit der Leitung des Kindergartens, den Kindern und dem Elternrat geplant. Der Träger des Kindergartens wird mit einbezogen oder zumindest vorher informiert.

Die Eltern übernehmen die Aufgabe, Sach- und Wertspenden für eine Tombola zu sammeln, Plakate und Einladungen zu verteilen.

Benötigt werden
- Modelliermassen (Knetgummi, Gips, Fimo) zum Basteln,
- Finger-, Wasser- und Plakatfarben, Wachsmalstifte, Buntstifte und bunte Kreiden für die Gestaltung von Wandflächen und Plakaten,
- Stoffreste und alte Kleidungsstücke zum Verkleiden,
- Krepp- und Transparentpapier für Dekorationen.

Zu einem Spielfest gehören jede Menge Spielgeräte: ein Wasserbecken, Rollschuhe, Tischtennis, Federballspiele, Seilchen, Taue, Säcke, Tücher, ein Fallschirm, Kettcars, Roller usw., um möglichst viele Bewegungsspiele durchführen zu können.

Am besten eignen sich Spiele, die spontan und ohne große Hilfsmittel durchgeführt werden können. Auch Wettspiele der Eltern oder Spiele, bei denen sich Eltern beteiligen können, sind bei den Kindern sehr beliebt.

Eine Würstchenbude, Getränke für Kinder und Erwachsene sollten nicht fehlen.

Damit das Fest oder der Spielnachmittag nicht in ein „Elternfest" ausartet, kann es unter ein Motto gestellt werden, z.B. „Ritterspiele", „Der Zirkus kommt", „Spiele für jung und alt", „Spiel ohne Grenzen", „Mitmachtheater" usw.

Im Mittelpunkt des Tages steht das Spiel des Kindes. Gleichzeitig kann eine solche Veranstaltung auch Öffentlichkeitsarbeit für die Einrichtung sein.

Teil II:
Durchführung didaktisch-methodischer Einheiten im Kindergarten

A. Planung einer gezielten Beschäftigung (Förderung)

Der Erfolg einer Beschäftigung hängt weitgehend von einer gründlichen Vorbereitung ab.

Im ersten Jahr der Ausbildung an der Fachschule für Sozialpädagogik lernt die angehende Erzieherin das planmäßige Aufstellen von schriftlichen Vorbereitungsplänen, in der Regel „Didaktische Analyse" oder mitunter auch „Vorbesinnung" genannt. Auch im dritten Ausbildungsjahr (Berufspraktikum oder berufspraktisches Jahr) werden in regelmäßigen Abständen von der Schule diese Didaktischen Analysen verlangt.
Je ausführlicher und genauer die Erzieherin ihre gezielten Beschäftigungen vorplant und nachbereitet, umso freier und sicherer wird sie in ihrer täglichen Arbeit, wenn es darum geht, den Kindern Lernangebote zu vermitteln. Eine erfahrene Erzieherin wird es bestimmt nicht mehr nötig haben, eine schriftliche Vorplanung in der Intensität durchzuführen wie eine Schülerin. Ihr wird eine kurze Skizzierung genügen. Das Schema der Vorbesinnung bleibt jedoch gleich. Eine gewissenhafte Erzieherin wird sich, in welchem Umfang auch immer, hinreichend vorbereiten.

Die didaktische Analyse umfaßt folgende Schritte:
1. Thema
2. Sachanalyse
3. Materialvorbereitung (Medien)
4. Lernziele
5. Individuelle und gruppenspezifische Voraussetzungen
6. Methodik
7. Verlaufsplanung
8. Nachbereitung

1. Das Thema der Beschäftigung

a) die Rahmenthemen

Die gesamte Jahresarbeit im Kindergarten wird in einzelne größere Einheiten aufgeteilt, die ihren Schwerpunkt in den Rahmenbereichen (kognitive Erziehung, Spracherziehung, Umwelt- und Sachbegegnung usw.) oder in der jeweiligen Jahreszeit mit ihren Festtagen haben. Das Frühjahr eignet sich besonders für Naturbegegnung, in der vorweihnachtlichen Zeit wird besonders viel gebastelt und gesungen, der St.-Martins-Tag wird in vielen Gegenden Deutschlands in den Kindergärten besonders gefeiert usw.
In eines dieser jeweiligen Rahmenthemen sollte die ausgewählte Beschäftigung hineinpassen.

b) Thema der geführten Tätigkeit

Der Grundsatz, daß sich eine Beschäftigung in das Rahmenthema einpassen soll, läßt sich in vielen Fällen nicht streng einhalten. Liegt der Schwerpunkt etwa in der kognitiven Erziehung, so schließt das nicht aus, daß die Erzieherin ein neues Lied einführt und mit den Kindern singt. In einer anderen Situation läßt sich eine geplante Beschäftigung überhaupt nicht durchführen, weil etwas Unaufschiebbares vorliegt oder der Besuch eines Vertreters des Gesundheitsamtes alle Pläne zunichte macht. Hier wird von der Erzieherin ein gewisses Maß an Flexibilität verlangt. Entscheidend ist die Einhaltung des Gesamtplanes in großen Zügen in die Konstanz der Schwerpunkte. Falsch wäre es, im Rahmen der Musik- und Bewegungserziehung, etwa in der Karnevalszeit, nun vermehrt mathematische Beschäftigungen durchführen zu wollen.

Folgende Beschäftigungen stimmen mit dem Rahmenthema überein:

Umwelt- und Sachbegegnung: Wir decken einen Tisch für verschiedene Mahlzeiten.
Wir richten ein Aquarium ein.
Ästhetische Erziehung: Wir basteln einen Papiervogel.
Drucken mit verschiedenen Materialien.

Wahrnehmung und Motorik: Verschiedene Materialien werden ertastet.
Bewußte Wahrnehmung von Geräuschen.
Naturbegegnung: Die Tulpe. Tiere überwintern.

Das Thema muß nicht nur formal in den Rahmenbereich passen, es muß auch der Lebenssituation der Kinder angemessen sein, es muß sie interessieren (kind- und altersgemäß). Nichts ist peinlicher und fruchtloser als eine aufgezwungene Lernsituation im Kindergarten.

Das Thema sollte ansprechend formuliert sein. Es muß konkret das angeben, was in der Beschäftigung getan wird (Partnerübungen mit Springseilen — nicht gymnastische Übungen!) oder was erreicht und gelernt werden soll (Wir üben durch Bewegungsspiele kommunikatives und kooperatives Verhalten ein — nicht Bewegungsspiele).

Der genaue Inhalt der Beschäftigung ergibt sich aus den formulierten Feinzielen.

2. Die Sachanalyse

Die Sachanalyse betrifft die Abgrenzung und die geistige Durchdringung des sachlichen Inhalts der Beschäftigung und seiner Zusammenhänge. Die Sachanalyse verlangt Sachwissen. Die Vorinformationen holt sich die Erzieherin, soweit sie nicht darüber verfügt, aus Lexikas und den betreffenden Fachbüchern. Es genügt nicht, daß die Erzieherin nur genau das weiß, was sie den Kindern vermitteln will. Sie muß vielmehr die Zusammenhänge und eventuell die Problematik überschauen, um aus einem Wissensbereich einen Teil herauszulösen und ihn für eine Beschäftigung aufzubereiten.

Grundsätzlich müßte die Erzieherin „allwissend" sein. Die Anforderungen, die an sie gestellt werden, sind sehr hoch. Sie kann sie nur erfüllen, indem sie sich bemüht, ihr Sachwissen zu vertiefen und zu erweitern.

Aus dem Komplex „Tiere im Winter" kann ein Teil herausformuliert werden, etwa: „Tiere überwintern". Nun wird der Inhalt abgegrenzt. Selbstverständlich können nicht alle Tiere behandelt werden, sondern nur die, an denen die Kinder interessiert sind oder über die sie bereits Vorkennt-

nisse haben. Hase, Reh, Singvögel und vielleicht der Fuchs werden in Betracht gezogen. Die Larvenstadien der Insekten eignen sich wegen der Kompliziertheit ihres Werdeganges weniger.
Aus der Fülle der Sachinformationen werden schwerpunktmäßig einige herausgezogen und zusammengefaßt: Winterbau, Winterkleid, Nahrungshortung und Nahrungssuche. Es muß hierbei immer wieder die Frage gestellt werden: sind diese Kenntnisse wesentlich, sind sie vermittelbar, sind sie für die Kinder interessant? Wichtig ist auch die Entscheidung für den Einstieg, der wesentlich zur Motivation für die gesamte Beschäftigung beiträgt.
Beobachtungen am Futterhäuschen im Winter können leicht die Frage aufwerfen, wo bekommen die Vögel (die Tiere) im Winter ihre Nahrung her?

Im Bereich Umwelt- und Sachbegegnung ist nicht nur die sachlich richtige Darstellung von erheblicher Bedeutung, sondern auch die Benennung durch die betreffenden Fachausdrücke. Das Wasser in der Wasserpfütze verdunstet und nicht etwa „ . . . die Wassertröpfchen steigen an den Sonnenstrahlen zur Sonne empor."
In diesem Zusammenhang muß vor einer „Vernieldichung" der Sprache und einer Versimplifizierung komplexer Zusammenhänge gewarnt werden.

Ein Stabmagnet zieht eine Büroklammer an. Eine Taschenlampenbatterie bringt eine Glühbirne zum Leuchten. Das sind Erkenntnisse, die sich unmittelbar aus dem Handlungsvollzug ablesen lassen. Die naturwissenschaftlichen Vorgänge und die damit verbundenen Begriffe sind für den Bereich des Kindergartens weder darstellbar noch erfaßbar. Da helfen auch keine theoretische Verkürzung und kein Versuch einer Veranschaulichung. Magnetismus und Elektrizität als theoretische Konstrukte sind zu vielschichtig, um einem Kind dieser Altersstufe einsehbar dargeboten werden zu können.

Die sachliche Richtigkeit im ästhetischen Bereich bezieht sich auf die werkgerechte Anwendung von Werkzeugen und Materialien. Wer mit einem harten spitzen Bleistift versucht, große Flächen zu bewältigen, setzt das Werkzeug falsch ein. Richtig wäre ein quer gelegter Wachsmalstift, ein Stück Kohle oder ein breiter Pinsel. Fingerfarben sind nicht dazu da, um mit dem Finger zu malen (das läßt sich auch mit anderen Farben machen). Ihr Wert liegt darin, aus der Handfläche heraus oder mit allen Fin-

gerspitzen gleichzeitig Farbformen und -flecken auf das Papier zu drücken, die sich durch besonderen Reichtum an Formvariationen, Oberfläche und Duktus auszeichnen.
Sachlich falscher Einsatz von Werkzeug und Material ist nicht zu verwechseln mit Kreativität.
Ein Bastelerzeugnis ist im Sinne eines Werkstückes sachlich falsch, wenn ein wesentlicher Bestandteil fehlt oder an anderer Stelle angebracht ist (Kopf, Rumpf, 2 Beine und 2 Arme eines Männchens aus Eicheln).

Zur Sachanalyse im Bereich der Wahrnehmung gehört die Überlegung, welche taktilen Unterschiede bei sensorischen Übungen denn herausgefunden werden sollen. Eine Erzieherin, die ohne genügende Vorüberlegungen den Kindern Samt, Feincord, Baumwolle und Tüll zum Fühlen vorlegt, wird zwar erleben, daß die Kinder den Unterschied empfinden, ihn aber nicht verbalisieren können. Bei der Erarbeitung wird sie von den Kindern nur hören, daß sich alles „weich" anfühlt.
Bei Übungen zur Diskriminierung von Tönen, Geräuschen, Gerüchen, Temperaturen und taktilen Unterschieden müssen die Medien und Materialien so ausgewählt werden, daß sie eine deutliche oder zumindest merkbare (für die Kinder) Trennschärfe aufweisen und in ihrer Qualität exakt bezeichnet werden können. In der spontanen Auseinandersetzung mit den Materialien und Medien sind zunächst alle Äußerungen zugelassen: „Kratzig, bürstig, lümmelig, lappig, quietschig, stinkt, . . .", in der entscheidenden Lernphase jedoch muß die Erzieherin in ihrer sprachlichen Arbeit darauf hinwirken, daß die Kinder die zutreffenden Wörter finden, erfassen und lernen. Unabdingbare Voraussetzung hierfür ist Festlegung dieser Termini in der Sachanalyse und die Überprüfung, ob die Kinder in der Lage sind, dieses Ziel zu erreichen.

3. Die Materialvorbereitung

Die Überlegungen betreffen die Auswahl und die Bereitstellung des Materials
   a) Arbeitsgeräte
   b) Arbeitsmaterial
      und der Medien
   c) Anschauungsmittel

a) Arbeitsgeräte

Hierzu zählen alle Werkzeuge im weitesten Sinne (Papierscheren, Messer, Pinsel, Buntstifte, Wachsmalstifte usw.)

Alle Werkzeuge müssen in ausreichender Anzahl vorhanden sein. Müssen jeweils zwei Kinder mit einer Schere auskommen, so ist auf diesen Umstand ein besonderes Augenmerk zu legen: Konfliktmöglichkeit — Gelegenheit zum Üben von Kooperationsfähigkeit. Die Werkzeuge müssen funktionstüchtig sein. Ein Pinsel ohne Haare und eine stumpfe Schere sind unbrauchbar. Die Erzieherin wird nicht von der Pflicht entbunden, vorher die benötigten Werkzeuge auf ihre Brauchbarkeit zu überprüfen. Die Geräte werden vorher zusammengestellt und liegen an einem besonderen Ort und müssen nicht erst während der Beschäftigung gesucht werden. Wird ein Handwerkzeug in Verbindung mit einer Technik eingeführt (Sieb und Zahnbürste bei Spritztechnik), so zeigt die Erzieherin die Handhabung der Geräte exemplarisch an einem Beispiel allen Kindern gemeinsam.

b) Arbeitsmaterial

Das Arbeitsmaterial muß gleichfalls in genügender Menge vorhanden sein. Das Material muß vorher ausprobiert sein, ob es sich für die betreffende Technik eignet und ob es von den Kindern bewältigt werden kann. Oft ist die Pappe zu dick, um von den Kindern geschnitten zu werden. Das darf nicht bedeuten, daß deswegen die ganze Beschäftigung daran scheitern soll. In diesem Falle ist es angezeigt, wenn die Erzieherin den schwierigen Teil der Beschäftigung eliminiert, in dem sie das eine Teil (wohlgemerkt keine Halbfertigprodukte) den Kindern vorgefertigt aushändigt (Kreisausschnitt für ein kegelförmiges Hütchen aus Papier oder Schablonen bei schwierigen Formen).

Eine besondere Beachtung bedarf der Hinweis auf sparsame Materialverwendung, ein besonderer Aspekt der ,,Arbeitserziehung" in unserer ,,Wohlstands- und Weg-Werf-Gesellschaft." Oft wird in Kindergärten in einer Weise Material verschwendet, die nicht nur mit Rücksicht auf den Träger des Kindergartens, sondern auch im Hinblick auf die Persönlichkeitserziehung des Kindes unverantwortlich ist.

c) Anschauungsmittel

Von der Wahl der Anschauungsmittel hängt oft der Erfolg einer Beschäftigung ab. Sind die Anschauungsmittel nicht vorhanden, so muß die Erzieherin in vielen Fällen das Material selbst herstellen. Manchmal lohnt sich ein höherer Aufwand, wenn die Absicht besteht, dieses Anschauungsmittel mehrmals einzusetzen (Skizze einer Straßenkreuzung für den Verkehrsunterricht auf einer Sperrholz- oder Spanplatte anstatt auf einem Karton). Die einzusetzenden Medien (Tonband, Kassettenrecorder, Film, Dias) müssen vorher und am besten an Ort und Stelle überprüft werden, um Einsatz und Wirkung richtig abschätzen zu können.

4. Lernziele

Die Lernzielplanung umfaßt
  a) Grob- oder Fernziele
  b) Fein- oder Nahziele

a) Grobziele

Die Grobziele sind abstrakter Natur und umfassen einen größeren Bereich angestrebter Verhaltensweisen oder Qualifikationen. Für folgende Bereiche können Grobziele genannt werden:

Sprache:
Artikulations- und Lautdiskriminierung
Wortschatz
Verbalisierung des Tuns
Fähigkeit Fragen zu stellen
Gebrauch der Sprache
Zuhören
Kommunikationsfähigkeit

Motorik:
Fein- und Grobmotorik
körperliche Geschicklichkeit
sachgerechter Umgang mit Material und Werkzeug
Konzentration

Sensorik:
visuelle Wahrnehmung: Form, Farbe
räumliche Beziehungen
Gestaltwahrnehmung und Differenzierung
Diskriminierung: Töne, Geräusche, Gerüche, Temperatur, taktile Unterschiede

Emotionaler Bereich:
Erlebnisbereitschaft
Gestaltungsfreude
Freude an Sachen und Lebewesen
Fähigkeit persönliche Beziehungen zu knüpfen

Kreativität:
Neugierverhalten
Spontaneität
Improvisation
Kombination
Vorstellungskraft
Originalität
ästhetischer Sinn
Passung von Idee und Verwirklichungsmittel

Sozialer Bereich:
Eigeninitiative
Leistungsfreude
sozialeinsichtiges Verhalten
demokratisches Verhalten
Kooperationsbereitschaft
Rollenflexibilität
Konfliktbewältigung
Toleranz

Die einzelnen Grobziele und die möglichen Nahziele werden auch in den nachfolgend aufgeführten Beschäftigungen zu den Rahmenbereichen aufgeführt.
Für eine Beschäftigung können mehrere Grobziele aus verschiedenen Bereichen angesteuert werden. Für eine Partnerübung in einer Beschäftigungsstunde Sport kann sowohl körperliche Geschicklichkeit als auch Kooperationsbereitschaft zutreffen. Für eine Märchenstunde wird die Fähigkeit des Zuhörens und der Erlebnisbereitschaft gefordert.

b) Feinziele

Aus den Grobzielen, die eine allgemeine Angabe betreffen, sind konkrete Feinziele abzuleiten. Diese Feinziele sind konkret und möglichst genau zu nennen, da an ihnen die gesamte Beschäftigung „aufgehangen" wird und Erfolg oder Mißerfolg der Förderung daran gemessen werden können.

Bei der Diskriminierung (Unterscheidung) von Tönen als Grobziel ist auf der Ebene der Feinziele genau zu differenzieren:
Tonstufen: hoch — tief
Tonfarben: hell — dunkel
bei den Geräuschen: schrill dumpf, metallen (wie Metall) — hölzern (wie Holz), zischend, kratzend, usw.

Die Auswahl der Feinziele bedarf einer besonderen Sorgfalt. Im allgemeinen reichen 3 bis 4 Feinziele. Eine weitere Ausdehnung würde die Kinder überfordern.

5. Individuelle und gruppenspezifische Voraussetzungen

Die Überlegungen zur Gruppe beziehen sich auf
  a) Zahl und Alter der Kinder
  b) Entwicklungsstand der Kinder
  c) Gesamtgruppe
  d) einzelne Kinder
  e) bisherige Probleme in der Gruppenarbeit

a) Zahl und Alter der Kinder

Wieviel Kinder für eine Beschäftigung vorgesehen sind, hängt ab von der Art der Beschäftigung.

Bei der Zubereitung einer Süßspeise können weniger Kinder beschäftigt werden als bei einer Märchendarstellung. Je höher der Schwierigkeitsgrad der durchzuführenden Beschäftigung ist, je geringer kann die Anzahl der Kinder sein. Die Minimalzahl liegt etwa bei 5 bis 6 Kindern. Einer Schülerin der Fachschule wird man am Anfang ihrer Ausbildung nur kleine Gruppen zumuten können, während eine erfahrene Erzieherin auch über größere Gruppen die Übersicht nicht verliert.

Das Alter der Kinder ist bei der Beschäftigung auf jeden Fall zu berücksichtigen, da sich hiernach der Schwierigkeitsgrad der Stunde bemessen läßt. Die Altersangabe allein besagt auch hier noch nichts. Die Erzieherin muß sowohl den allgemeinen altersangemessenen Entwicklungsstand als auch den individuellen Entwicklungsgrad der einzelnen Kinder kennen.

b) Entwicklungsstand der Kinder

Der Entwicklungsstand der speziellen Gruppe kann nur durch eine kontinuierliche planmäßige Beobachtung erschlossen werden. Diese Beobachtungen fehlen im allgemeinen der Schülerin. Sie muß sich in diesem Fall die Auskünfte von der Gruppenleiterin holen, die die Kinder aus der täglichen Arbeit kennt. Die Kenntnis des Entwicklungsstandes ist wichtig, um Über- und Unterforderungen zu vermeiden. Ob das Anspruchsniveau paßte, läßt sich meistens erst im nachhinein sagen.

Im Zusammenhang mit der Entwicklung ist auch die Frage zu prüfen, welche Vorerfahrungen die Kinder bezüglich der zu konzipierenden Beschäftigung gemacht haben. Haben die Kinder den Umgang mit der Schere noch nie geübt, so dürfen erst leichte Beschäftigungen eingeführt werden, die noch keinen komplizierten Umgang mit der Schere erfordern. Die erste Faltarbeit muß einfacher sein als eine nach einer Reihe von Übungen.

c) Gesamtgruppe

Die Erzieherin fragt sich zuerst: Ist mein Angebot für alle (die meisten) Kinder interessant? Entspricht es ihrer Interessenlage, ihren Neigungen und Bedürfnissen?

Bei allen Überlegungen muß die Gesamtgruppe immer im Blickfeld behalten werden: Ist die Gruppe homogen, können die Forderungen gleichermaßen gestellt werden oder liegt ein starkes Leistungsgefälle vor? Muß die Aufgabe differenziert gestellt werden? Erweiterungsaufgaben für Kinder, die zügiger arbeiten, und leichtere Aufgaben für Kinder mit motorischen Schwierigkeiten?
Müssen Kinder als Helfer eingesetzt werden?
Kann eine Gruppenarbeit, eine Gemeinschaftsarbeit (Gemeinschaftsbild) durchgeführt werden oder bestehen solche Spannungen, die eine derartige Arbeit nicht zulassen?
Auch die räumlichen Verhältnisse dürfen nicht außer acht gelassen wer-

den. Ist der Raum für die ganze Gruppe zu klein oder ist der Raum groß genug, um Untergruppen bilden zu können? Kann mit dieser Aufgabe die gesamte Gruppe beschäftigt werden oder stehen Kinder umher? Diese Frage ergibt sich besonders im Bereich Sport, wenn Einzelübungen durchgeführt werden und die Kinder in der Reihe stehen und warten müssen.

Fällt die Gruppe während einer Beschäftigung auseinander, beschäftigen sich einzelne Kinder mit anderen Dingen, laufen sie weg oder beginnen sie zu streiten, so ist meistens die Aufgabe im Hinblick auf die gesamte Gruppe nicht richtig gestellt.

d) Einzelne Kinder

Dieser Gesichtspunkt betrifft die Außenseiter in der Gruppe, die besonders schwachen Kinder oder die durch ihre besondere Entwicklung herausragen, auch Gastarbeiterkinder mit Sprachschwierigkeiten, auffällige Kinder, Störer, Kinder, die zu Clownerien neigen, kontaktarme und kontaktfreudige Kinder. Jede individuelle Auffälligkeit sollte nach Möglichkeit berücksichtigt werden, um den Integrationsprozeß zu fördern.
Kennt die Erzieherin die Schwierigkeiten, so kann sie vorbauen, entsprechende Hilfen und Sonderaufgaben einplanen. Das schüchterne Kind bedarf ihrer persönlichen Aufforderung, der „Star" der Gruppe kann mit Lenkungs- und Hilfsaufgaben aktiviert werden, der Außenseiter wird nicht gezwungen, sich an der allgemeinen Aufgabe zu beteiligen, er erhält seine persönlich zugeschnittene Unterweisung. Die Zusammensetzung der Gruppe muß unter dem Gesichtspunkt Sozialerziehung berücksichtigt werden.

e) Bisherige Probleme in der Gruppenarbeit

Die Frage stellt sich, wenn in jüngster Vergangenheit Probleme in der Gruppenarbeit aufgetaucht sind, etwa der Wechsel der Gruppenleitung und die damit verbundenen Anpassungsschwierigkeiten der Kinder, Teilung der Gruppe, Einführung eines neuen Kindes, überstarke Rivalitäten, unüberwundene Trennung von den Bezugspersonen und der häuslichen Atmosphäre usw. Diese Probleme besonderer Art wird die Erzieherin auf jeden Fall bei ihrer Planung berücksichtigen.

6. Die Methodik

Die methodischen Vorüberlegungen bilden das Kernstück der Planung. Sie erstrecken sich auf die
  a) Einführung (Einstieg oder Hinführung)
  b) Durchführung des Hauptteils
  c) den Schluß und die Anschlußbeschäftigungen

a) Einführung

Die Einführung richtet sich weitgehend nach den Erfordernissen der Beschäftigung.

Ein einfaches Märchen kann mit einer kurzen Bemerkung begonnen werden, ein anderes erfordert wegen des Umfangs und der auftretenden sachlichen Schwierigkeiten eine längere Ausführung. Bei der mathematischen Beschäftigung reicht eine knappe Erklärung der Spielregel, alles andere ergibt sich aus dem weiteren Verlauf. Übungen mit dem Magnet können einfach als Spiel beginnen, kleinere Experimente bedürfen der Erklärung des Planes, der Erarbeitung des Problems, der Vermutungen usw. Wird ein Sachgebiet durchgesprochen, so ist es eine gedankliche Hilfe, wenn der behandelnde Bereich kurz umrissen wird. „Wir werden uns die Tulpe genau ansehen und zwar die Blüte, den Stengel und die Zwiebel."
Diese „gedankliche Gängelung" geht sicher im Verlauf der Beschäftigung durch spontane Bemerkungen öfter verloren und soll auch nicht sklavisch gehandhabt werden, hat aber den Vorteil, daß die Kinder wissen, wo die Erzieherin „hin will". Sie kennen den Weg, auf den sie immer wieder zurückgeführt werden.
Solche Richtungsanzeige ist wichtig bei Bastelbeschäftigungen und Übungen des täglichen Lebens. Die Kinder müssen sich nicht immer fragen: „Was will sie nun schon wieder?"

b) Durchführung des Hauptteils

Grundsätzlich muß vorab geklärt werden, in welcher Weise die Beschäftigung durchgeführt werden soll.
  1. Darbietung durch die Erzieherin (Märchenvortrag)

2. Erarbeitendes Gespräch (Bilderbuchbetrachtung)
3. Problemerörterndes Gespräch (Sozialerziehung)
4. Einzelarbeit (Basteln) mit gemeinsamem Arbeitstempo (Herstellen des Details — Erklärung an alle Kinder — Fortsetzung der Arbeit mit dem nächsten Detail, empfiehlt sich bei längeren und schwierigeren Arbeiten)
5. Einzelarbeit mit individuellem Arbeitstempo (wer früher fertig ist, erhält eine weiterführende Aufgabe oder hilft den anderen)
6. Gruppenarbeit (Gemeinschaftsbild)
7. Spiel, bei denen die Kinder die Regeln bestimmen
8. Versuch als Demonstration oder Einzelversuche

Es sind auch Mischformen möglich, wobei jedoch darauf geachtet werden muß, daß es den Kindern klar ist, in welcher Weise jetzt vorgegangen wird. Nach der Darbietung durch die Erzieherin können sich die Kinder äußern, jetzt sind sie dran.

Besteht Klarheit über die grundsätzliche Methode, dann muß überlegt werden, welche Schritte und in welcher Reihenfolge sie durchzuführen sind. In der Regel genügt es, wenn der Hauptteil in 3 bis 4 Schritte aufgegliedert wird. Die Reihenfolge ergibt sich aus der Systematik der Sache und aus dem Schwierigkeitsgrad.

Das Bilderbuch, das Rezept und das Werkstück schreiben zwangsläufig eine Reihenfolge vor. Bei einer Bildbetrachtung, einer Problemerörterung und einem Versuch muß sie gewählt werden. In einigen Fällen ist es gut, wenn den Kindern die Reihenfolge bekannt ist (lebenspraktische Übungen), in anderen erübrigt sie sich (Bilderbuch).

Grundsätzlich verläuft die Reihenfolge vom Leichten zum Schweren. Vielfach läßt sich die Reihenfolge nicht vorher und willkürlich bestimmen. Liegt der höchste Schwierigkeitsgrad zwangsläufig in der Mitte des Beschäftigungsablaufs, so ist ihm besondere Aufmerksamkeit zu schenken (Umgang mit dem Mixgerät bei der Herstellung einer Quarkspeise). In besonderen Fällen kann eine kleine Übung vorgeschaltet werden oder die Erzieherin untergliedert die schwierigere Übung in zwei Schritte, die sich nacheinander leichter vollziehen lassen, etwa bei Bewegungsabläufen im Sportbereich.

c) Der Schluß

Der Schluß muß organisch an den Hauptteil angefügt werden.
Bei der kognitiven Erziehung und bei Beschäftigungen mit sachlichem Charakter liegt eine knappe Zusammenfassung nahe. Sie umfaßt nicht die Wiedergabe des ganzen Ablaufs, sondern ist eine punktuelle Raffung der wesentlichsten Gesichtspunkte. Die Erzieherin gibt weitgehend Hilfestellung, indem sie gezielte Fragen stellt. „Sag mir noch einmal, welche Dinge der Magnet anzieht!"

Der Schluß soll eine Erkenntnisvertiefung bewirken. Sinnvoll wäre auch ein Transfer in der Weise, daß die Kinder eine schematische Skizze ergänzen: ausmalen, ergänzen durch eigene Zeichnungen, einkleben von ausgeschnittenen Abbildungen.

In der ästhetischen Erziehung fügt sich eine Werkbetrachtung gut ein. Es steht weniger die Wertung im Vordergrund als ein Gespräch über Unterschiede, Besonderheiten und Variationsmöglichkeiten in der Aufgabenlösung.

Steht ein gebasteltes Werkstück zur Diskussion, so kann über die sachliche Richtigkeit befunden werden.

In der Sozialerziehung und der religiösen Erziehung entfällt vielfach ein formaler Schluß. Die Offenheit eines Problems bewirkt erst die Erziehung zum Problembewußtsein. Feste Regeln im Sinne der Struwelpeter-Moral können nicht angeboten werden. Häufig hinterläßt eine solche Beschäftigung in der Erzieherin ein Gefühl der Unsicherheit, weil sich kein festes, handgreifliches Ergebnis fixieren läßt. Das Ziel der sozialen und religiösen Erziehung wäre aber verfehlt, wollte man das Ergebnis einer solchen Stunde in Form einer allgemeinen Regel oder eines erzwungenen Konsensus „getrost nach Hause tragen".

Beispiel für eine didaktische Analyse

Die didaktische Analyse kann in sehr unterschiedlicher Weise abgefaßt werden.

Sie kann sehr ausführlich niedergeschrieben werden, z.T. als Dialog zwischen Erzieherin und Kindern. Sie kann aber auch nur aus Stichworten bestehen, die die einzelnen Teilziele festhalten.

Die Schülerin der Fachschule für Sozialpädagogik muß während ihrer Ausbildungszeit sehr ausführliche Analysen schreiben. Sie soll sich in den Aufbau und Ablauf einer gezielten Beschäftigung einarbeiten.

Die schriftliche Vorbesinnung zwingt die Schülerin dazu, sich auseinanderzusetzen mit

der Situation der Gruppe,
dem Stoff,
der Methode,
dem eigenen Verhalten.

Das Angebot soll so geplant und strukturiert werden, daß es die Kinder interessiert, ihnen Spaß macht, ihre Alltagserfahrung und Kompetenz erweitert.

Je nach dem Thema liegt einmal der Schwerpunkt der Stunde mehr im emotionalen Bereich (Feste, Feiern, Spiele) oder im kognitiven pragmatischen Bereich (Umwelt- und Sachbegegnung).

Die Planung einer pädagogischen Situation hat immer etwas Künstliches, Weltfremdes an sich. Die natürliche Lernsituation des Kindes in der Familie, auf dem Spielplatz, auf der Straße ist weitaus komplexer. Hierin liegt die Problematik. Dem kann die Erzieherin nur begegnen, indem sie ihr Vorhaben nicht zu sehr einengt, nicht zu starr an ihrem Konzept „klebt", die Kinder gewähren läßt und auf abweichende oder scheinbar abweichende Fragestellungen und Situationen flexibel reagiert.

Das ist leichter gesagt als getan. Es sollen hier keine Rezepte, sondern lediglich Anregungen gegeben werden. Jede Analyse ist die individuelle gedankliche Arbeit einer Erzieherpersönlichkeit.

In der Phase der Ausbildung wird ihr schriftlicher Niederschlag in mehreren DIN-A4-Seiten bestehen, bei einer berufserfahrenen Fachkraft wird ein Notizzettel genügen.

In der Kindergartenpädagogik gibt es so etwas wie Modethemen, z. B. die neue Mathematik, das gesunde Frühstück, die Umweltverschmutzung, die Kreativität des Kindes, die Sexualität usw.

Der didaktischen Analyse wird manchmal eine These vorangestellt. Die These ist dann die eigene Legitimation für das pädagogische Vorgehen.

These
Die Kleidung gehört zu den elementarsten Lebensnotwendigkeiten, für die das Kind nach und nach immer selbständiger sorgen kann.

Rahmenbereich
Umwelt- und Sachbegegnung (Übungen des täglichen Lebens)

Thema der geführten Tätigkeit
Schuhe, Schuhe, viele Schuhe

Fernziel
Das Kind kann unterschiedliche Fußbekleidungsgegenstände klassifizieren.

Nahziele
Das Kind kennt unterschiedliche Schuharten.
Das Kind kann Schuhe für einen bestimmten Gebrauch aussuchen.
Das Kind kann Bestandteile der Schuhe benennen.

Anzahl der Kinder
Die Kindergartengruppe ist altersgemischt. Die Kinder zwischen 5 und 6 Jahren lernen, die Kleidungsstücke auszuwählen und sich selber anzukleiden. In der Grundschule sollten sie gewöhnlich diese Fertigkeiten beherrschen. Sie müssen sich vor und nach dem Sport- oder Schwimmunterricht selber umkleiden und die Schuhe wechseln. Für die Beschäftigung werden die Kinder dieser Altersgruppe ausgewählt. Es sind 12 Kinder. Die Gruppe sollte nicht zu klein sein, damit die Stunde lebendig bleibt.

Räumliche Voraussetzungen
Die Gruppe wird geteilt. Die jüngeren Kinder bleiben im Gruppenraum. Die anderen Kinder gehen für die Beschäftigung in den Nebenraum. Eine besondere Fläche wird für das Spiel nicht benötigt.

Zeit
Für die Beschäftigung sind 30 Minuten vorgesehen. Zeigen sich die Kinder sehr interessiert, kann auch die Zeit etwas überzogen werden.

Entwicklungsstand
Roland, 6 Jahre alt:
R. kann sich lange auf eine Sache konzentrieren. Er ist in der Lage, sich eine Stunde mit einer Sache zu beschäftigen. Er ist ruhig und ausgeglichen. R. hat ein gutes Frageverständnis. Er antwortet meistens schnell und richtig. Weiterhin verfügt er über ein hohes Allgemeinwissen. R. ist in der Lage, Beobachtetes, auch nach einiger Zeit, wiederzugeben. Er redet in ganzen Sätzen, wobei sein Wortschatz reichhaltig ist. Er ist in die Gruppe integriert und kommt mit allen Kindern gut zurecht.

Alexandra, 5 Jahre alt:
A. wechselt öfter das Spiel. Sie verfügt über eine nicht so hohe Konzentration. Sie ist sehr ordnungsliebend und führt fast alles bis zur Exaktheit aus. Weiterhin ist sie sehr selbständig, ruhig und ausgeglichen. A. redet meist nur, wenn sie gefragt wird. Sie gibt die Antworten meist schnell und richtig. A. spricht in ganzen Sätzen. Sie verfügt über einen nicht so großen Wortschatz. Sie beobachtet Gegenstände, die ihr interessant erscheinen, genau und intensiv. A. paßt sich der Gruppe an, sie ist hilfsbereit und gutmütig.

. . . .
. . . .
. . . .

Bisherige Lerninhalte
Richard, Oliver, Susanne und Ralf besuchen diesen Kindergarten schon zwei Jahre. Sie können sich ohne Schwierigkeiten anziehen. Ralf kann schon eine Schleife binden. Susanne kann die Schuhbänder durch die Ösen ziehen und einen Knoten machen. Eine Schleife gelingt ihr aber noch nicht.
Die anderen Kinder haben beim Umkleiden noch Schwierigkeiten. Das Zuknöpfen geht noch sehr langsam. In den meisten Fällen wird auch rechts und links verwechselt.
Bis auf Ralf können die Kinder die Bekleidungsstücke nicht sicher benennen. Die Bedeutung der unterschiedlichen Schuhbekleidung ist ihnen nicht geläufig.

Vorüberlegungen zur Gruppe und zum einzelnen Kind
Da die Kinder um diese Zeit (10.00 Uhr) meist noch im Freispiel tätig sind oder im Freien spielen, könnte es sein, daß sie unruhig werden. Deshalb werde ich sie vor Beginn der Beschäftigung auf der Wiese spielen lassen.

Arbeitsmittel
Für die Beschäftigung werden die Schuhe der anwesenden Kinder und drei Paar der jüngeren Kinder benötigt, außerdem einige Schuhe für besondere Zwecke. Die Schuhe befinden sich in einer kleinen Kiste. Außerdem ist ein kleines Säckchen nötig. In das Säckchen kommt jeweils das Paar, das erraten werden soll.

Sachanalyse
Für den täglichen Gebrauch und für besondere Gelegenheiten werden unterschiedliche Schuhe benötigt. Folgende Klassifizierung wird gewählt:
   a) Sommerschuhe
   b) Winterschuhe
   c) Hausschuhe
   d) Schuhe für den besonderen Zweck:
      Arbeitsschuhe, Ballettschuhe, Fußballschuhe, Spikes, Taucherschuhe, Gummischuhe, Bergsteigerschuhe ...

Entsprechend ihrer Verwendung sind die Schuhe besonders gearbeitet.
Bei den gewöhnlichen Schuhen werden dem Alltagsverständnis der Kinder entsprechend folgende Unterschiedsmerkmale angesprochen:
a) Farbe
b) Verschlußart:
Schnürbänder (Schuhbänder), Schnallen, Klettverschluß

Bei den Einzelteilen der Schuhe sind vorerst nur die Wörter Sohle und Absatz wichtig. Weitere Bezeichnungen sind nicht altersgemäß und können einer späteren Beschäftigung vorbehalten bleiben.

Verlaufsplanung
Die Verlaufsplanung skizziert die einzelnen methodischen Schritte und ihre Teilziele. Sie kann sehr ausführlich geschrieben werden, einschließlich eines vorgedachten Dialogs und einer Begründung der einzelnen Schritte. Die Dialogform hat den Zweck, daß sich die Erzieherin *vorher* überlegt, welche Fragen und Beiträge die Kinder geben könnten, um darauf gezielter und weiterführend eingehen zu können. Sie hat so auch die Möglichkeit, in einer Nachbesinnung zu prüfen, ob ihr geplanter Verlauf in die richtige Richtung gegangen ist und ob die Schwerpunkte an die passende Stelle gesetzt wurden.
Die Verlaufsplanung kann aber auch nur grob umrissen werden. Sie ist in diesem Falle nur so etwas wie eine ,,Regieanweisung".
Diese Form läßt der Erzieherin mehr Freiheit in ihren Reaktionen, bedingt aber andererseits auch eine größere Sicherheit in der pädagogischen Lenkung.

Mitunter wird die kürzere Fassung mit der pädagogischen Freiheit bemäntelt, wo es in Wirklichkeit um mangelhafte Vorbereitung geht.

Beispiel einer Verlaufsplanung:

Thema der Stunde: Schuhe, Schuhe, viele Schuhe

Einleitung:
Die Kinder haben ihre Hausschuhe an. Ihre Straßenschuhe haben sie am Morgen im Flur an ihren Platz gestellt. Die Erzieherin zeigt den Kindern ein Paar Schuhe. Diese Schuhe gehören einem Kind, das im Gruppenraum geblieben ist.

,,*Ich habe diese Schuhe auf dem Gang gefunden. Weiß jemand von euch, wem diese Schuhe gehören?*"

Die Kinder raten oder wissen sofort, wem die Schuhe gehören.

,,*Woran hast du denn erkannt, daß das die Schuhe vom Erich sind?*"

Es entwickelt sich ein kleines Gespräch über die Schuhe, wobei Merkmale und Gattungsbegriffe eine Rolle spielen.

,,*Der Erich hat braune Schuhe.*"

„Ich kenne doch die Sandalen vom Erich!"
„Die sehen noch so neu aus."
Es werden auch Einwürfe kommen wie:
„Die hat er von seiner Oma bekommen."
„Der Erich läßt die Schuhe überall rumliegen!"
„Ich hab viel schönere Schuhe, die sind doch doof!"

Hauptteil:
Die Erzieherin schlägt ein Ratespiel vor.
„Ich habe noch mehr Schuhe. Wir wollen einmal sehen, ob ihr auch erraten könnt, wem die gehören."
Sie zeigt ein Paar Schuhe, das einem der anwesenden Kinder gehört.
„Das sind ja meine Schuhe!"
Die Erzieherin fragt die anderen Kinder:
„Sind das wirklich Ralfs Schuhe? Woran erkennt ihr das?"
Dieser Schritt ist eine Wiederholung der Einleitung. Die Erzieherin achtet darauf, daß bestimmte Merkmale wie: Farbe, Form, besondere Auffälligkeiten (Schnalle, Schleifchen, Lack) klar genannt werden.

Das Ratespiel wird um eine Schwierigkeit erweitert. Die Erzieherin hat in einem Säckchen ein Paar Schuhe eines Kindes versteckt. Sie nennt drei Merkmale und fragt, wem sie gehören.
„Es sind Sandalen. Die Sandalen sind braun. Die Sandalen haben einen Riemen. An dem Riemen ist eine Silber-(Metall-)Schnalle."
In einem weiteren Schritt dürfen die Kinder einzeln und nacheinander Schuhe der Kiste entnehmen, sie in das Säckchen tun und die anderen Kinder raten lassen.
Die Kinder nennen selbst die Merkmale.
„Es sind Halbschuhe. Sie sind blau mit ein bißchen Rot ..."
Dazwischen kann die Erzieherin ein kleines Rätsel aufgeben.
„Wem gehören diese Schuhe? Es sind Stiefel. Sie sind rot. Oben kann man ein weißes Fell sehen ..."

Schluß:
Die Erzieherin holt jetzt aus einem Versteck eine Vielzahl möglichst ausgefallener Schuhe, die sie den Kindern insgesamt vorlegt. Die Kinder nehmen die Schuhe in die Hand, begutachten sie und führen darüber ein freies Gespräch. Je ausgefallener die Schuhart ist (Taucherschuh, alter Arbeitsschuh mit Stahlkappe ...), um so größer wird das Erstaunen sein.

Anschlußbeschäftigungen

In den nachfolgenden Beschäftigungen können Schuhe nach ihrer Gattung sortiert werden.
Die Erzieherin legt Symbolkarten auf den Boden. Die Kinder sortieren aus einem Haufen nach Sommer-, Winter- und Hausschuhen.
Im Gespräch werden die Unterschiede herausgearbeitet.
Auf die Begründung wird ein besonderer Wert gelegt.
„Warum sind die Stiefelchen gefüttert?"
„Die Hauslatschen kann man nicht zubinden!"
„Die Arbeitsschuhe sind aber schwer!"
Hierbei lernen die Kinder die Namen der Schuhe kennen und richtig aussprechen.

Möglich ist auch ein kleines Rollenspiel: Karin braucht neue Schuhe. Die Kinder spielen „Schuhladen".
Die Kinder üben sich in der Ausdrucksweise:
„Der Schuh ist zu groß."
„Der Schuh ist mir zu klein."
„Der Schuh drückt!" — „Wo?"
„Den Schuh möchte ich nicht!" — „Warum?"
„Der Schuh gefällt mir nicht!" — „Warum gefällt er dir nicht?"
„Was kostet der Schuh?" usw.

Die Situation „Schuheinkauf" ist alltagsgemäß, weil die Eltern diesen Kauf, im Gegensatz zu manch anderem, nicht ohne das Kind erledigen können.

Sollte ein Kind der Gruppe neue Schuhe benötigen, dann könnte die Erzieherin die Mutter bitten, mit einer Kleingruppe am Einkauf teilnehmen zu dürfen.

Ein Gang zum nahegelegenen Schuhladen wäre auch sinnvoll und sei es nur, um das Schaufenster anzusehen.

Ebenso können sich praktische Übungen anschließen:
Wir üben Schleifen.
Wir machen unsere Schuhe sauber:
  a) Schuhe abbürsten
  b) Schuhe einfetten
  c) Schuhe blankreiben

Interessant wäre auch die Schuhreparatur: ein Besuch beim Schuhmacher oder beim Schuhschnelldienst.

Im kreativen Bereich können zu diesem Thema auch Umrißzeichnungen der Kinderfüße gezeichnet werden.

Viel Spaß macht ein farbiger Fußabdruck.
Eine Menge Fußabdrücke auf einem großen Bogen Papier geben ein lustiges Bild usw.

Mit etwas Phantasie kann die Erzieherin noch eine Reihe weiterer Angebote und Spiele ausfindig machen. Das Thema darf jedoch nicht überstrapaziert werden.

Die Nachbereitung

Die Erzieherin wird sich nach der Durchführung der Beschäftigung Rechenschaft darüber ablegen, ob die Arbeit mit den Kindern entsprechend ihrer Vorplanung gelaufen ist, ob sie die Methode richtig ausgewählt, den Inhalt dem Entwicklungsniveau entsprechend angepaßt und die Interessen der Gruppe getroffen hat. Nicht unwesentlich erscheint hierbei die Frage: hat die Beschäftigung den Kindern Freude gebracht?
Die Selbstreflexion und die Fähigkeit der Kritik gegenüber dem eigenen Verhalten, der Abstand zum eigenen Tun kann erst im Verlaufe einiger Berufsjahre heranreifen.
Wer gibt schon gern eigene Fehler zu! Wer hat es denn gelernt, sein Verhalten objektiv zu analysieren!
Die kurze gedankliche Reflexion soll es ermöglichen, Fehler und Unzulänglichkeiten in der zurückliegenden Beschäftigung aufzuhellen, um Einsichten und Erkenntnisse für späteres Tun zu gewinnen. Die Nachbereitung oder Nachbesinnung wird sich auf folgende Punkte konzentrieren:
War der Bildungsinhalt in bezug auf die Gruppe richtig ausgewählt?
Waren die Methode und die eventuell eingesetzten Anschauungsmittel passend?
Sind die gesteckten Ziele erreicht worden?
War das pädagogische Verhalten im großen und ganzen richtig?

Schülerinnen der Fachschule für Sozialpädagogik üben diese Nachbesinnung in mündlicher und schriftlicher Form. Die in einem Gespräch zwischen Schülerin, Sozialpädagogin und Gruppenleiterin reflektierte Beschäftigung bildet den Ausgangspunkt für eine abschließende Beurteilung der Beschäftigung. Fast jede Fachschule hat ein eigenes Konzept oder Raster entwickelt, nach dem eine solche Besprechung im Anschluß an die Stunde abläuft. Hier ein Beispiel:

1. *Sachkenntnisse*
   1.1 Konnte die Schülerin Sachkenntnisse vermitteln?
   1.2 Verfügt die Schülerin über fundierte Sachkenntnisse?

2. *Methodisches Vorgehen*
   2.1 War die Reihenfolge der Lernschritte richtig?
       Waren die Akzente in den Lernschritten richtig bemessen?
   2.2 Hatte die Beschäftigung einen Spannungsaufbau?
       War eine Motivierung gegeben?
   2.3 Hatten die Medien (Arbeitsmittel) eine bestimmte Reizqualität?
   2.4 War das Sprach- und Erklärungsniveau der Schülerin angemessen?
   2.5 Gab sie Anleitungen zur Materialverwendung?

3. *Erreichen der Ziele*
   3.1 Wurden die Ziele erreicht?
   3.2 in bezug auf
       a) Thema/Inhalt
       b) Methode
       c) die Gruppe

4. *Pädagogisches Verhalten*
   4.1 Hatte die Schülerin den Überblick behalten?
   4.2 Erfolgte Lenkung/Dirigierung der Kinder?
   4.3 Wurden Gruppensituationen von der Schülerin aufgegriffen?
   4.4 Reagierte sie auf Konflikte?
   4.5 Gab sie Hilfestellung?
   4.6 Bevorzugte oder benachteiligte sie Kinder?
   4.7 Zeigte Sie Flexibilität?
   4.8 Welcher Art waren die pädagogischen Mittel und wie erfolgte der Einsatz?

B. Beschäftigungen in den Rahmenbereichen

1. Kognitive Erziehung

Schon sehr früh macht das Kind Erfahrungen mit den Dingen und Personen seiner Umwelt.
Das Kind baut aus Bauklötzen einen Turm. Hat der Turm eine bestimmte Höhe erreicht, stößt das Kind ihn um. Was lernt das Kind aus dieser Situation? Es lernt zunächst, daß es Gegenstände selbst aufbauen und umwerfen kann. Es stellt fest, daß es Konstruktionen mit einem labilen Gleichgewicht gibt (physikalisches Wissen).
Macht ein anderes Mal das Kind das gleiche Spiel mit Plastikbechern, Pappschachteln oder Dosen, dann kommt es zu der Erkenntnis, daß sich Plastikbecher, Pappschachteln und Dosen genauso aufbauen und umstoßen lassen wie Bausteine (logisches Wissen).

Die Mutter sieht dem Spiel des Kindes zu. Sie kann darauf unterschiedlich reagieren:
    Sie sagt mit einem ägerlichen Unterton: ,,Du mußt doch nicht immer alles kaputtmachen!''
    Sie lacht und sieht dabei das Kind freundlich an: ,,Jetzt ist der schöne Turm umgefallen!''

Das Kind lernt hieraus, daß die Personen seiner Umwelt auf bestimmte Handlungen in einer bestimmten Weise reagieren (soziales Wissen).
Das Kind hantiert mit den Gegenständen, stellt Sachzusammenhänge her und ,,begreift'' so seine Umwelt. Durch den tätigen Umgang mit den Dingen bildet das Kind seine logische Denkfähigkeit aus.
Deshalb ist es notwendig, daß das Kindergartenkind eine Menge praktischer Erfahrungen mit den Dingen seiner Umgebung sammelt. Es sollte dabei möglichst viel experimentieren, ausprobieren und mit selbst erfundenen Methoden untersuchen.

Bei der Entwicklung der logischen Denkfähigkeit spielen eine Rolle:
    das Klassifizieren (Klassifikation),
    eine Reihe bilden (Seriation),
    der Zahlbegriff und
    das räumliche Vorstellungsvermögen.

Diese Bereiche können in einer geplanten Beschäftigung Schwerpunkte sein, sollten aber nicht als stereotype Klassifikationsschemata *einziges* Ziel bleiben.
In manchen Beschäftigungsproben sagen die Kinder zum Schluß: „Hose, Mantel und Kleid sind Kleidungsstücke." Damit scheint das Ziel der Stunde (für die Erzieherin) erreicht. Bei den Kindern handelt es sich eher um eine Floskel als um eine Erkenntniserweiterung. Die Alltagserfahrung der Kinder ist jedoch nicht wesentlich erweitert.

Klassifizieren

Unter *Klassifikation* versteht man die Fähigkeit, Dinge (aber auch Sachzusammenhänge und Verhaltensweisen) nach Eigenschaften (Qualität) und Mengen (Quantität) zu ordnen.

Die Fähigkeit zur Klassifikation entwickelt sich langsam. Das Kindergartenkind kann zunächst: Dinge nach Ähnlichkeiten und Unterschieden ordnen. Bei den Angeboten sollte dem Kind Gelegenheit gegeben werden, mehr nach eigenen spontanen Vorstellungen zu ordnen als nach vorgegebenen Merkmalen. Bei diesen Übungen werden die einzelnen Bereiche der Sinneswahrnehmung angesprochen.

Ordnen nach einem Merkmal:

Sinnesempfindung	Merkmal/Dinge	
Gesichtssinn	*Farbe:*	Farbtäfelchen, Buntstifte, Bohnen, farbige Stäbchen, Mensch-ärger-dich-nicht-Figuren, Kreiden, Legosteine ...
	Größe:	Steine, Kerzen, Bleistifte, Flaschen, Legosteine, Bücher, die Kinder selbst ...
Tastsinn	*Oberfläche:*	Teppich-, Stoff-, Fellreste, Holzstücke, Steine, Glas, Tastbrettchen ...
Geschmacksinn	*Geschmacksqualität:*	salzige/süße Nüsse, Salz-/Zuckerwasser, süßes/saures Obst, Teesorten ...
Gehörsinn	*Klangfarbe:*	Blech, Holz, Metall, raschelndes Papier, Musikinstrumente ...
Geruchsinn	*Geruchsqualität:*	Blumen, Obst, Benzin, Teer, Terpentin, Harz, Seifen ...

Haben die Kinder hierbei Sicherheit erlangt, dann können sie auch Übungen mit *zwei* Merkmalen probieren:
Klötzchen ordnen nach Größe *und* Farbe usw.
Diese Spiele sollten gleichzeitig die Ausdrucksfähigkeit fördern. Die Kinder spielen zu zweit/dritt und sprechen dazu. Besonders geeignet sind Kartenspiele (Lottokarten), Sortier- und Ratespiele (die Kinder raten das gemeinsame Merkmal).

Eine Reihe bilden
Unter *Seriation* versteht man die Fähigkeit, Dinge (aber auch Sachzusammenhänge und Verhaltensweisen) in eine Reihenfolge zu bringen.
Dem Kindergartenkind gelingt die Seriation nur durch probierendes Handeln (Versuch und Irrtum). Es läßt sich dabei durch Wahrnehmungseindrücke leiten und kann das Ergebnis nicht verbalisieren. Auch hier sollten nur Spiele mit einem Unterschied durchgeführt werden.
Am leichtesten sind Spiele mit Größenunterschieden.
„Wer ist der Kleinste, Größte?" „Stellt euch mal der Größe nach in der Reihe auf!" Die Kinder können die Spiele mit sich selbst durchführen.
Wie bei der Klassifikation eignen sich hierfür strukturiertes Spielmaterial und auch sehr viele Dinge des täglichen Lebens: Knöpfe, Löffel, Tassen, Schuhe usw.

Der Zahlbegriff
Der Zahlbegriff des Kindes entwickelt sich aus dem Mengenerleben. An dem Mengenerleben sind eine Reihe von Funktionen beteiligt, die zunächst noch wenig differenziert bleiben. Es ist daher wenig sinnvoll zu fragen, auf welcher Altersstufe das Kind über *den* Zahlbegriff verfügt.
Der Kindergarten hat auch nicht die Aufgabe, den Zahlbegriff einzuführen. Es sollen lediglich Denkoperationen unterstützt werden, die als Voraussetzung des Zahlbegriffs gelten. Die Kindergartenarbeit bewegt sich im Vorfeld des Zahlbegriffs.

Das Mengenerleben des Kleinkindes ist affektiv gebunden. Mengen werden ganzheitlich, gefühlshaft erlebt. Es wächst etwas an, es kommt etwas hinzu. Das Kind hat den Eindruck der Fülle und freut sich darüber. Wird etwas weggenommen, dann wird das Kleinkind etwas vermissen. Das Weggenommene wird nicht als Einzelelement vermißt, vielmehr wird das Ganze als unvollständig erlebt.

Im Alter von 3 Jahren beginnt das Kind nach eigenpersönlichen Antrieben Dinge auszuwählen und nach eigenen Gesichtspunkten zu gliedern und zu gestalten.
Von 3 Jahren aufwärts können die Kinder 3 bis 5 gleiche Elemente richtig benennen. 3 gleich große Gummibärchen können als 3 Bären zusammengefaßt werden.
Bis zum Alter von 5 Jahren können die Kinder nicht von der Ungleichheit der Teile absehen. 3 in ihrer Größe abgestufte Bausteine sind keine 3 Bausteine, sondern: „Ein großer Baustein, noch ein großer und ein kleiner."
Erst vom 5. Lebensjahr an sind Kinder in der Lage, von der qualitativen Verschiedenheit der einzelnen Mengenglieder abzusehen. Sie beginnen, anschauungsmäßig verschiedene Gegenstände zusammenzufassen. „Ein Löffel, eine Gabel, ein Messer, zusammen sind es drei." Der Oberbegriff kann in der Regel noch nicht gebildet werden.

Die Lernziele im Kindergarten beschränken sich auf die Begriffe
Gleichheit/Ungleichheit,
Paar,
mehr/weniger und das Zählen bis 5.

1. Gleichheit/Ungleichheit

Das Kind kann zwei kleine Mengen von Dingen (Spielzeug) miteinander vergleichen, indem es zwei Reihen bildet. Hierbei kann es die Gleichheit/Ungleichheit feststellen.

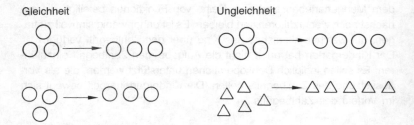

Bei der Umordnung zweier gleicher/ungleicher Mengen in parallele Reihen ist die räumliche Anordnung zu beachten. Das Kind ist noch nicht in der Lage, die Anzahl der Elemente von der Raumordnung zu trennen. Es läßt sich durch die Wahrnehmung einer längeren Reihe täuschen und meint, sie enthalte mehr Elemente.

a) gleiche Anzahl in beiden Mengen

| | | | |
| | | | |

b) die obere Menge enthält weniger Elemente

| | | |
| | | | |

c) die untere Menge enthält weniger Elemente

| | | |
| | | |

Das Kind kann Wasser in zwei gleich große Gläser schütten und dabei die Gleichheit/Ungleichheit feststellen.

2. Paarbildung
Das Kind kann zwei Mengen paarweise zuordnen. Das gelingt am leichtesten bei Dingen des täglichen Lebens, die natürlicherweise zusammengehören wie Tasse/Untertasse, Teller/Löffel, Eier/Eierbecher, Blumentopf/Untersetzer usw.
Bei einem Spiel gehört zu jedem Jungen ein Mädchen, ...
Jeder Spieler erhält 1 Karte.

Die Zuordnung kann über die Paarbildung hinaus erweitert werden, indem zu jedem Element einer Menge 2, 3 Elemente einer anderen Menge zugeordnet werden.

Jeder Spieler erhält 2, 3 Karten, ...

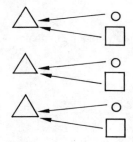

3. Mehr/weniger

Das Kind stellt fest, daß eine Menge größer (mehr) wird, wenn ein Element hinzugefügt wird.
Das Kind stellt fest, daß eine Menge kleiner (weniger) wird, wenn ein Element weggenommen wird.
Das Kind stellt fest, daß eine Menge größer/kleiner wird, wenn mehrere Elemente hinzugefügt/weggenommen werden.

Bei diesen Spielen eignen sich Stäbchen, Holzklötzchen, Plättchen, Perlen und viele Spielzeuge der Kinder.
Es können auch Sand und Flüssigkeiten in Gefäße gefüllt werden.
Wichtig bei der sprachlichen Arbeit bleiben die Begriffe „mehr", „weniger" und „gleich", keinesfalls Zahlen.

4. Zählen bis 5

Bei einfachen Abzählreimen und Brettspielen kann auch schon einmal gezählt werden: drei Felder vor, zwei Felder zurück, eine Figur überspringen — eins — zwei usw.
Es eignen sich auch Lotto-Spiele, wobei die Zahlensymbolik des Würfels verwendet wird.

Das räumliche Vorstellungsvermögen

Den Raum erlebt das Kind in seiner Wahrnehmung zunächst aus den unterschiedlichen Perspektiven, die sich bei jedem Positionswechsel ergeben. Es setzt den Raum in Beziehung zu seinem eigenen Körper. Das Kind hat jeweils eine andere Raumansicht, wenn es auf dem Boden krabbelt oder in den Kinderwagen gesetzt wird. Es erlebt den Raum immer wieder neu, wenn es sich an den Gitterstäben seines Kinderbettchens hochziehen kann, wenn es steht, laufen lernt und beginnt, auf Stühle und Möbel zu klettern. Hierbei ändert sich seine Sichtweite im wahrsten Sinne des Wortes.

Bei der Entwicklung des Raumbegriffs spielen nicht nur die optische Wahrnehmung, sondern auch die sensumotorische Erfahrung und die Sprache einer bedeutende Rolle. Deshalb müssen bei den Spielen, die das räumliche Vorstellungsvermögen fördern wollen, Motorik und Sprache mit einbezogen werden.

Zu den Zielen gehören
die Orientierungsfähigkeit,
die Bewegungsfähigkeit im Raum.

1. Orientierungsfähigkeit im Raum
Das Kind kann sich durch seine Sinneswahrnehmungen im Raum orientieren. Dabei spielt nicht nur die optische, sondern auch die taktile Erfahrung eine Rolle. Das Kind ertastet Wände, Fenster, Türen und Gardinen. Bei Spielen mit verbundenen Augen kann auch die akustische Wahrnehmung eingeschlossen werden. Mit der Hand auf den Teppichboden oder Kunststoffboden des Gymnastikraums zu schlagen klingt anders, als gegen die Wandvertäfelung aus Holz zu schlagen.
Besondere Orientierungspunkte können das Mobiliar und die Turngeräte sein.
Bei den Spielanleitungen werden topologische Begriffe verwendet. Das Hindernisspiel geht *über* die Bank, *unter* den Tisch hindurch, *neben* dem Kasten weiter und bis *vor* die Sprossenwand.
Spiele zur Raumorientierung können auch mit Kettcars und Dreirädern durchgeführt werden. Für kleinere Flächen kommen Spielautos in Frage. Die Spielautos können in der Reihe (Schlange) fahren, sich nach dem Reißverschluß-Verfahren einfädeln, rechts anhalten, links überholen und sich auf den Parkplatz richtig hinstellen.

2. Bewegungsfähigkeit im Raum

Das Kind entfaltet seine individuellen Bewegungsmöglichkeiten im Raum. Dabei macht es Grunderfahrungen in der Auseinadersetzung mit dem Raum. Es benutzt dabei keine Geräte. Das Kind kann sich schnell, langsam bewegen, es kann auf verschiedene Arten gehen, in Zickzacklinien, seitwärts, rückwärts, es kann sich drehen, größer und kleiner machen, hüpfen und springen.

Es kann sich zu Liedern und rhythmischen Klängen bewegen.

Spiele und Übungen in diesem Bereich überschneiden sich zum Teil mit Angeboten aus dem Bereich Musik- und Bewegungserziehung.

2. Spracherziehung

Was ist Sprache?

Die Sprache ist ein besonderes Merkmal des Menschen und zeichnet ihn von allen anderen Lebewesen aus. Der Gebrauch sprachlicher Symbole bildet die Voraussetzung kommunikativen Handelns, der Auseinandersetzung mit dem anderen Menschen. Die Sprache befähigt den Menschen, sich von den Dingen zu distanzieren, Vergangenes festzuhalten und Zukünftiges zu planen.

Die Sprache steht in einer engen Beziehung zum Denken und sie spielt eine wesentliche Rolle bei allen Lern- und Erziehungsprozessen. Die Beherrschung der Sprache bildet eine zentrale Komponente aller der psychischen Funktionen, die man pauschal mit dem Begriff „Begabung" zusammenfaßt.

Mithin hat die Sprache eine entscheidende Bedeutung für den Menschen und seiner geistigen Entwicklung, so daß Spracherziehung in der Kindergartenarbeit ein Schwerpunkt darstellen sollte.

Die Frage „Was ist Sprache?" läßt sich nicht einfach beantworten. Eine Verkürzung ginge zu Lasten einer korrekten sachlichen Darstellung. Der Beantwortung muß daher etwas breiterer Raum zugemessen werden.

Sprache kann kaum mit einer einzigen Aussage präzise definiert werden. Zumindest müssen drei Aspekte berücksichtigt werden:

Sprache ist ein objektives Gebilde (die deutsche Sprache, die englische Sprache, die italienische Sprache usw. . . . .) an der der einzelne mehr oder weniger teil hat (Muttersprache). Die einzelne Sprache bildet einen Gesamtkomplex.

Sprache ist das Sprechvermögen des Menschen, die Fähigkeit der menschlichen Rede, das Sprechen selbst.

Sprache ist ein Zeichensystem mit dem der Mensch Phänomene (Erscheinungen) dieser Welt festhalten und abgrenzen kann, d. h., Vorstellungen und Begriffe, Eindrücke und Empfindungen kennzeichnen und neu prägen kann.

Entsprechend dieser drei Aspekte stellt sich die Sprache dar:

1. Sprache als Gesamtkomplex

Sprache als objektives Gebilde erscheint als Sprachkompetenz: Sprache wird so gesehen, als würde sie unabhängig von der sprechenden Person existieren, sozusagen als allgemeiner Sprachbesitz oder als theoretische Fähigkeit zum Bilden und Verstehen von Sätzen.

Sprachperformanz: Sprache als die tatsächliche, aktuelle Äußerung einer begrenzten Zahl von bestimmten Sätzen. (Komm bitte her und gib mir den Ball! . . .)

2. Sprache als Kommunikation (Sprechen)

Die Kommunikation ist eine zwischenmenschliche Verständigung, in diesem Falle zwischen Sprecher und Hörer. Der Träger der übermittelten Nachricht ist eine sprachliche Zeichenkette (in Form gesprochener Worte – die Kommunikation kann auch schriftlich erfolgen, ebenso durch Gesten oder Zeigehandlungen).

Modell eines einfachen Kommunikationsschemas

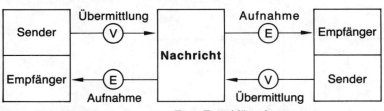

V = Verschlüsselung   E = Entschlüsselung

Die Sprache hat im Kommunikationsprozeß folgende Funktionen:
Symbolfunktionen: Die Sprache symbolisiert (oder bildet ab) Gegenstände, Eigenschaften von Gegenständen oder Beziehungen zwischen Gegenständen oder Begriffen.
„Dies ist ein Ball."
„Der Ball ist rund."
„Der Ball liegt zwischen den Bausteinen".
Signalfunktion: Die Sprache kann andere Menschen zu bestimmten Verhaltensweisen auffordern oder anregen. „Gib mir den Ball her!"
Ausdrucksfunktion: Die Sprache dient der Mitteilung von Gefühlen und der Hervorbringung von Gemütsbewegungen bei anderen.
„Oh, ist dieser Ball schön!"
Die Symbol- und Signalfunktion betrifft den alltäglichen verbalen Umgang der Erzieherin mit den Kindern und der Kinder untereinander, während die Ausdrucksfunktion besonders beim Vortrag von Märchen, Gedichten, Liedtexten und Bilderbuchbetrachtungen ihren besonderen Schwerpunkt hat.

3. Sprache als Zeichensystem

Schriftzeichen sind bekannt als: a, b, c, d, ...
Sie sind raumzeitliche Gebilde, die für etwas anderes stehen. Das Zeichen A steht für den Laut a: und umgekehrt.
Wörter sind Zeichengestalten, die für etwas anderes stehen, für einen Gegenstand oder für einen Begriff. Das Wort „Baum" steht für das Ding selbst und das Wort „Liebe" für den Begriff.
Ein sprachliches Zeichen liegt vor, wenn ein einzelner Gegenstand oder etwas Begriffliches (Bedeutung) fest und dauerhaft mit einer lautlichen Klanggestalt (oder Schriftgestalt) verbunden ist.
Hieraus ergibt sich die Doppelfunktion des sprachlichen Zeichens: das geschriebene (gesprochene) Wort und sein Inhalt (Bedeutung, das, was das Zeichen bezeichnen will).

🌳	Bezeichnetes Bedeutung Inhalt Begriff	}
Baum	Wort Zeichengestalt	} das sprachliche Zeichen

Im Erstleseunterricht der Grundschule wird die Zeichengestalt (Wortgestalt, Wortbild) dem Ding (oder einer Abbildung des Dinges) zugeordnet und umgekehrt. Erst wenn beides im Kinde zur Deckung gebracht ist, Wortbild und Wortbedeutung, hat das Kind das Wort gelernt.

Bei der Kommunikation mit den Kindern grenzt der Erwachsene aus dem Kontinuum der Phänomene, aus dem fortlaufenden Band der Erscheinungen, bestimmte Gegenstände ab und ordnet ihnen Wörter zu: „Dies ist ein Baum, dies ist ein Ball, usw."
Genau genommen (erkenntnistheoretisch) „besitzen" die Gegenstände an sich die Wörter nicht, sondern sie werden ihnen lediglich zugesprochen.

(Einen Gegenstand an sich gibt es nicht. Ein Gegenstand ist nur das, was ich mit meinem Wort meine, mit meiner Sprache bezeichne (Kamlah/Lorenzen).

Durch die differenzierte Etikettierung (Bezeichnung) im Wortschatz des Erwachsenen in Verbindung mit einer entsprechend differenzierten Wahrnehmung beim Kind, bildet sich bei ihm allmählich aus dem Kaleidoskop der Erscheinungen ein geordnetes, beziehungsreiches Bild der Welt („Weltbild"). Bei der Betrachtung eines Waldrandes ist für die Kinder zunächst alles „Baum". Erst bei einer differenzierteren Beobachtung, wenn die Erzieherin sagt: „Dies ist eine Eiche, dies ist eine Birke und dies eine Tanne", werden für die Kinder die Bäume allmählich Eiche, Birke und Tanne.

Die kleine Abschweifung in die Erkenntnistheorie erschien notwendig, um die Bedeutung der Sprache bei der Entstehung des kindlichen Weltbildes herauszustellen. Noch einleuchtender wird die Bedeutung bei der Vermittlung von allgemeinen Begriffen wie: Liebe, Treue, Hoffnung usw.

Bei den Zeichen können folgende Aspekte ausgegliedert werden:

Syntaktischer Aspekt: Syntax heißt Zusammenordnung, wie sie etwa durch die Satzlehre in der Grammatik gegeben ist. Die sprachlichen Zeichen haben die Eigenschaft, eine Verbindung mit anderen sprachlichen Zeichen eingehen zu können: Buchstaben zu Wörter oder Laute zu Lautverbindungen.

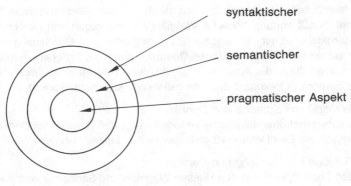

Semantischer Aspekt: Alle Zeichen bedeuten etwas, sie sind Träger von Bedeutungen. Die Bedeutung des Zeichens ist das, was das Zeichen zu verstehen gibt, wofür es steht: das Wort Ball für den Ball selbst.

Pragmatischer Aspekt: Alle Zeichen erfüllen einen Zweck, die Übermittlung einer Nachricht oder die Aufforderung zu einer bestimmten Verhaltensweise (etwa im Befehl).

Sprache und Denken

Sprache und Denken stehen in einer sehr engen Beziehung zueinander. Allgemein wird die Bedeutung der Sprache für die Entwicklung des Denkens erkannt, die Akzente jedoch verschieden gesetzt. Zur Zeit behaupten sich drei Theorien:

1. Disparität von Sprache und kognitiver Entwicklung
Piaget als Hauptverfechter dieser Richtung vertritt die Auffassung, daß Sprache eine notwendige aber nicht hinreichende Bedingung für den Aufbau von logischen Operationen (als reine Denkvorgänge) ist. Die logischen Operationen vollziehen sich beim Kind durch Tun. (Siehe Kapitel Mathematik). Die Sprache bildet die „symbolische Verdichtung und die soziale Kontrolle" der logischen Operationen. Durch die Sprache werden die Operationen in Systeme integriert und durch Kommunikationen kontrolliert. Erfährt das Kind im Spiel, daß zwei Mengen gleich sind, dann wird dieser Erkenntnisakt unterstützt durch die Worte der Erzieherin (symbolisch verdichtet): „ . . . ist gleich . . ." Das Kind kann diese Erkenntnis auf andere, ähnliche Verhältnisse übertragen und gleichsam systematisieren mit der Aussage: „ . . . ist gleich . . . " Gleichzeitig wird der individuelle Akt der logischen Operation durch die Erzieherin (sozial) kontrolliert durch die Aussage: „ . . . ist gleich oder ist nicht gleich . . ."
Die Erkenntnis bekommt dadurch gleichsam Allgemeingültigkeit.

2. Identität von Sprache und Denken
Die sprachinstrumentalistische Theorie besagt, daß Sprache mit Denken identisch ist. Das Denken ist gleichsam eine „innere" Sprache.

3. Relation von Sprache und Denken
Diese Theorie wird von den Russen Wygotski und Sacharow vertreten. Beide gehen davon aus, daß Sprechen und Denken sich in Phasen ent-

wickeln und in einem wechselseitigen Prozeß gegenseitig beeinflussen. Das Kind ist ein soziales Wesen. Am Beginn des kindlichen Sprechenlernens steht die soziale, kommunikative Funktion der Sprache selbst. Die Sprache wird erlernt durch „Zusammenarbeit" im Lernprozeß zwischen Bezugsperson und Kind. Der Prozeß der Übernahme der Wortbedeutungen durch das Kind verläuft im Sinne einer aktiven Aneignung.
Das Wort signalisiert dem Kind zunächst nur den konkreten Gegenstand. Das Kind verbindet das Wort nur mit diesem Gegenstand.

In einer ersten Phase werden nur Begriffe vermittelt, die sich direkt auf einen konkreten Gegenstand beziehen. In diesem Stadium erklären die Kinder Namen von Dingen, die sich aus ihren Eigenschaften oder Funktionen herleiten.
Ofen wird definiert als „... ist heiß", oder Ball „... ist zum Spielen."
Dieses Stadium reicht bis in das Kindergartenalter hinein. Für das Kind stellt das Wort noch unmittelbar einen Teil des Dinges, eine seiner konkreten Eigenschaften dar und noch keinesfalls ein Symbol dafür. Auf dieser Entwicklungsstufe besteht die Bedeutung eines Wortes in einer völlig unbestimmten Verkettung einzelner Gegenstände, die sich auf irgendeine Weise in der Wahrnehmung des Kindes zu einem zusammenhängenden Bild verbunden haben.
„Auto" ist alles was fährt, also auch Fahrrad und Roller.

In der nächsten Phase wird das Wort vom Kind auf eine Gruppe verschiedener Dinge bezogen, die es in gewisser Hinsicht als gleichartig betrachtet. Dabei werden mit Hilfe des Wortes seitens der Erwachsenen Beziehungen hergestellt, die das Kind in Anbetracht seiner sehr geringen individuellen Erfahrung noch nicht selbst bilden kann. Auf diese Weise der sprachlichen Verallgemeinerungen lernt das Kind die Alltagsbegriffe.
Apfel, Apfelsinen und Birnen bilden gemeinsam den Begriff Obst. Bei dieser Begriffsbildung werden die Elemente aufgrund ihrer konkreten und anschaulichen und noch nicht aufgrund ihrer logischen und abstrakten Verbindung vereinigt. Während das Kind noch den konkreten Komplex meint, bezeichnet der Erwachsene bereits den abstrakten Begriff. Dieses Stadium reicht bis in die Grundschulzeit hinein.
Erst *auf der höchsten Stufe der Begriffsbildung* entwickelt sich die Fähigkeit, die einzelnen Elemente des Komplexes zu isolieren und auch außerhalb einer konkreten Verbindung zu betrachten.
Die höchste Stufe der Begriffsentwicklung sind die abstrakten wissenschaftlichen Begriffe.

Die Entwicklung der Sprache

Der Schrei des gesunden Kindes bei der Geburt kann als die erste „sprachliche" Äußerung angesehen werden. Die erste Produktion von Lauten ist rein zufällig und wird für das Kind zum Spiel und sehr bald zur unbewußten Übung eingesetzt. Das Kind ist sehr schnell in der Lage, den Kommunikationseffekt der von ihm produzierten Laute zu erkennen.

In der ersten Phase (ungefähr bis zum 2. und 3. Monat) wird die Lautäußerung durch die mehr oder minder zufällige Disposition der Artikulationsorgane bestimmt. Der vokalische Laut *a* dominiert, ebenso der konsonantische Laut vom Typ *r* und die labialen Verschlußlaute *b* und *p*.

Die zweite Phase (Lall- und Stammelphase) dauert bis zum Beginn der vorsprachlichen Aktivität und erreicht ihren Höhepunkt zwischen dem 5. und 7. Lebensmonat. In dieser Phase werden, oft in langen Silbenreihen, die verschiedensten Artikulationsmöglichkeiten geübt. Das Kind reiht Silben in Lallmonologen aneinander (periodische Abfolge von gleichlautenden Silben: papapa, bababab, dadadada, . . .). Die Übungen werden durch Mimik und Gestik unterstützt.

Mit der dritten Phase im 1. und 2. Lebensjahr setzt das eigentliche Sprechen ein, beginnend mit dem Einwortsatz. Die sprachlichen Äußerungen des Kindes bestehen aus einzelnen isolierten „Wörtern", genauer aus einzelnen Lautsequenzen, die eine Bedeutung haben und als Wörter interpretiert werden können, jedoch untereinander nicht syntaktisch verbunden sind. Diese isolierten Wörter haben den Stellenwert von Einwortsätzen, d. h., sie fungieren als vollständige Sätze.

„Papa auto" könnte heißen: „Papa fährt mit dem Auto weg." Oder: „Papa hat ein Auto." Oder: „Papa bring mir das Auto."

Der Einwortsatz entwickelt sich weiter über den Zweiwortsatz zum ungegliederten Mehrwortsatz.

Im dritten Lebensjahr werden die Sätze erweitert durch Beugungs- und Steigerungsformen, die aber der Grammatik dieser Altersstufe entsprechen.

Im Alter von 3 Jahren beherrscht das Kind ungefähr 1000 bis 1200 Wörter. Etwa mit 5 Jahren beherrscht es in der Regel Grammatik und Syntax seiner Muttersprache.

Soziokulturelle und sozioökonomische Faktoren der Sprachentwicklung

Es ist unbestritten, daß soziokulturelle und sozioökomische Faktoren die Sprachentwicklung des Menschen beeinflussen. Auf die schichtenspezifischen Unterschiede hinsichtlich des Wortschatzes, des Satzbaues, des Gebrauchs von Nebensätzen, der Konjunktionen, der Präpositionen und der unpersönlichen Pronomina haben die Arbeiten von Bernstein und Oevermann aufmerksam gemacht. Diesen Unterschieden (Sprachbarrieren) ist in jüngster Zeit in den Kindergärten besonders Rechnung getragen worden. Ein Beweis hierfür liefert die Fülle der Veröffentlichungen von Vorschulmaterial zum sprachlichen Bereich.

Werden *Sprachtrainingsmappen* im Kindergarten eingesetzt, so gilt das gleiche, was auch für das Arbeitsmaterial im Bereich der mathematischen Früherziehung ausgesagt wird. Die Sprachprogramme sind systematisch aufgebaut und müssen in der angegebenen Reihenfolge durchführt werden. Die Erzieherin sollte zuvor die Handanweisung studieren und den Inhalt kritisch prüfen, ob sich das Material in sinnvoller Weise eignet. Oft ist der Inhalt streng ,,schulisch'' und die Kinder werden lediglich beschäftigt, ohne daß sie wirkliche Erkenntnisse gewinnen oder ihre Flexibilität im Denken geübt wird. Spracherziehung wird hier auf das Niveau von Auswendiglernen (verstandener oder unverstandener) Wörter herabgesenkt. Man wird häufig den Verdacht nicht los, daß die Autoren ein Geschäft mit der Angst der Eltern machen möchten, die fürchten, daß ihre Kinder den Anschluß an den Leselernprozeß in der Grundschule verpassen könnten.

Eine neuere Untersuchung zum Sprachverhalten im Vorschulalter (Neuland, Sprachbarrieren oder Klassensprache?, Frankfurt/M. 75, Fischer 6526) hat bestätigt, daß die Schichtenunterschiede auf dieser Altersstufe nicht so gravierend sind, wie es nach Bernstein und Oevermann bisher schien. Die Erzieherin sollte sich darauf konzentrieren, das sprachliche Repertoire des Kindes der Unterschicht zu vergrößern und nicht versuchen, mit allen Mitteln seinen Dialekt der Hochsprache anzupassen. Für das Kind ist Sprache kein Mittel zur sozialen Mobilität, sondern ein Mittel der Kommunikation und des Lernens. Bei Verbesserungen schichtenspezifischer (nicht falscher!) Äußerungen besteht die Gefahr, daß allgemeines sprachliches Verhalten ausgelöscht wird.

An dieser Stelle sollte noch etwas über *Sprachfehler* gesagt werden. Sprachstörungen (Stammeln, Poltern, Stottern) können durch die Erzieherin nicht behandelt und beseitigt werden. Die Erzieherin ist wohl in der Lage Sprachauffälligkeiten in ihrer Kindergruppe zu bemerken und es ist ihre Aufgabe, die Erziehungsberechtigten darauf aufmerksam zu machen, damit Schritte unternommen werden können, um eine Diagnose zu stellen und eine Behandlung einzuleiten. Eine gutgemeinte Behandlung durch die Erzieherin könnte mehr Schaden stiften als Nichtstun.

Das Sprachverhalten der Erzieherin

Die Erzieherin sollte sich regelmäßig kontrollieren, ob ihr Sprechtempo angemessen ist. In der Regel sprechen junge Erzieherinnen zu schnell. Was für den Erwachsenen zu langsam ist, bedeutet für die Kinder das richtige Tempo, um aufmerksam folgen zu können. Wichtig ist eine präzise Artikulierung und Akzentuierung der Sätze. Sie bedeuten für die Kinder eine gute Gehörschulung. Oft ist für die Kleinen der Kindergarten der einzige Ort, an dem sie einwandfrei gesprochenes Deutsch hören. Wachsen sie in einer Umgebung mit sehr starkem Dialekt auf, so nehmen sie häufig einen Satz als eine einzige Klanggestalt, gleichsam als ein riesiges Wort wahr, z. B. ,,Däsisnhund". Für sie besteht der Satz: ,,Das ist ein Hund" aus einem Wort, anstatt aus 4 Wörtern.
Legt die Erzieherin beim Sprechen den Kopf in die Hand oder die Finger vor den Mund, so wird das Verstehen unnötig erschwert.

Was die Sprechmelodie angeht, so besteht vielfach die Gefahr der Monotonie. Frei, wirkungsvoll mit der richtigen Betonung zu sprechen, will geübt sein. Hier hilft die Hospitation einer Kollegin oder die Tonbandaufzeichnung, um sich richtig korrigieren zu können. Was der Erzieherin selbst als übersteigert erscheint, ist für die Kinder gerade angemessen.

Die Erzieherin stellt sich oft die Frage, soll sie die ganze Gruppe oder nur das einzelne Kind ansprechen? Das hängt von der Situation ab. Führt sie mit der Gruppe ein Lerngespräch (siehe das Gespräch), so wird sie ihren Impuls, ihre Frage an die ganze Gruppe richten, damit alle Kinder sich angesprochen fühlen. Würde sie jeweils nur einzelne Kinder aufrufen, und um Antwort bitten, so würde sich der Rest der Gruppe langweilen. Einige Kinder wären enttäuscht, daß sie sich nicht äußern können, andere fühlten sich nicht genügend motiviert.

Anders ist es bei Arbeiten, die die ganze Gruppe betreffen, z. B. Helfen, Bereitstellen von Materialien, Aufräumen des Gruppenraumes. Aufforderungen, die hier an die ganze Gruppe gerichtet sind, verhallen meistens im Nichts. Kein Kind fühlt sich direkt angesprochen, besonders diejenigen nicht, die es zu Hause nicht gewöhnt sind, den Eltern oder Geschwistern mit Kleinigkeiten zu helfen. Es wäre also besser, einzelne Kinder direkt aufzufordern oder um etwas zu bitten. Es gibt selten Kinder, die hierauf nicht reagieren. Die Erzieherin sollte versuchen, ihr Anliegen zu begründen. Je einsichtiger das Vorhaben für das Kind ist, umso eher ist es geneigt, sich zu engagieren. Der Ton macht die Musik, er bestimmt das allgemeine Klima im Gruppenraum:

Nicht: ,,Ihr verklebt den ganzen Tisch. Macht sofort die Klebstofftuben zu!"

,,Was ist das denn für eine Schmiererei mit dem Klebstoff?"

Besser: ,,Seht einmal her, wenn ich die Klebstofftube jedesmal verschließe, läuft kein Klebstoff mehr heraus. Ihr könnt sauberer arbeiten und spart auch Klebstoff."

Häufig wenden sich Kinder an die Erzieherin, um ihr eine halbfertige oder fertige Arbeit zu zeigen. Sie wollen ein Lob hören oder eine kleine Unterhaltung anknüpfen.
,,Sieh mal mein Turm!" Die Erzieherin antwortet dann: ,,Das hast Du schön gemacht" oder ,,Das ist ein schöner Turm".
Antworten in dieser Art führen den Satz in der Aufforderung nur eindimensional weiter. Inhaltlich und grammatisch wird der Satz nicht erweitert.
Fruchtbarer wäre folgende Antwort: ,,Ja, das hast Du schön gemacht, weil Du verschiedene Bausteine verwendet hast." Oder ,,Ja, er ist so hoch, daß er bald umkippen wird."
Hier wird die Fortsetzung einer Unterhaltung angestrebt und dem Kind werden andere grammatische Strukturen angeboten.

Abschließend muß gesagt werden, daß über die schwerpunktmäßig durchgeführten Beschäftigungen im Bereich Spracherziehung sprachliche Arbeit in jeder gezielten Beschäftigung durchgeführt werden sollte. Arbeit an der Muttersprache ist gleichsam ein durchgängiges Prinzip im Alltag des Kindergartens.

Beschäftigungsstunde

Ziele:

Grobziele:
Das Kind hat sich seit seinem Lebensbeginn die Muttersprache schrittweise angeeignet. Dieser Spracherwerb führte auch ohne systematische Anleitung zu einem relativ breiten und sicheren Verfügen über Sprache. Dieser Prozeß muß durch die Spracherziehung im Kindergarten fortgeführt, intensiviert und systematisiert werden. Die Systematisierung bezieht sich weniger auf reine formale Sprachübungen als auf planmäßig angelegte Lernprozesse. Dabei geht es um Erfinden von Situationen, die zum Sprechen anregen und locken.
Der Inhalt der Spracherziehung führt über das Verstehen zum Gebrauch der Sprachmittel.
Hierzu gehört die Ausdehnung und genauere Bestimmung der Bedeutung von gebrauchten Wörtern, ferner das Erlernen von neuen Wörtern.

Die Sprecherziehung zielt auf eine klare, lautreine, verständliche und wirksame Sprechweise. Mittel hierzu sind:
1. nachgestaltendes Sprechen (Sprach- und Sprechmuster)
2. freies Sprechen (Erzählen)
3. darstellendes Spiel (Rollenspiel)

Spracherziehung heißt auch Schulung des Verstehens. Sie vollzieht sich in aufbauenden Übungen:
1. Hörübungen, die die akustischen Grundlagen schaffen und verbessern
2. Hinhören als bewußte Hinwendung auf Geräusch, Klang, Laut oder Wort im Gegensatz zum bloßen Hören
3. Zuhören intendiert die Erfassung eines Sinnbezuges einer zusammenhängenden Darstellung (Verstehen)

Spracherziehung		
rezitativ	produktiv	
hören	sprechen	
hinhören	nach- oder mitsprechen	imitativ nachahmend nachvollziehend
zuhören	freisprechen	kreativ schöpferisch selbstgestaltend

Feinziele:
Entsprechend der Vielschichtigkeit der Sprache müssen die Feinziele nach Aspekten differenziert dargestellt werden, wobei die Reihenfolge keine Wertigkeit bedeutet:
1. Phonetischer Aspekt
2. Pragmatischer Aspekt
3. Semantischer Aspekt
4. Syntaktischer Aspekt
5. Literarischer Aspekt

1. Phonetischer Aspekt (Bereich der Laute)

Unterscheidung von Geräuschen, Tönen und Sprachlauten

1. Geräusche bei geschlossenen Augen erkennen
An der Straßenkreuzung: Autos bremsen, fahren an, eine Straßenbahn fährt vorbei, ein VW hat ein anderes Motorengeräusch als ein Mercedes . . .
Im Raum: ein Kind putzt sich die Nase, ein Kind kichert, ein Buch wird durchgeblättert, . . .

2. Unterscheidung von Geräuschen und Tönen
Tonbandaufzeichnung: Blockflöte, Tür knarrt, Metallophon, Schlüssel wird im Schloß gedreht, . . .

3. Unterscheidung von Sprachlauten
Tonbandaufzeichnung: Im Zoo – Tierstimmen, Stimmen der Kinder, Stimme der Erzieherin, der Helferin, . . . des Wärters

4. Unterscheidung der Sprachlaute nach Höhe und Tiefe
Beim Kasperletheater: der Räuber brummt, Gretel hat eine hohe Stimme
Rollenspiel: Im Kaufmannsladen – der kleine dicke Verkäufer und die dünne lange Kundin (und umgekehrt)

5. Endlaute in Wörtern entdecken (Reime bilden)
Angefangene Reime fortsetzen. ,,Es war einmal ein Mann, der hieß . . ." Reimwörter selbst finden. Haus – Maus – Laus . . .

2. Pragmatischer Aspekt (Bereich der Kommunikation und des sprachlichen Handelns)

Sprache als Mittel zur Verständigung im Gespräch

1. Das Kind kann seine eigene Meinung ausdrücken und auch begründen, ohne nur mit ,,nein" und ,,doch" zu argumentieren.
Gelegenheiten bieten sich im Alltag des Kindergartens genug: verschiedene Spiele, Fernsehsendungen, Lieder usw. ,,Wem hat was am besten gefallen?"

2. Das Kind kann zuhören und andere aussprechen lassen
Das Zuhören wird geübt im wechselseitigen Gespräch, bei Darstellung von Rollenspielen, Vorlesen oder Vortragen von Märchen und Geschichten.

3. Das Kind beantwortet Fragen und fragt selbst
Durch die Zuwendung der Erzieherin wird das Kind allmählich dazu gebracht, auf Fragen nicht immer nur mit „ja" oder „nein" zu antworten. Oft helfen hier auch leicht vorformulierte Antworten als Sprachmuster, obwohl mit dieser Hilfe vorsichtig umgegangen werden muß, um die Sprechakte nicht zur Dressur ausarten zu lassen.

4. Das Kind vertritt und begründet seinen eigenen Standpunkt
Eine sachliche Begründung, die über den subjektiven Standpunkt hinausgeht, ist bei Kindern auf dieser Altersstufe schwer zu erreichen, sollte aber dennoch angestrebt werden. Die Hilfestellung der Erzieherin ist auf alle Fälle erforderlich. „Kannst Du es Peter erklären?" „Kannst Du es begründen?" „Sag uns, was Du damit meinst."

Sprache als Mittel des Ausdrucks

1. Das Kind kann seine eigenen Erlebnisse erzählen
Gern berichtet das Kind, was es zu Hause oder auf dem Weg in den Kindergarten erlebt hat. Besonders mitteilungsbedürftig ist es jeweils am Montag, weil sich bei vielen Kindern die Ereignisse zum Wochenende drängen. Die Erzieherin sollte die fruchtbaren Momente nutzen für ein individuelles Gespräch oder als Erlebnisschilderung des Kindes an die ganze Gruppe.
„Wir wollen einmal alle zuhören, Petra hat am Sonntag ein sehr schönes Erlebnis gehabt."
Entscheidend ist hierbei nicht die sachlich richtige und zeitlich stringente Darstellung, sondern die spontane, mitunter emotional stark gefärbte Äußerung des Kindes, die die Motivation bildet für weitere sprachliche Äußerungen zu anderen Gelegenheiten (Mut zum Berichten).
Die Darstellung des Kindes bietet eine gute Schulung des Zuhörenkönnens bei anderen Kindern.

2. Das Kind kann eine Phantasiegeschichte erzählen
Selbstausgedachte Geschichten bieten eine gute Gelegenheit zur Entfaltung der Phantasie. Die Grenze zwischen wahr und unwahr ist hier nicht sehr scharf zu trennen. Die Erzieherin beginnt mit einer Geschichte und die Kinder setzen sie fort bis zum Schluß. Die Erzieherin kann den Schlußakzent vorher setzen. Die Geschichte soll lustig oder traurig enden. „Der Mann wird zum Schluß ganz reich, usw."

Sprache als Hilfe des Denkens

1. Das Kind kann seine Pläne sprachlich ausdrücken
Die Gruppe möchte eine Quarkspeise zubereiten. Ein Kind legt dar, wie die Zubereitung erfolgt.

Ein Kind will mit Legosteinen ein Flugzeug bauen. Es zählt die Teile auf, die zuerst, und die später in der Reihenfolge gebaut werden.

2. *Es kann Regeln formulieren*
Erklärungen von Spielregeln oder aufgefundenen Regeln im mathematischen Bereich.

3. Semantischer Aspekt (Bereich der Worte und Begriffe)

Das Kind erweitert seinen Wortschatz

1. Das Kind kann Gegenstände richtig benennen
Ausgehend von den Dingen des täglichen Lebens wird der Kreis der Gegenstände erweitert. Wörter, die die Kinder nicht kennen oder nicht kennen können, müssen von der Erzieherin gegeben werden. Dabei gilt es auch, auf Synonyma hinzuweisen. ,,Vater hat eine Krawatte, man kann dazu auch Schlips oder Binder sagen."

2. Zuordnen von Namen zu den betreffenden Abbildungen von Gegenständen.

3. Eigene Tätigkeiten und Bewegungen richtig benennen
Gelegenheit: Basteln und Sport

4. Fremde Verhaltensweisen richtig benennen
Gelegenheit: Beobachtung bei Tieren, bei Handwerkern

5. Merkmale (Farbe, Form, Größe, Oberfläche, Material) erkennen, unterscheiden und richtig benennen
Gelegenheit: Mathematische Spiele, Ordnen von Gegenständen, ,,Ich sehe was, was Du nicht siehst."
Beschreibungsrätsel

6. Adjektive ins Gegenteil verkehren
Es gibt eine Stadt, in der ist alles verkehrt.

7. Gegenstände zu Oberbegriffen ordnen
Besteck, Obst, Lebensmittel, Tiere, Blumen, Verkehrsmittel.
Der Schwierigkeitsgrad wird erhöht, wenn ein Ding (Lebewesen) sich in der Reihe befindet, das nicht zur Klassifikation gehört (Kochlöffel bei Eßbesteck).

8. Räumliche Beziehungen ausdrücken
Verwendet werden die Präpositionen: vor, hinter, neben, zwischen, über, unter.
Beschreibung einer Schaufensterauslage, eines belegten Brotes, einer Schichttorte, einer Stadt aus Bausteinen, eines Szenenbilderbuches, eines Posters.

9. Zeitliche Beziehungen ausdrücken
Verwendet werden die Zeitadverbien: gestern, heute, vorgestern, morgen, übermorgen, jetzt, heute, immer, nie, morgens, mittags, abends, nachts
Gelegenheit: ordnen einer Bildergeschichte

4. Syntaktischer Aspekt (Bereich der Satzbildung)

1. Das Kind kann die wichtigsten Satzformen anwenden
Aussagesätze (Erzählsätze) siehe ,,Sprache als Mittel des Ausdrucks"
Fragesätze: Spiel mit dem Kindertelefon, fragen nach einer Straße, nach dem Tagesverlauf, Spiel im Kaufmannsladen
Befehlssätze: Spielanweisungen, Dialoge erfinden

2. Vorgegebene Sätze verneinen
Der dumme August macht alles falsch. Die Kinder verbessern ihn

3. Einfache Sätze erweitern
Wir spielen Koffer-packen: ,,Wir packen ein: eine Badehose, ein Handtuch, . . ."
Vater bestellt im Gasthaus: ,,Wir möchten eine Bratwurst, ein Schnitzel, . . ."
Wir kaufen ein im Supermarkt: ,,Wir legen in den Korb: eine Wurst, . . ."
In der Reihenfolge der Kinder wird jeweils der Satz erweitert. Wer als letzter den immer länger anwachsenden Satz erweitern kann, hat gewonnen. Die Übung ist gleichzeitig eine gute Konzentrations- und Gedächtnisübung. Die Erzieherin sollte jedoch darauf achten, daß nicht Sinnloses (beim Kofferpacken) aneinandergereiht wird. Ebenso sollte bei dem Spiel ,,Kauf im Supermarkt" nicht noch der Kaufzwang angeheizt werden. Etwas Kritik und Reflexion über Sinn und Unsinn fördert die kritische Haltung bei den Kindern.

4. Zwei vorgegebene Sätze zu einem einfachen Satzgefüge zusammenziehen
Aus Szenenbildern jeweils zwei Bilder heraussuchen, die zusammenpassen und dazu einen Satz bilden.

5. Mehrzahlbildung
Wir decken den Tisch und brauchen dazu: . . . 4 Gabeln, 4 Messer, . . .

5. Literarischer Aspekt (Kinderliteratur)

Literatur als Mittel der Unterhaltung

Hierzu werden die Bilderbuchgeschichten, die Märchen, Umwelt-, Tier- und Phantasiegeschichten gezählt, ebenso die Reime und Abzählverse.
Das Kind soll lernen, Märchen und Bilderbuchgeschichten in Teilen oder ganz nachzuerzählen. Es sollte auch versuchen, einzelne Szenen zu dramatisieren und nachzuspielen. Besonderer Wert wird auf den Dialog gelegt. In einer Gruppe sollen möglichst alle Kinder beteiligt werden. Reichen die Rollen nicht aus, so wird das Stück mehrmals gespielt.

Literatur als Mittel der Information

Sachbücher über die Lebens- und Arbeitsweise von Menschen, über Vorgänge in Stadt und Land, über Verhaltensweisen von Tieren.

Literatur als Anlaß zum Denken

1. Angefangene Geschichten weitererzählen
„Hans sitzt auf der Mülltonne und wackelt und wackelt..."

2. Zu Reizwörtern eine Geschichte erfinden
Pfütze − Roller − Schuhe − Mutter

3. Grundelemente der Dichtung
Kinder planen ein Märchen, erfinden ein Rätsel, machen ein kleines Gedicht.

Methodischer Aufbau

Der methodische Aufbau einer Beschäftigungsstunde im sprachlichen Bereich kann nicht pauschal dargestellt werden. Exemplarisch werden aufgeführt:
Das Märchen
Die Bilderbuchbetrachtung
Die Begriffsbildung

Das Märchen

1. Einstieg

Für das Märchen sollte ein natürlicher Anknüpfungspunkt gefunden werden, soweit er sich anbietet. Es bietet sich die Jahreszeit an. Frau Holle wird die Erzieherin am ehesten im Winter behandeln. Es wäre unklug, ein Märchen zu besprechen, in dem von einem reifen Ährenfeld die Rede ist, wenn es draußen schneit und friert.
Anlaß zu einem Einstieg könnte auch ein Gespräch über ein Tier bieten: Katze, Kater, „Der gestiefelte Kater".
Findet sich kein natürlicher Anfang, so kann die Erzieherin auch einfach damit beginnen, daß sie den Vorschlag macht, ein Märchen zu erzählen über ...

Es ist günstig, die Kinder ein wenig einzustimmen, indem man die Anfänge des Märchens umreißt, ohne jedoch zuviel vorwegzunehmen. „Ich erzähle euch heute ein Märchen von einem Jungen, der von zu Hause fortgezogen ist, um in einer fremden Gegend ein Handwerk zu erlernen ..."
Zweckmäßig sollte die Erzieherin die in dem Märchen auftauchenden fremden Begriffe vorher klären. Nofalls muß sie Anschauungsmaterial bei der Hand haben, um den Kindern Dinge zu verdeutlichen, die es heute nicht mehr gibt. Welches Kind kennt eine Kutsche oder weiß, wie ein Amboß aussieht?

Die vorherige Durchleuchtung des Märchens auf Sinnerklärung und Verständnisschwierigkeiten ist eine unerläßliche Vorarbeit der Erzieherin.

2. Durchführung

Die Erzieherin hat die Möglichkeit
a) das Märchen zu erzählen
b) es vorzulesen oder
c) durch eine Platte abspielen zu lassen.

Der freie Vortrag ist zweifelsfrei die beste Möglichkeit. Die Erzieherin kann individuell die Fassung gestalten, sie kann sich in ihrer Sprache den Kindern anpassen, sie kann alle Möglichkeiten eines dramatischen Vortrags ausschöpfen und hat gleichzeitig die Kinder im Blick.
Am besten ist es, wenn sie die Kinder im Halbkreis um sich herumsetzt, möglichst in gleicher Höhe. Gern sitzen die Kinder auch auf dem Boden.

Der freie Vortrag setzt jedoch ein hohes Maß an sprachlichem und auch etwas schauspielerischem Können voraus. Jeder Märchenvortrag muß deshalb vorher geprobt werden. Nach einer längeren Praxis jedoch ist die Erzieherin soweit geschult, daß sie auch Märchen aus dem Stegreif vortragen kann. Der schönste Lohn für sie werden die strahlenden Augen und die offenen Münder sein. Erstaunlicherweise hat das Fernsehen bei den Kindern die Freude an einer frei erzählten Geschichte noch nicht getötet. Das Märchen sollte zügig aber trotzdem langsam und bedächtig vorgetragen werden. Kleinere Pausen erhöhen die Spannung. Das Verändern der Stimme, etwa bei einem Dialog, belebt jede Szene. Das Sprechtempo sollte ebenfalls variiert werden. Typische Wiederholungen oder bestimmte Redewendungen und Ausdrücke dürfen nicht unterschlagen werden. Das ha und hui und hopp-hopp-hopp macht die Märchen so ungemein lebendig. Stellen die Kinder Fragen, so sollten sie beantwortet werden, ohne daß der Fluß des Erzählens allzu sehr unterbrochen wird. Ist ein Märchen zu lang (die Erzieherin wird es am besten selbst an den Kindern feststellen können), so kann es auch in verschiedenen Teilen erzählt werden.

Ein Märchen *richtig vorzulesen,* ist gleichermaßen eine Kunst. Die Erzieherin kann sich jedoch an das Wort klammern. Sie gerät allerdings leicht in Gefahr, die Kinder aus den Augen zu verlieren. Bei einiger Übung gelingt es vielleicht, stets ,,mit den Augen vorwegzulesen", so daß der Text gesprochen werden kann, ohne gleichzeitig ins Buch sehen zu müssen. Damit wird man auch zur Langsamkeit gezwungen. Das Auffinden der jeweiligen Buchzeile bereitet nach einiger Praxis keine Mühe mehr.

Das *Abspielen einer Platte* ist keine sehr gute Lösung. Die Nachteile der Anonymität werden zum Teil wieder aufgehoben, wenn das Märchen im Nachhinein ausgiebig besprochen wird.

3. Schluß

Zum Schluß beantwortet die Erzieherin Fragen, läßt die Kinder ausgiebig zu Wort kommen und vermeidet es, das Märchen moralisch auszubeuten, Lehrsprüche

anzufügen oder Lebensregeln anzuknüpfen. Die Sinndeutung ist ohnehin schwer und auch nicht in jedem Fall für den Erwachsenen verständlich. Bei mehrmaligem Vortrag oder bei einem späteren Lesen mag sich der Sinn den Kindern später erschließen, erzwingen kann die Erzieherin ihn nicht.
Eine Fortsetzung des Themas ist möglich durch ein Rollenspiel oder durch bildnerische Tätigkeit. Hierbei ergeben sich dann weitere Bedingungen, um auf die Thematik eingehen zu können.

Die Bilderbuchbetrachtung

1. Einstieg

Der Einstieg kann ähnlich wie beim Märchen erfolgen. Die Erzieherin hat es hier etwas leichter, weil sie das Bilderbuch für einen bestimmten Zweck ausgesucht hat. In der Regel ist das Buch kindgemäß und der Inhalt verständlich. Oft genügt eine sehr knappe Einführung, lediglich eine Themenangabe.

2. Durchführung

Bei der Bilderbuchbetrachtung liegt die Aktivität bei den Kindern. Sie sollen sich äußern, sie sollen motiviert werden. Die Erzieherin geht systematisch vor, indem sie den Kindern das Buch Seite für Seite zeigt. Bei einer doppelseitigen Bebilderung sollte sie jeweils eine Seite abdecken, um den Vorgriff der Kinder zu verhindern.
Die Bilder müssen intensiv betrachtet werden. (Siehe Prinzip der Anschauung). Den Kindern muß genügend Zeit gelassen werden. Von einer zu schnellen und oberflächlichen Betrachtung ist abzuraten. Es gilt, genau hinzusehen. Es müssen Gemeinsamkeiten und Unterschiede, Einzelheiten und Zusammenhänge gesehen und verbalisiert werden.
Die Erzieherin läßt zunächst alle spontanen Äußerungen zu, ohne allzusehr zu korrigieren. Langsam leitet sie mit indirekten Impulsen die Betrachter auf das Wesentliche. In einem Szenenbilderbuch sind es die einzelnen Handlungsvollzüge, in einem Geschichtenbilderbuch die Hauptpersonen in ihrem aktuellen Verhalten.
„Schau auf diese Stelle des Bildes."
„Erzähle, was der kleine Peter gerade macht."
„Du kannst hierüber noch mehr berichten."
„Sag etwas über die Farbe."
„Was glaubst du, was der Junge jetzt macht?"
„Was denkt wohl der Mann?"

Gerät der Redefluß der Kinder ins Stocken, so erzählt die Erzieherin weiter. Erst wenn das Bild erschöpfend behandelt ist, wenn die wichtigsten Gesichtspunkte genannt wurden, setzt die Erzieherin die Bilderreihe fort.
Bringen die Kinder im Verlauf der Betrachtung Argumente, die nicht stimmen, dann versucht die Erzieherin sie durch die Kinder korrigieren zu lassen, ohne allzustark bewertend einzugreifen.

3. Schluß

Ist aus der Geschichte ein eindeutiger Sinn leicht herauszulesen und von den Kindern erkennbar, so sollte er auch in einer kurzen und knappen Zusammenfassung genannt werden.
Häufig wollen Kinder das Buch selbst noch einmal anschauen.
Es sollte ihnen die Bitte gewährt werden.
Manchmal bieten sich Rollenspiel und bildnerische Tätigkeit an.

Die Begriffsbildung

1. Einstieg

Bei der durchzuführenden Beschäftigung der Bildung von Oberbegriffen erübrigt sich eine ausführliche Hinführung. Es genügt, wenn die Tätigkeit kurz erklärt wird. „Ich habe eine Menge von Dingen auf dem Tisch bereitgelegt und ihr sollt versuchen diejenigen herauszusuchen, die zusammengehören."

2. Durchführung

Wichtig ist, daß die Erzieherin weiß, welche Oberbegriffe sie einführen will. Dementsprechend muß das Anschauungsmaterial ausgesucht sein. Ohne Anschauungsmaterial keine Begriffsbildung!
Entweder läßt die Erzieherin Dinge sortieren, die dem gleichen Oberbegriff zugeordnet werden können oder sie mischt die Reihe, so daß Gegenstände ausgesondert werden müssen. Hierbei erhöht sich die Schwierigkeit je geringer die Trennschärfe ist.

1. Möglichkeit: Messer, Gabeln, Löffel − Oberbegriff: Eßbesteck
2. Möglichkeit: Messer, Gabeln, Löffel, Tassen, Kaffeelöffel
 Messer, Gabeln, Löffel, Kaffeelöffel = Eßbesteck
 Tassen = ausgesondert
3. Möglichkeit: (erhöhter Schwierigkeitsgrad bei geringer Trennschärfe)
 Messer, Gabeln, Löffel, Brotmesser, Fleischgabel, Kaffeelöffel
 Messer, Gabeln, Löffel, Kaffeelöffel = Eßbesteck
 Brotmesser, Fleischgabel = ausgesondert (Küchengerät)

Die Kinder sortieren gemeinsam die einzelnen Gegenstände und versuchen sie auf dem Tisch zu ordnen. Die Erzieherin kann noch angeben, wohin die Dinge gelegt werden, im übrigen hält sie sich zurück. Die Kinder korrigieren sich selbst. Wenn die Gruppe ein wenig in Unruhe gerät, so soll sich die Erzieherin nicht davon beeindrucken lassen. Es ist nicht schwer, die Ordnung wieder herzustellen, wenn die Kinder etwas vom Tisch abgerückt sind und das Ergebnis ihres Sortierens mit Abstand betrachten. So kann am ehesten auf Fehler aufmerksam gemacht werden. Ein Impuls, noch einmal genauer hinzusehen, genügt meistens, um die Korrektur vornehmen zu lassen.
Die Gruppen, die zu dem Oberbegriff zusammengefaßt werden, sollten von den Kindern genannt werden. Auf Synonyma muß die Erzieherin aufmerksam machen (Kaffeelöffel, Teelöffel). In der Regel muß der Oberbegriff von der Erzieherin genannt werden.

3. Schluß

Als Abschluß kann ein Spiel erfolgen: Wir kaufen Besteck ein. Wir decken den Tisch. Es können auch im Rahmen einer bildnerischen Tätigkeit ausgeschnittene Abbildungen aus Katalogen o. ä. aufgeklebt werden.

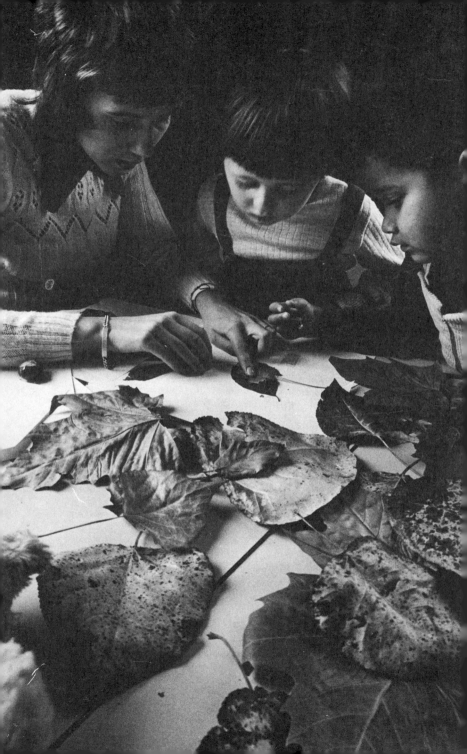

3. Umwelt- und Sachbegegnung

Kommt das Kind in den Kindergarten, sieht es sich plötzlich einer Reihe fremder, unbekannter Situationen ausgesetzt: der Weg zum Kindergarten, eventuell ein neuer Ortsteil, Einrichtung und Ausstattung der Institution, die Kindergruppe mit ihrem sozialen Beziehungsgeflecht und nicht zuletzt die angebotenen Spielsituationen. Das Hineinwachsen in diesen Lebensbereich bedingt eine Ausdehnung des Blickfeldes, es läuft gewissermaßen parallel mit einer Erweiterung des kindlichen Weltbildes.

Das-Sich-Öffnen des Kindes zur Welt hin ist ein vielschichtiger, komplexer und äußerst diffiziler Vorgang, denn es werden ja nicht nur Sachverhalte, sondern auch Sinnbezüge, Werte, Haltungen und Einstellungen gleichermaßen mitvermittelt.

Die Rahmenbereiche ,,Umwelt- und Sachbegegnung" und ,,Naturbegegnung" haben primär die Aufgabe, Hilfestellung bei der Bildung des Weltbildes zu geben.

Welche Voraussetzungen bringt ein Kind mit und wie ist sein Weltverständnis entwickelt, wenn es in den Kindergarten eintritt?
Alles hängt sehr stark vom Alter und den bisherigen Möglichkeiten der Umweltexploration und somit von der Summe aller Sozialisationsfaktoren ab: wie differenziert sind dem Kind Umweltangebote gemacht worden, z. B. Lernerfahrungen mit Spielzeug, Gespräch mit den Bezugspersonen, gelegentlicher Sonntagsspaziergang, Urlaub und Reisen mit den Eltern, Unterhaltung bei Tisch, Einbeziehung in häusliche Verrichtungen, Mithilfe beim Einkauf, . . . Zoobesuch, wenige oder viele Spielkameraden, . . .

Um sich ein genaues Bild über den *Entwicklungsstand* jedes einzelnen Kindes zu verschaffen, ist die Erzieherin auf Einzelbeobachtungen und Elternbefragungen angewiesen. Global jedoch gilt:

Die geistige Haltung der Kinder im Alter von 3 bis 5 Jahren ist gekennzeichnet durch Egozentrismus. Das Kind erfährt sich selbst als Mittelpunkt seiner Umwelt. Das einzige Vergleichsmoment zum Sein ist es selbst mit seinen Gefühlen, Wünschen und Erlebnissen. Distanzierung und Objektivität bleiben ausgeschlossen. Eine Differenzierung zwischen dem belebten und unbelebten Bereich der Welt gelingt nicht. Das Kind unterliegt einer starken Tendenz, die Dinge zu vermenschlichen (Anthropomorphismus). Dinge im Gegenüber werden oft mit menschlichen Qualitäten belegt.

Hat ein Kind sich an einem Tisch gestoßen, so kann es ihn patschen mit der Bemerkung: „Du dummer böser Tisch!"

Sein Denken ist als ‚magisches Denken' gekennzeichnet. Für die sachlichen Zusammenhänge der Umwelterscheinungen wird eine magische Deutung geliefert. Höhere, unbekannte Kräfte gelten als Ursache für die Erscheinungen dieser Welt: die „Bewegung" der Sonne, der Autos, das Wachstum der Pflanzen.

Das Denken ist prälogisch und an die Wahrnehmung gebunden. Bei der Beobachtung sieht das Kind das Hervorragende, das Außerordentliche, das Auffallende und oft auch Unwesentliche, ohne gleichzeitig den Überblick über das Ganze zu haben.

Es ist noch nicht in der Lage, Dinge und Zusammenhänge der Welt und ihrer Erscheinungen richtig und exakt zu erfassen. Oft täuscht es die Erwachsenen durch Scheinwissen. Wenn ein Kind dieser Altersstufe Dinge benennen kann, so ist noch nicht davon auszugehen, daß es auch Inhalt und Sinn erfaßt hat. Bei der Aussage: „Die Blumen brauchen Nahrung", kann das Kind wohl einen Sachverhalt aussprechen, weil es ihn hier und da gehört hat, eine inhaltliche Erklärung vermag es jedoch nicht zu geben. Es begnügt sich mit einer phänomenologischen Beschreibung der Welt, es sagt was es sieht, ohne es erklären zu können.

Es fehlt dem Kind an abstrakten Begriffen und häufig auch an geeigneten Bezeichnungen. Namen von Dingen bleiben lange Worthülsen.

Bei der Begriffsverwendung kommt es zu
   a) *Begriffsverengungen:* Eis ist lediglich Speiseeis, nicht aber der Eiszapfen. Bei der Bezeichnung ‚Kleidung' wird das Kind aus dem Haufen wohl ein Kleidchen aussortieren, nicht aber Unterwäsche.

b) *Begriffserweiterungen:* Harz am Baum ist ebenso ‚Klebstoff' wie Spucke und Knete.
Ein Sechs-Eck ist gleichermaßen ein Vier-Eck.
Wasser und Sand (wenn man ihn schüttet) sind beide ‚flüssig'.

Ab dem 4. Lebensjahr erfolgt ein erster Schritt, um das magisch-anthropomorphe Weltbild und den geistigen Egozentrismus zu überwinden, in Richtung auf einen naiven Realismus: Differenzierung in der Wahrnehmung, jedoch bei ganzheitlicher Gestalterfassung (akustisch und optisch), Bildung von Werturteilen, erhöhte Gedächtnisleistungen und Erfassen von zeitlichen Perspektiven (gestern – heute – morgen).

Grundsätzliches Ziel der Umwelt- und Sachbegegnung (und Naturbegegnung) ist der sachkompetent handelnde Mensch, methodisches Hauptanliegen die Hilfe zur eigenständigen Welterschließung.

Die Umwelt- und Sachbegegnung hilft Informationen aus dem Lebensbereich des Kindes zu gewinnen, verarbeiten und anzuwenden. Gelernt werden der sachgerechte Umgang mit Dingen und das Nachdenken über Gegenstände und ihre Zusammenhänge. In der Auseinandersetzung und dem bewußten Erleben der Umwelt in ihren sachlichen Erscheinungen und Vorgängen und in ihren mitmenschlichen Aspekten wird der Grundstein gelegt für differenziertes Weltverständnis, für Objektivität und Distanz. Die Inhalte sind dem Erfahrungsbereich des Kindes entnommen (siehe auch Prinzip der Lebensnähe). Innerhalb dieses Feldes werden Begriffe bewußtgemacht, erweitert, geklärt, geordnet, differenziert und korrigiert. Ausgangsbasis ist die konkrete Situation, methodisch gilt eigene Erfahrung, Handeln und Erleben vor Darstellung und verbaler Vorgabe. Die Angebote sollten komplex angelegt sein, damit viele Aspekte und Möglichkeiten der Auseinandersetzung aufgezeigt werden können. Die örtlichen Verhältnisse dürfen nicht außer acht gelassen werden. Großstadtkinder haben andere Vorkenntnisse als Kinder aus Gegenden mit überwiegend landwirtschaftlicher Struktur. Verwissenschaftlichung muß vermieden werden, unbeschadet des Gebots der sachlichen Richtigkeit.

Der Rahmenbereich Umwelt- und Sachbegegnung, ebenso wie Naturbegegnung, bietet eine Fülle von Querverbindung zu anderen Rahmenbereichen (Spracherziehung, Sozialerziehung), die fruchtbar genutzt sein wollen.

Beschäftigungsstunde

Ziele:

Grobziele:
Als Grobziele können folgende Bereiche angegeben werden
1. Der Kindergarten
2. Das Wissen über die eigene Person
3. Der erweiterte Lebensbereich

Diese Bereiche müssen ausdifferenziert werden in Teilbereiche mit konkret anzugebenden Feinzielen.

Feinziele:

1. Der Kindergarten
  1. Das Gebäude und seine Räume (Gruppenraum, Waschraum, Toilette, Gymnastikraum . . .)
  2. Die Außenanlagen (Wiese, Garten, Hof, Spielplatz . . .)
  3. Das neue Spielzeug (Arten, Aufbewahrungsort, Anwendung und Spielregeln)
  4. Die Personen im Kindergarten (Erzieherin, Leiterin, Kindergruppe)
  5. Der Weg zum Kindergarten (Heimweg, Fußgängerüberweg, Ampeln, Kreuzung, Verkehrsteilnehmer . . .)

2. Das Wissen über die eigene Person
  1. Die persönlichen Angaben (Vornamen, Namen, Alter, Geschwister, Namen der Eltern . . .)
  2. Angaben über persönliche Sachen (Kleidung, Umhängetasche, mitgebrachtes Spielzeug . . .)
  3. Wissen über den eigenen Körper (Körperteile und ihre Funktionen, Nase und Zähne putzen, Haare kämmen, Hände waschen, Toilette aufsuchen . . .)
  4. Die Nahrung (Arten, Mahlzeiten . . .)
  5. Die Kleidung (Arten, Unterscheidungsmerkmale, Zweck, An- und Auskleiden, Pflege der Kleider . . .)
  6. Die Zeit (Tageszeiten, Wochentage, Festtage, Jahreszeiten . . .)

3. Der erweiterte Lebensbereich
  a) sachlicher Bereich
  1. Erde, Sand, Steine
  2. Das Wetter
  3. Wasser, Luft und Feuer
  4. Licht und Schatten
  5. Geräusche und Töne
  6. Magnetismus/Elektrizität
  7. Fahrzeuge und Maschinen
  8. Kleidung (siehe auch ‚Wissen über die eigene Person')
  9. Nahrung

b) gesellschaftliche Umwelt
1. Familienangehörige
2. Polizei
3. Feuerwehr
4. Post
5. Markt
6. Selbstbedienungsladen
7. Tante-Emma-Laden
8. Kiosk
9. Baustelle
10. Straßenkreuzung
11. Zoo
12. Handwerksbetriebe

Da der Rahmenbereich Umwelt- und Sachbegegnung ebenso wie der Bereich Naturbegegnung sehr umfangreich ist, können die Feinziele nur als Anhaltspunkte angegeben werden.

Für eine Beschäftigungsstunde müssen sie detailliert und konkretisiert werden, z. B.:

3. Der erweiterte Lebensbereich
a) sachlicher Bereich
    3. Wasser, Luft, Feuer ⟶
       Warme Luft steigt nach oben (Experiment)

1. *Herstellen einer Papierspirale*
   a) Aufzeichnen der Spirale
   b) Anmalen der Spirale
   c) Ausschneiden der Spirale
   d) Befestigung der Schnur im Mittelpunkt

2. *Durchführung des Experiments*
   a) Erläuterung der Durchführung
   b) Vermutungen der Kinder
   c) Durchführung: Aufhängen über einer Kerze

3. *Erklärung*
   „Die warme Luft steigt nach oben.
   Der warme Aufwind dreht die Spirale."

4. *Überprüfung*
   Spirale im und ohne warmen Aufwind

Methodischer Aufbau

Grundsätzlich können Lernsituationen erfolgen als
- *offene Lernsituation,* ad-hoc-Situation: ein Kind bringt einen Gegenstand mit in den Kindergarten, eine Beobachtung wird zufällig während eines Spazierganges gemacht,
- *strukturierte, geplante Lernsituation* (Beschäftigungsstunde innerhalb des Kindergartens oder als Lerngang).

Gelernt werden kann einzeln (jedes Kind hat einen Magneten und Nägel) oder in Kleingruppen (jeweils drei Kinder filtern gemeinsam schmutziges Wasser).
Durchgängiges Prinzip ist das Lernen durch Tun, der handelnde Umgang, das Spiel, in gleicher Weise auch bei speziellen Themen das Vor- und Nachmachen (Übungen des täglichen Lebens: Zähne putzen, Ankleiden, usw.).

Generell bieten sich verschiedene methodische Möglichkeiten an, die durchgängig für den Bereich Umwelt- und Sachbegegnung aber in gleicher Weise auch für den Bereich Naturbegegnung angewendet werden können.

1. Sammeln
Auffinden von Dingen der Natur und der technischen Umwelt (Früchte aus dem Garten, Ähren eines Getreidefeldes, Blätter und Pflanzen, Schrauben und Nägel aus Vaters Werkzeugkiste . . . , Steine, Muscheln)

2. Betrachten
Bewußtes Sehen und Erfassen von Formen (Blattrand, Mutter und Schraube), Farben (Blütenblätter, Stengel, Plastika . . .), Größenverhältnisse (Kopf und Rumpf beim Käfer, PKW und Lastkraftwagen) und Lageverhältnisse (Blätter und Ast, Mobiliar im Raum)

3. Beobachten
Bewußtes Erfassen von Verhalten (Tiere beim Fressen, Menschen an der Kreuzung) und Abläufen über einen längeren Zeitraum (vom Laich zur Kaulquappe, Keimvorgang einer Bohne, das Wetter gestern und heute . . .)

4. *Untersuchen*
   Zerlegen einer Einheit in Teile (Türschloß, Wecker, Baumfrüchte)

5. *Probieren*
   Versuchen als handelndes Tun: Messingschrauben, Holzstifte, Eisennägel, welche Dinge zieht der Magnet an?

6. *Vergleichen*
   Ähnlichkeiten, Gemeinsamkeiten und Verschiedenheiten feststellen

7. *Feststellen*
   Ergebnisse in der Sprache der Kinder wiedergeben lassen und verbal festhalten

8. *Ordnen*
   Nach vorher bestimmten Merkmalen sortieren
   (Blätter nach Formen, Steine nach Größen)

9. *Klassifizieren*
   Einer Klasse zuordnen (das Original Abbildungen oder Symbolen zuordnen: Eicheln, Kastanien und Haselnüsse oder Teelöffel, Eßlöffel, Eierlöffel und Kochlöffel oder Obst und Gemüse)

Für den spielerischen Umgang bietet sich
— Basteln (Boote aus Kork) und
— Bauen (Legosteine, Holzklötze und u. U. (Fischer-Technik) an.

Ein besonders wichtiges methodisches Mittel ist *das Experiment*.
Es kann durchgeführt werden als
— Einzelversuch (jedes Kind baut seinen Versuch auf und führt ihn durch)
— Gruppenversuch (Kleingruppen von 3 bis 4 Kindern)
  (Wir filtern schmutziges Wasser)
— seltener jedoch als Demonstration durch die Erzieherin.

Das Experiment wird streng formal in einer bestimmten Schrittfolge durchgeführt:

1. Planung (gemeinsame Besprechung der Durchführung, Problemstellung —
   keinesfalls Vorwegnahme des Ergebnisses)
   Eventuell Vermutung durch die Kinder äußern lassen.

2. Aufbau und Herstellung der experimentellen Bedingungen (bauen, basteln)
3. Durchführung
4. Erfassen der Beobachtungsdaten
5. Festhalten der Ergebnisse

Beispiel:
Der (runde) Magnet zieht Büroklammern und Nägel an. Er zieht Holzstifte, Korkstücke und Plastikplättchen nicht an.

Demonstration der Erzieherin: über einen dünnen Karton wandert eine Spielmaus, die durch einen runden Magneten geführt wird, den die Erzieherin unter dem Karton entlangschiebt.
Die Kinder sind interessiert und wollen es auch versuchen. Ein Kind nennt das Wort ,,Magnet".

1. Planung und Problemstellung
Die Kinder spielen mit der Maus und dem Magneten. Sie probieren den Magneten an verschiedenen Gegenständen aus die sie finden.
Anweisung der Erzieherin: Jedes Kind soll einen eigenen Versuch durchführen. Fragestellung: Welche Dinge zieht der Magnet an?

2. Aufbau/Herstellung der experimentellen Bedingungen
Jedes Kind erhält einen runden Magneten und einen Briefumschlag mit folgenden Gegenständen: Holzstifte vom Schuhmacher, Korkstücke, verschiedene Plastikplättchen (Spielmarken), Büroklammern und verschieden große Nägel.

3. Durchführung
Jedes Kind probiert

4. Erfassen der Beobachtungsdaten
Nochmaliges Probieren und gleichzeitiges Sortieren der Dinge: wird angezogen/wird nicht angezogen (benennen!)

5. Festhalten der Ergebnisse
Ein DIN-A-4-Blatt ist geteilt und zeigt auf der einen Seite einen runden Magneten auf der anderen Hälfte ist der Magnet durchgestrichen. Auf einem anderen Blatt sind die Dinge des Experiments abgebildet. Sie werden ausgeschnitten und auf das erste Blatt auf die richtige Hälfte geklebt.

6. Abschluß
Eventuell das Spiel ,,Fische angeln".

Beschäftigungsstunde als methodische Einheit

1. Einstieg

Der Einstieg motiviert die Kinder, stimmt sie ein und bereitet sie auf die Lerneinheit vor. Es folgen gemeinsame Planung und klare und verständliche Anweisungen zur Durchführung der Aufgabe. Bei einer Beobachtung muß deutlich sein, was beobachtet werden soll, dem Experiment muß eine Problemstellung zugrunde liegen, Spielregeln und Aufgaben beim Spiel müssen von allen Kindern verstanden sein.

2. Durchführung

Im eigentlichen Hauptteil der Beschäftigung handeln die Kinder selbst. Die Erkenntnisfindung bleibt ihnen überlassen, die Erzieherin gibt lediglich Hilfestellung. Die Beschäftigungseinheit muß so strukturiert sein, daß die Kinder die Einsichten unmißverständlich gewinnen können. Je klarer und einfacher die Erzieherin ihre konkreten Feinziele formuliert, um so leichter wird es für sie sein, die Kinder auf diese Ziele hinzuführen. Bleiben Begriffe, Eigenschaften und Wortbedeutungen unklar, mehrdeutig oder unverständlich, so ist der Erfolg der Stunde von vornherein in Frage gestellt. Ein gesägter Blattrand ist leichter zu beschreiben als eine gefiederte Blattform.

3. Schluß

Der Schluß bringt eine Zusammenfassung und Sicherung der Ergebnisse. Hier müssen die Kinder formulieren oder entscheiden und bestätigen. Die Zusammenfassung ist immer summarisch und kurz. Oft eignet sich ein vorbereitetes Blatt, bei dem die Kinder Dinge durchstreichen, unterstreichen, ergänzen, aus- oder anmalen, ausschneiden, zuordnen oder aufkleben. Die Erzieherin erhält eine Erfolgskontrolle auch von den Kindern, die sprachlich nicht so gewandt sind.
Häufig bieten sich auch Möglichkeiten, Dinge kneten oder bauen zu lassen.

4. Naturbegegnung

Grundsätzlich können die Ziele und Methoden angesetzt werden, die für den Rahmenbereich Umwelt- und Sachbegegnung gelten:
Hilfe bei der Umweltorientierung im Bereich der lebendigen Natur und Erläuterungen zu den vielfältigsten Erscheinungen des Lebendigen.

Als Inhalt können in exemplarischer Weise die Grundphänomene allen Lebens behandelt werden.
- Erscheinungsformen/Bauweise von Pflanzen und Tieren, Blumen im Jahreslauf . . .
- Bewegung von Pflanzen und Tieren, Kletterpflanzen, Fortbewegung der Tiere
- Entwicklung/Wachstum, Keim- und Pflanzversuche
- Verhalten, Tierhaltung und Tierpflege im Kindergarten, Vögel im Winter

Es ist abzuwägen, ob auch die Bereiche Stoffwechsel (Ernährung, Verdauung, Atmung, Ausscheidung) und Fortpflanzung (etwa im Bereich Sexualerziehung) in kindgemäßer Weise hie und da in den Kindergarten eingebracht werden können.

Beschäftigungstunde:

Die Grob- und Feinziele sind so gegliedert, daß sie mit Beginn des Eintritts der Kinder in den Kindergarten (Herbst) nacheinander in zeitlicher Reihenfolge eingesetzt werden können.

Grobziele:
1. Früchte von Bäumen und Sträuchern
2. Blätter von Bäumen und Sträuchern
3. Haustiere im Kindergarten
4. Blumen im Kindergarten
5. Vögel im Winter
6. Körperpflege (auch Umwelt- u. Sachbegegnung)
7. Die Mahlzeiten (auch Umwelt- u. Sachbegegnung)
8. Die Jahreszeiten
9. Zugvögel kommen zurück
10. Unsere Wiese im Kindergarten
11. Frühjahr im Garten
12. Die Bäume blühen

Feinziele:

1. *Früchte von Bäumen und Sträuchern*
   1. Obstarten: Kern-, Stein-, Beeren-, Schalenobst
   2. Obstsorten: schwarze, weiße, rote Johannisbeeren
   3. Unterscheiden (Ordnen) nach: Farbe, Form, Reifegrad, . . .
   4. Schale und Fruchtfleisch (vergl. Kartoffeln, . . .)
   5. Frischobst, Trockenobst
   6. Obst verdirbt
   7. Obst wird haltbar gemacht (eingekocht, tiefgefroren)
   8. Obst waschen und richtig verzehren

2. *Blätter von Bäumen und Sträuchern*
   1. Unterscheiden: Blattstiel, -adern, -formen, Blattrand, Farbe
   2. Blätter im Herbst färben sich, welken und fallen ab
   3. Bohnenfrüchte (Hülsen und Samen)
   4. Die Kastanie
   5. Samen können fliegen (Ahorn, Ulme, Esche)
   6. Wir erkennen Bäume an ihren Früchten (Eicheln, Tannenzapfen, Nüsse, Bucheckern, . . .)
   7. Wildfrüchte sind Futter für Tiere (Vögel, Eichhörnchen, . . .)

3. *Haustiere im Kindergarten*
   1. Haustiere bereiten uns Freude (Hamster, Fische im Aquarium, Hase, Tanzmaus, Kanarienvogel, Katze, . . .)
   2. Benennen einiger Tiere (Fische: Goldfisch, Guppy, . . .)
   3. Tierverhalten (Nahrungsaufnahme, Bewegung, typische Verhaltensweise − der Hamster ‚hamstert‘, . . .)

4. *Blumen im Kindergarten*
   1. Wir schmücken den Gruppenraum
   2. Unterscheide: Blattpflanzen, (Gummibaum, Efeu, Farn) blühende Zimmerpflanzen (Alpenveilchen, Blaues Lieschen)
   3. Blumen brauchen Licht, Wasser, Pflege
   4. Zimmerpflanzen werden gegossen
   5. Die Erde der Topfpflanzen wird vorsichtig gelockert

5. *Vögel im Winter*
   1. Wir beobachten Vögel im Garten
   2. Wir unterscheiden Vögel
   3. Standvögel überwintern bei uns (Spatz, Meise, Krähe)
   4. Zugvögel verlassen uns im Herbst (Star, Schwalbe)
   5. Vögel brauchen geeignetes Futter
   6. Fett aller Art (Rinderfett, Nierentalg, Schwarten)
   7. Meisenringe und Futterglocken
   8. Wir richten einen Futterplatz ein

6. *Körperpflege*
   1. Pflege der Haut (Wasser, Seife, Bürste, Waschlappen)
   2. Haare kämmen und schneiden

3. Nägel reinigen (Bürste, Schere, Nagelfeile)
4. Zähne putzen (Bürste, Zahnpasta)
5. Der Schneidezahn schneidet die Nahrungsstücke ab (Butterbrot, Mohrrübe)
6. Der Backenzahn zerquetscht die Nahrungsbissen
7. Zähne können schlecht werden

7. *Die Mahlzeiten*
    1. Unsere Frühstückspause (Was hat uns die Mutter mitgegeben?)
    2. Speisenfolge beim Mittagessen (Vorspeise, Hauptgericht, Nachspeise)
    3. Wir bereiten eine Nachspeise
    4. Wir können mit Messer und Gabel essen
    5. Gut gekaut ist halb verdaut

8. *Die Jahreszeiten*
    1. Frühlingsbeginn im Kalender und in der Natur
    2. Die Jahreszeiten wechseln (von Frühjahr zu Sommer, . . .)
    3. Sommer- und Winterkleidung
    4. Winter und Straßenverkehr
    5. Besondere Festtage

9. *Zugvögel kommen zurück*
    1. Wiederholung: Welche Vögel kennst Du?
    2. Wir beobachten Vögel (Federkleid, Schnabel, Beine, Krallen)

10. *Unsere Wiese im Kindergarten*
    1. Frühlingsblumen auf unserer Wiese (Schneeglöckchen, Krokus, Schlüsselblume, Gänseblümchen, Tulpe, . . .)
    2. Schneeglöckchen (Wurzeln, Zwiebel, Stengel, Blüte, Blätter)
    3. Wiesenblumenstrauß in der Vase
    4. Unterscheiden und erkennen von Blumen (Löwenzahn, Margerite, Roter Klee, Hahnenfuß)
    5. Verschiedene Gräser
    6. Gras ist ein Viehfutter
    7. Vorsicht bei giftigen Blumen – Gras nicht in den Mund nehmen!

11. *Frühjahr im Garten*
    1. Wir helfen im Garten, Aufbereitung der Gartenerde, unterscheide: Humus, Sand, Torf, Ackererde
    2. Geräte, die wir im Garten brauchen: Spaten, Schaufel, Rechen, Hacke
    3. Wir teilen ein: Gemüsebeet – Blumenbeet
    4. Wir säen und pflanzen

12. *Die Bäume blühen*
    1. Aus Knopsen werden Blüten und Blätter
    2. Die Blütenblätter fallen ab
    3. Aus dem Fruchtknoten wird die Frucht
    4. Ohne Bienen kein Obst
    5. Die Biene sticht nur, wenn sie in Not ist!

5. Wahrnehmung und Motorik

Was ist Wahrnehmung?

Jede kognitive Entwicklung hat ihr Fundament in der Wahrnehmung. Wahrnehmung ist ein komplexer geistiger Vorgang. Seine Elemente sind die Sinnesempfindungen und das Lernen an der Erfahrung. Wahrnehmung ist keinesfalls die passive Aufnahme von Sinnesreizen der Umwelt (optische Reize), sondern vielmehr ein aktiver Prozeß der geistigen Verarbeitung von Informationen, die über die Sinnesreize dem Menschen geliefert werden.
Mit den Sinnesempfindungen lernt das Kind sich selbst und seine Umwelt kennen. die Sinne ermöglichen ihm eine Differenzierung zwischen dem Ich und dem Nicht-Ich.

Förderung der geistigen Entwicklung beim Kind heißt also u. a. Wahrnehmungstraining im Zusammenhang mit Sinnesschulung. Sinneserfahrung als Selbsterfahrung bietet dem Kind gleichzeitig ein Gegengewicht zu der Gefahr einseitiger kognitiver Entwicklung und ist in diesem Sinne Persönlichkeitsbildung.
Um den Rahmen des Wahrnehmungsvorganges überschauen zu können, mag eine Übersicht über die Sinnesempfindungen genügen.

Die Sinnesempfindung ist die Aufnahme von Umweltreizen über die Sinnesorgane.

Der Wahrnehmungsvorgang

Die Sinnesorgane, bzw. die spezifischen Sinneszellen nehmen Umweltreize auf. Die aufgenommenen Reize werden als Informationen je nach Intensität der Verarbeitung im Kurz- oder Langzeitspeicher des Gedächtnisses eingegeben.

Keineswegs werden alle Reize der Umwelt aufgenommen, vielmehr erfolgt durch das Individuum (unbewußt) eine Auswahl (Selektion) der angebotenen Reize.

	Reizart	Sinnesart	Organ	Sinnesqualitäten
körperferne Sinne	optische (visuelle) Reize	Gesichtssinn	Auge, bzw. betreffende Sinneszellen	Farben, Helligkeiten, Dunkelheiten, Bewegung, Raum
	akustische Reize	Hörsinn	Ohr/Sinnzellen	Tonqualitäten: hoch-niedrig, hell-dunkel Geräuschqualitäten: schrill, blechern, …
körperliche		Gleichgewichtssinn	Ohr/Sinneszellen	Bewegung, Stellung im Raum
	haptische (taktile) Reize	Hautsinn	Haut/Sinneszellen	Wärme, Kälte, Druck
	geschmackliche Reize	Schmecksinn	Zunge/Sinneszellen	Geschmacksqualitäten: süß, sauer, bitter, salzig
	Geruchsreize	Riechsinn	Nase/Sinneszellen	Geruchsqualitäten: blumig, faulig, fruchtig, brenzlich, schweißig, stechend

Der Prozeß der Informationsverarbeitung erfolgt auch nicht rein sachlich, sondern wird bestimmt und gefärbt durch die augenblicklichen Bedürfnisse, Erwartungen und Stimmungen, die der Mensch momentan mit dem Wahrnehmungsgegenstand verbindet.
Die subjektive Bedürfnislage ist bei Kindern beim Wahrnehmungsprozeß dominierend.
Das durch die Reize gelieferte Informationsmaterial kann nach zwei Kategorien bestimmt werden:
- wesentliche Merkmale (visuelle, akustische Merkmale . . .) oder Strukturelemente und Beziehungen dieser Elemente („Teile") eines Objekts, einer Figur oder Gestalt*) untereinander,
- Beziehungen zwischen dem Objekt, der Figur oder Gestalt und seinem Umfeld (Grund)

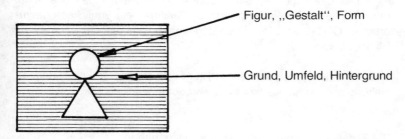

Figur, „Gestalt", Form

Grund, Umfeld, Hintergrund

Die Wahrnehmung ist eine Leistung, die es ermöglicht, aus der Fülle des angebotenen Reizmaterials auszulesen und bestimmte Reizquantitäten zu strukturieren. Es werden nur die Merkmale festgehalten, die zur Erfassung der augenblicklichen Situation nötig sind. Unwesentliche Elemente werden nicht beachtet. Ein Strukturmoment zur Ordnung von Reizeindrücken ist die Ganzheit oder „Gestalt". Sie schafft die Voraussetzung für die Differenzierung von Objekten gegenüber dem Umfeld.

---

*) Gestalt i. S. der Gestaltpsychologie = Ganzheit, strukturiertes System, ein aus Teilen aufgebautes Ganzes. Die Ganzheit ist mehr als die Summe der Teile (die Hand ist mehr als die Summe der 5 Finger) — echtes organisches Ganzes, dem Eigenschaften zugeschrieben werden können, die der Einzelheit (Element) nicht zukommen — im Gegensatz zur Summe (Kollektion), Beispiel: eine Anzahl von Perlen.
Der Begriff der „Gestalt" ist nicht auf den optischen Bereich beschränkt, im Prinzip trifft er auf jeden sensorischen Bereich zu: u. a. Klanggestalt, Rhythmus und Bewegung als Gestalt . . .

Im Wahrnehmungsprozeß wird also die kaleidoskopartige Fülle der Sinneseindrücke ‚geordnet', ‚in ein Schema gebracht', so daß sich im Menschen allmählich ein ‚geordnetes Weltbild' aufbaut.
In diesem Sinne finden wir keine geordnete Umwelt vor, sondern wir bauen sie erst auf.

Die Ordnung gelingt erst dann, wenn Gleichheiten als solche erkannt und wiedererkannt werden und von Ungleichheiten als divergierend erfahren werden. Erst mit der Sicherheit, mit der gleiche Objekte unverändert (konstant) als gleich erkannt werden, gelingt die Objektwahrnehmung (Konstanzphänomen).

Beispiel: Die Konstanz ist gewährleistet (in diesem Falle), wenn die Mutter auf ein Objekt deutet, es mit „Baum" bezeichnet und das Kind an anderer Stelle und zu einem anderen Zeitpunkt ein ähnliches „baumartiges" Objekt als „Baum" wiedererkennt, nicht jedoch, wenn es zur Blume „Baum" sagt.

Im Vorschulalter muß die Leistung zur Form-, Farb-, Größen-, Längen-, Helligkeits- und Mengenkonstanz erst aufgebaut werden.

Die Entwicklung der Wahrnehmungsleistungen

Das gesamte Gebiet ist zu umfangreich, als daß es in diesem Rahmen erschöpfend dargestellt werden könnte. Es muß auf weiterführende Literatur hingewiesen werden (Oerter, Moderne Entwicklungspsychologie; Schenk-Danzinger, Entwicklungspsychologie).
Hier sollen nur einige empirisch gewonnene Ergebnisse angegeben werden.

Die Entwicklung der Wahrnehmung wird als Lernprozeß verstanden, der sich von frühester Kindheit auf jeweils vorausgegangenen Erfahrungen aufbaut. Die als Voraussetzung erforderlichen Sinnesorgane sind z. T. beim Neugeborenen bereits funktionstüchtig.

Bewegungswahrnehmungen, Richtungshören, Geschmackdifferenzierungen (süß – sauer) und Geruchsempfindungen können bereits beim Säugling festgestellt werden. Mit zunehmendem Alter wird der Sinnesapparat immer stärker ausdifferenziert.

Schenk-Danzinger geht davon aus, daß optische und akustische Gestalten bis ins Schulalter ganzheitlich, global erfaßt werden (Schenk-Danzinger, a. a. O., Seite 99 ff).

In der Entwicklung der ganzheitlichen Gestaltauffassung lassen sich 3 Stufen erkennen:
1. *Unstrukturierte ganzheitliche Stufe:* Figuren werden in der zeichnerischen Wiedergabe nicht unterschieden.
2. *Analytisch-punktuelle Stufe:* Einzelne Strukturelemente werden isoliert wiedergegeben.
3. *Strukturierte ganzheitliche Stufe:* Einzelelemente werden in ihrem Gestaltzusammenhang erfaßt.

Der Übergang von der 1. zur 2. Stufe liegt bei ca. 4¹/₂ Jahren. Die 3. Stufe entspricht dem 7jährigen Kind.

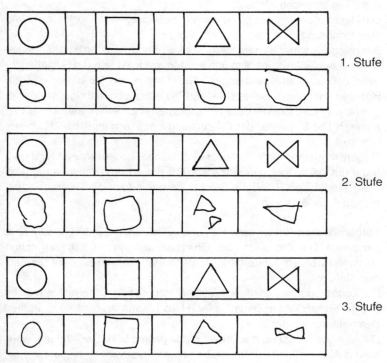

1. Stufe

2. Stufe

3. Stufe

Vorlage und Kinderzeichnung

Beim Problem der ganzheitlichen oder teilinhaltlichen Erfassung der Gestalt taucht die Frage auf, ob das Kind bei beginnender Schulreife zuerst die Ganzheit und dann die Teile oder umgekehrt erfaßt. Global gilt die Feststellung:
Ist das Ganze eine starke Gestalt (Rechteck, Kreis, Dreieck), so wird die Ganzheit vordringlich wahrgenommen. Ist die dargebotene Struktur weniger ausgeprägt oder sehr komplex, so fixiert das Kind zuerst die Teile.
Ganz allgemein wird festgestellt, daß Wahrnehmung und Durchgliederung eines Objekts bei Kindern im Vorschulalter beim Zentrum des Objekts ausgeht (fokale Orientierung).

Bei der *Raumerfahrung* liegt die Unterscheidungsfähigkeit oben – unten in der Entwicklung früher als die Differenzierungsfähigkeit von links und rechts. Wahrscheinlich ist die vertikale Orientierung durch die frühe Erfahrung bedingt (Herunterfallen von Spielsachen, Umkippen von Bautürmen, Hinfallen des Kindes).
Die Raumerfahrung basiert sowohl auf der visuellen als auch auf der taktilen Erfahrung.
Raumlage-Anomalien (auf dem Kopf stehend) können von 3jährigen Kindern bewußt wahrgenommen werden, wenn es sich um Gestalten ihres Erfahrungsbereichs handelt (Abbildungen von Menschen, Tieren, Bäumen, Häusern). Bei abstrakten Figuren zeigen 4jährige Kinder bei Rechts-, Links-, Oben-, Unten-Koordinaten noch sehr mangelhafte Leistungen. Die Sicherheit der Orientierung nimmt erst im 5. bis 7. Lebensjahr zu.
Gegenstandsmerkmale (Länge, Höhe, Fläche, Größe) können Kinder ab 3 Jahren relativ gut differenzieren. Bei einer Kombination von 2 und mehr Merkmalen (Logische Blöcke) gelingt jedoch die Differenzierung erst ab 5 bis 6 Jahren.

Farben können Kinder sehr früh unterscheiden, sie jedoch relativ spät benennen. Die Zuordnung der Grundfarben kann mit 3 Jahren schon vollzogen werden. Kindergartenkinder haben eine Vorliebe für die Farben blau, rot, gelb.
Die Zuordnung nach Merkmalkärtchen, insbes. bei mehreren Merkmalen (Form, Farbe, Inhalt ‚Baum' oder ‚Haus'), kann erst mit ca. 5 Jahren durchgeführt werden.
Die Mengenerfassung der Dreiergruppe gelingt beim Dreijährigen, während die Vierer- und Fünfergruppe simultan erst vom 6jährigen Kind erfaßt wird. (Siehe Kapitel Mathematik)

Beschäftigungsstunde

Ziele:

Grobziele:

Ganz allgemein gilt, daß Wahrnehmungsleistungen durch Übungen verbessert werden können: Sehschärfe, Hörschwelle, Unterscheidung simultan gebotener Reize und die gleichzeitige Verarbeitung mehrerer Reize. Leistungen beim Wiedererkennen von Formen werden gesteigert, wenn diese visuell und taktil zugleich erfahren werden. Das bedeutet jedoch nicht, daß der Bereich Wahrnehmung und Motorik für sich als eigenständig gesehen und in der Kindergartenarbeit durchgeführt wird. Wahrnehmungsschulung kann gleichzeitig mit Spracherziehung kombiniert werden (verbalisieren von Empfindungen). Ton- und Geräuschdifferenzierungen gehören ebenso in den Bereich der musikalischen Früherziehung, optische Wahrnehmung ist verbunden mit mathematischer Früherziehung, Erfahrungen räumlicher Beziehungen können verknüpft werden mit Bewegungserziehung und Rhythmik.
Erziehung zur Sinnestüchtigkeit ist gleichzeitig Persönlichkeitsbildung. Das Prinzip der Aktivität sollte im besonderen Maße berücksichtigt werden, denn Sinneserfahrung ist Selbsterfahrung und daher nicht übertragbar.

Als Grobziele kommen in Betracht:

1. optische Wahrnehmung
2. akustische Wahrnehmung
3. haptische Wahrnehmung
4. geschmackliche Wahrnehmung
5. Geruchswahrnehmung
6. Grobmotorik
7. Feinmotorik

Feinziele:

1. Optische Wahrnehmung

a) Figur-Grund-Wahrnehmung

1. Merkmale von Objekten/Situationen erkennen und unterscheiden (Bezug: Mathematik, Bilderbuchbetrachtung, Naturbetrachtung, Verkehrserziehung)
   - Bausteine, Schrauben, Knöpfe, Blätter, Verkehrsschilder, ... aus einer Menge ähnlicher Objekte nach Vorgabe eines bestimmten Beispiels heraussuchen
   - aus einem Bilderbuch, einer Bildertafel Personen/Situationen heraussuchen (zeigen)

2. Farbe, Form, Größe erkennen
   (Bezug: Mathematik)
   - Bei Vorgabe eines Beispiels oder einer Abbildung Objekte nach einem Merkmal ordnen
     Farbe: rote und blaue Bausteine
     Form: runde und dreieckige Klötze
     Größe: Milch- und Gemüsedosen
   - Muster in einer oder zwei Dimensionen legen (Plättchen, Schnur), stecken (Steckbrett, Ministeck) unter Berücksichtigung von Symmetrie, Asymmetrie und Diagonalen
   - Einfache Bauformen in drei Dimensionen mit Bauklötzen (Legosteine) gestalten und unter Umständen nachbauen lassen (Kreativität nicht verletzen!)
   - Optisch Wahrgenommenes kurzzeitig im Gedächtnis behalten (Memory, Puzzle)
   - Optisch Wahrgenommenes verbalisieren
     (Bildbetrachtung)

b) Wahrnehmungskonstanz
1. Unterschiede erkennen
   (Bezug: Mathematik)

Farben

Formen

Größen

2. Reihen bilden
   (Bezug: Mathematik)
   nach vorgegebenen oder selbsgesuchten Gesetzmäßigkeiten

Farbe

Form

Größe

3. Fortlaufende Reihe bilden nach einem Merkmal

Farbe: hell- bis dunkelrot

Größe: klein bis groß

4. Gleiche/ungleiche Größen/Farben auf Distanz erkennen
   (Bezug: Bewegungserziehung)
   kleine/große/rote/blaue Bälle in der Turnhalle (auf dem Freispielgelände) aus der Ferne erkennen

5. Wahrnehmem räumlicher Beziehungen
   (Bezug: Spracherziehung)
   oben-unten, vorn-hinten, nah-weit, links-rechts . . .
   Möbel, Kinder, Spielzeug im Raum, in der Gymnastikhalle . . .
6. Bestimmte Positionen im Raum beziehen
   (Bezug: Bewegungserziehung)

7. Verbalisieren räumlicher Positionen

2. Akustische Wahrnehmung

1. Töne/Klänge unterscheiden
   (Bezug: Musikerziehung)
   – verschiedene Musikinstrumente geben verschiedene Töne/Klänge
   – experimentieren mit selbstgebastelten Musik-, Klanginstrumenten

2. Geräusche unterscheiden
   – verschiedene Materialien geben verschiedene Geräusche
   Papier, Karton, Metall, Holz, Stein, Glas
   – verschiedene Objekte geben verschiedene Geräusche/Klänge(!)
   Eimer, Kessel, Topf, Kiste, Messer, Säge, . . .

3. Zwischen 2 Tönen unterscheiden
   (Bezug: Musik- und Bewegungserziehung)
   – laut-leise/hoch-tief/dumpf-hell
   – verschiedene Töne fordern zu verschiedenen Bewegungsarten auf
   (dumpf – kriechen/hell – auf Zehenspitzen gehen, . . .)
   – Verschiedene Töne können verschiedenen Farben zugeordnet werden

4. Verbalisieren von Klangfarben
   (Bezug: Spracherziehung)

5. Erkennen von rhythmischen Mustern
   (Bezug: Musik- und Bewegungserziehung)
   – schnell-langsam /gleichmäßig-ungleichmäßig/periodische Abfolgen

Da der Gleichgewichtssinn im Faltplan dem Hörsinn systematisch beigeordnet wurde, soll an dieser Stelle die Schulung des Körperbewußtseins eingefügt werden. Es soll nicht übersehen werden, daß die Förderung in diesem Bereich sich zum Teil mit den Bereichen optische Wahrnehmung und Grobmotorik überschneidet, auch Umwelt- und Sachbegegnung: „Wissen um die eigene Person".

6. Körperbewußtsein
   – Bestimmte Posen einnehmen
   Wir zaubern uns in Tiere
   – rechts und links unterscheiden
   Partnerübungen
   – Raumlagebeziehungen erkennen
   unten/hindurch – oben hinüber/unter – über/hinten – vorn/neben ...
   – einen vorgezeichneten Weg finden
   ein Labyrinth von Kindermöbeln

3. Haptische Wahrnehmung

1. Verschiedene Oberflächen/Oberflächenstrukturen
   (durch Fühlen, Tasten) unterscheiden
   (Bezug: Umwelt- und Sachbegegnung)
   Marmor, rostige Eisenplatte, Glas, Holz, Rinde, Papiersorten, Ziegelstein, Kies, Lehm, Erde, Feile, Sandpapier, ...
   Walnuß, Haselnuß, ... Stoffreste, ...

2. Verschiedene Formen unterscheiden
   (Bezug: Umwelt- und Sachbegegnung)
   Steine, Eier, Früchte, Holzklötze, Muscheln, Korken, ...

3. Reihen bilden
   Sortieren der Oberflächenqualitäten

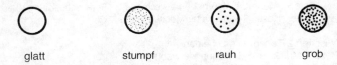

glatt   stumpf   rauh   grob

4. Temperaturen unterscheiden
   kaltes, lauwarmes, heißes Wasser

5. Tastqualitäten verbalisieren
   (Bezug: Spracherziehung)
   Übungen am Tastkasten (Schaukarton mit einer Öffnung für die Kinderhand beinhaltet verschiedene befestigte Objekte)

4. Geschmackliche Wahrnehmung

1. Geschmacksqualitäten unterscheiden
   (Bezug: Umwelt- und Sachbegegnung – erweiterter Bereich – Nahrung)
   – süß, sauer, bitter, salzig
2. Geschmacksunterschiede von Früchten erkennen
   – Apfel, Birne, Apfelsine, Mandarine, Clementine, ...

5. Geruchswahrnehmung
   – Verschieden Gerüche wahrnehmen
   Blumen, Seifen, Obst, Gewürze, Lebensmittel (frische Wurst, geräucherte Wurst)

6. Grobmotorik

Grundlegende Bewegungsformen
(Bezug: Musik- und Bewegungserziehung, Sport)

1. Verschiedene Geschwindigkeiten/Laufrhythmen
   – langsam – schnell/stampfen – leise gehen, ...
2. Verschiedene Springformen mit einem oder beiden Beinen in eine Richtung
   – über Geräte am Boden: Seil, Stab, Reifen, Karton, Pappe, ...
3. Hüpfen
4. Kriechen, krabbeln, robben, ...
5. Springen, laufen, hüpfen in verschiedene Richtungen
   – mit verschiedenen Geschwindigkeiten
   – Bewegungsfiguren ausführen
6. Ein- und beidseitige Beherrschung der Extremitäten bei Rechts-, Linksbewegungen

7. Feinmotorik

a) *Übungen zur Stärkung der Handmuskulatur*
   (Bezug: Basteln)
   – Kneten mit Plastilin, Wachs, Ton, Knetmasse, Fimo, Formen mit nassem Sand, ...
   – Nägel, Stecknadeln sortieren
   – Schattenspiele mit den Fingern

b) Auge-Hand-Koordination
1. Trennen
   - sägen, Pappe, Papier schneiden, Obst schneiden, ...
2. Verbinden
   - kleben, ineinanderstecken, zusammenknoten, ...
3. Falten
   - Faltarbeiten, Taschentuch falten, Decke zusammenlegen, ...
4. Schütten und Gießen
   - Becher, Tasse voll-, halbvoll gießen, durch einen Trichter gießen, Sand schütten, Zucker in ein Glas schütten, ...
5. Übungen des täglichen Lebens
   - Schloß aufschließen, Mutter auf eine Schraube drehen, knöpfen, Reißverschluß schließen, Umgang mit Küchengeräten, ...
6. Zeichnen und Malen
   (Bezug: Ästhetische Erziehung)

Methodischer Aufbau

1. Einstieg

Bei der Durchführung einer Beschäftigungsstunde im Bereich der Wahrnehmung ist die Zielklarheit besonders wichtig.
Dazu muß sich die Erzieherin über die gesetzten Feinziele im klaren sein. Dazu gehört, daß die Materialeigenschaften
- sprachlich von den Kindern widergegeben werden können
- und untereinander eine relativ hohe Trennschärfe aufweisen.

Beispiel: haptische Wahrnehmung
Gardinentüll, Gaze kann von den Kindern nicht verbalisiert werden – „hat Löcher"! Der Unterschied zwischen Samt und Seide kann ebenfalls von den Kindern nicht erklärt werden: „beide sind weich". Die Erwartung der Erzieherin „fühlt sich warm/kalt an", wird von den Kindern nicht erfüllt.
Der Unterschied zwischen Baumwoll- und Leinenstoffen kann nicht erfüllt werden, besser ist es, gröbere Unterschiede vorzulegen.
Die Qualitätsmerkmale, die die Erzieherin in ihre Feinziele gesetzt hat, müssen klar und eindeutig sein.
Die Erzieherin muß den Kindern sagen, worauf sie zu achten haben, damit sich die Sinneswahrnehmung auf den speziellen Reiz konzentriert.

2. Durchführung

Für die Übungen sollten die Gruppen nicht zu groß sein, damit alle Kinder beteiligt werden können. Dem Prinzip der Aktivität ist Beachtung zu schenken, da die Kinder nur Erfahrungen machen können, wenn sie selbst die Übungen durchführen.

Im allgemeinen eignet sich als Sitzordnung die Kreisform, damit die Kinder sich bei den Wahrnehmungsübungen beobachten können. Eine gewisse Konzentration und Ruhe ist notwendig, um zu Ergebnissen zu kommen. Trotzdem können die Übungen spielerisch sein und eine gewisse Spannung haben, z. B. verschiedene Dinge unter einem Tischtuch durch Befühlen erraten lassen.

Im allgemeinen sollen sich die Kinder auf eine Sinneswahrnehmung konzentrieren, optische und taktile Wahrnehmung läßt sich jedoch gut ergänzen. Erst wenn die Kinder einen Merkmalunterschied herausfinden können, sollten ihnen Materialien gegeben werden, bei denen zwei Unterschiede erfaßt werden müssen.

Alle Übungen müssen limitiert werden auf ca. 20 Minuten, damit die Kinder nicht ermüden.

3. Schluß

Nach Möglichkeit sollten die Kinder ihre Erfahrungen verbalisieren. Die Erzieherin kann helfend korrigieren, wenn das treffende Wort nicht gefunden wird. Viele Kinder sind erfinderisch in der Wortwahl und benennen Eigenschaften zwar treffend aber unüblich. Die Erzieherin korrigiert in diesem Falle nicht, sondern ergänzt lediglich den spezifischen Terminus (kratzig = rauh, rissig, stechig = stachelig).
Es soll noch darauf hingewiesen werden, daß die Sinneserfahrung der Kinder nicht ausschließlich in klinisch einwandfreien, experimentellen Situationen des Kindergartens durchgeführt werden müssen. Auch Matsch, Pfützen und ein bißchen Dreck bieten dem Kind sehr entscheidende natürliche ,,sinnliche" Erfahrungen.

6. Musik- und Bewegungserziehung

Musik und rhythmische Bewegung (Tanz) sind als Ausdrucksformen eng miteinander verbunden. Beide werden u. a. durch die Gesetze der Harmonie bestimmt und sind nur im Augenblick des Handelns gegenwärtig.

Musik wird vom Kind körperlicher erfahren, nicht etwa rezeptiv und meditativ, wie beispielsweise das Werkhören bei Erwachsenen. Das Kind im Kindergarten fühlt sich aufgrund der ihm innewohnenden Motorik zur aktiven körperlichen Teilnahme gedrängt.
Musik in Zusammenhang mit Stillsetzen oder Stillstehen ist im Kindergarten (bis auf wenige Ausnahmen) verfehlt. Vielmehr sollte Musikerleben mit natürlicher Bewegung des ganzen Körpers verbunden werden. Musik und Bewegung ermöglichen dem Kind ungehemmten, freien und spontanen Ausdruck. Musik und Bewegung bilden somit die Basis für das Aufbrechen von Kreativität in seiner ursprünglichen Form.

Da bei der Durchführung von Beschäftigungsproben bei ‚Gehörübungen' der Schülerinnen der Fachschule für Sozialpädagogik häufig unklare Begriffsabgrenzungen vorkommen, sollen hier kurz einige Fachtermini definiert werden.

Ton: (einfacher, reiner Ton) ist eine Schallschwingung).
Zur Tonqualität gehören (hoch − tief)
Tonstärke (laut − leise)
Tonvolumen (tiefe Töne werden als
dunkel, schwer, hohe als dünn, hell empfunden)

Klang: ist der Instrumententon oder genauer, die Summe des von einem Instrument oder Klangkörper hervorgerufenen Grundtons und der Obertöne. Der Klang ist also ein Insgesamt von mehreren Tönen.
Jedes klangerzeugende Instrument hat seine eigene Klangfarbe. Der gleich hohe Ton (gleiche Schwingungszahl) der Geige, der Flöte und der Trompete ist nach der Klangfarbe genau unterscheidbar.

Geräusch: Das Geräusch ist ein Tongemisch mit verschiedenen Einzeltönen. Geräusche werden durch die verschiedensten Körper hervorgerufen: Knacken des Holzes, Zischen des Gases, Plätschern des Wassers, . . .
Geräusche können zu Lärm anschwellen.

Rhythmus: Rhythmus in der Sprache ist der Wechsel und die Gruppierung langer und kurzer, betonter und unbetonter Silben.
Rhythmus in der Musik ist der Unterschied im Längenwert der Töne, im gleichmäßig wiederkehrenden Zeitmaß (Takt), z. B. im Walzer oder über den Takt hinausgreifend, nach eigenen Gesetzen des musikalischen Einfalls folgend.

Melodie: Die Melodie ist eine rhythmisierte Folge von Tönen.

Musik und Bewegung

Das Kind soll Fertigkeiten entwickeln, die musikalische Einheit in Spiel-, Tanz-, Nachahmungs- und Bewegungsliedern zu realisieren.

Die vielen musikalischen Erfahrungen des Kindes, die bei einzelnen Übungen im Hören, Singen, Musizieren und Improvisieren gewonnen werden, sollen in einen Zusammenhang gebracht werden, damit die Förderung einer abgerundeten musikalischen Vorstellungswelt ermöglicht werden kann.

Darüber hinaus sollen Primärerfahrungen ermöglicht werden, wie Selbstentfaltung und Selbstdarstellung des Kindes durch Mimik, Gestik und Bewegung, durch Begleitung (Klatschen, Patschen, Schnalzen, Stampfen, . . .) und durch Handhabung elementarer Klangwerkzeuge.

Beschäftigungsstunde

Ziele:

Grobziele:
1. Bewegungsarten ausführen
2. Erfassen von Raumordnungen
3. Erfassen von zeitlichen Ordnungen
4. Kreativer Einsatz von Bewegungen
5. Kreativer Einsatz der Sprache
6. Akustische Reize erfahren
7. Bewegung und Musik in Beziehung setzen zu Objekten und Partnern
8. Musikalische Erfahrung in andere Medien übertragen
9. Reaktion auf rhythmisch-musikalische Vorgänge
10. Stimmen und Instrumente improvisierend einsetzen

Feinziele:
1. **Das Kind führt die ihm gemäßen Bewegungsarten funktionsgerecht aus**
    1. Bewegungen in aufrechter Haltung: Gehen, Laufen, Hüpfen, Springen, Drehen, Steigen (Treppe, schiefe Ebene)
    2. Fortbewegung am Boden: Rutschen, Kriechen, Krabbeln, Rollen, Robben
    3. Gleichzeitiger und unabhängiger Gebrauch von Händen und Füßen
    4. Gleichgewichtshaltung
        1. Balanzieren allein, mit Partnern, mit Gegenständen
        2. Körpergewichtsverlagerung
           Schwungbewegungen ausführen

2. **Erfassen und Herstellen von Raumordnungen**
    1. Räumliche Beziehungen: oben – unten, über – unter, rechts – links, außen – innen
    2. Raumrichtungsbegriffe: vorwärts – rückwärts, linksherum – rechtsherum, unten durch – oben drüber
    3. Raumformen (Flächen, Linien) darstellen: (mit Hilfe von Seil, Schnur, Bausteinen) rund, eckig, gerade, gebogen, unterbrochen, durchgehend

3. **Erfassen und produzieren von zeitlichen Ordnungen**
    1. Langsames – schnelles Tempo
    2. Verlangsamen – Beschleunigen von Bewegungsabläufen
    3. Gleichförmigkeit
    4. Variation
    5. Kontraste

4. **Das Kind kann Bewegungen kreativ einsetzen**
    1. Vorstellungen in Bewegung umsetzen (rasende Autos, wilde Tiere, Blätter im Wind, ...)
    2. Bewegungsabläufe vor- und nachmachen und erfinden (Pferdereiten, Maschine, Tanz der Geister, ...)

5. Das Kind kann die Sprache kreativ einsetzen
1. Atemübungen (Aus- und Einatmen): Kerze ausblasen, Seifenblasen anblasen, Duft riechen, ...
2. Was die Stimme alles kann: sprechen, flüstern (ein Geheimnis weitersagen), schreien (Markt), vokalisieren
3. Erzählen, weitererzählen, nacherzählen
4. Rollenspiel
5. Spiel mit Reimwörtern
6. Abzählverse
7. eine Geschichte singen

6. Das Kind kann akustische Reize erfahren und darauf reagieren
1. Geräusche erkennen und nachahmen (Tonband)
2. Töne, Klänge, Geräusche differenzieren
3. Instrumente an der Klangfarbe erkennen
4. Beobachten von Schallverläufen
5. Erfinden von Schallverläufen durch Nachahmung
6. Einüben in Hörtechniken
7. Geräusche, Klänge, Bewegungsrhythmen nachahmen
8. Werkhören

7. Bewegung und Musik in Beziehung setzen zu Objekten und Partnern
1. Objekte tastend, horchend erkennen
2. Bewegungen mit Objekten (Plastikplanen, Packpapier, alte Zeitungen, Tücher, Seidenschals, ...)
3. Partner ertasten und an der Stimme erkennen
4. Partnerspiele: gemeinsame Körperbewegungen, gemeinsam malen, singen

8. Musikalische Erfahrung in andere Medien übertragen
1. Bewegungsabläufe, Gehörseindrücke graphisch darstellen
2. Klangfarbe und Malfarbe
3. Gehöreindrücke verbalisieren
4. Tanzimprovisation

9. Reaktion auf rhythmisch-musikalische Vorgänge und Produktion von rhythmisch-musikalischen Abläufen
1. Orff-Instrumente und Bewegung
2. Lateinamerikanische Folklore, alte Tanzweisen
3. Verse, Lieder, Tänze rhythmisch begleiten

10. Stimmen und Instrumente improvisierend und reproduktiv einsetzen
1. Kleine Dialoge singen
2. Tontreffübungen
3. Kleine Melodien erfinden
4. Lieder vor- und nachsingen

5. Melodische Improvisation mit der Stimme
6. Instrumentale Begleitung (Orff-Instrumente oder selbstgebastelte Instrumente)

Methodischer Aufbau
(Beispiel einer Liedeinführung)

1. Einstieg

Erläuterungen zum Thema geben, frei oder in eine Geschichte gekleidet. Hierbei können Bilder gezeigt werden. Inhaltlich unbekannte Begriffe oder veraltete Ausdrücke des Liedtextes erklären und erläutern.

2. Durchführung

Der Inhalt kann eventuell szenisch dargestellt werden. Das Lied kann vorgesungen werden. Hierbei wird nach Teilschritten differenziert. Naturgemäß können Strophen als Teilschritte angesetzt werden. Das Lied kann von den Kindern durch Klanggesten begleitet werden. Musikübung erfolgt durch Nachsingen. Die Erzieherin wird auf besondere Schwierigkeiten hinweisen.

3. Schluß

Malen oder Spielen des Inhalts

7. Ästhetische Erziehung

Ziel der Kunsterziehung im Kindergarten ist es, die Befähigung zur bewußten, engagierten und reflektierten Teilahme an künstlerischen Sachverhalten beim Kinde einzuleiten.
Rein formal wird man das künstlerische Tun aufgliedern können in:
a) *Zeichnen* (Aufreißen linearer Schemaformen, vorwiegend mit Bleistift, Buntstift, Filzstift, Nagel, . . .)
b) *Malen* (Kombinieren fleckhaft nuancierter Farbflächen mit Pinsel und Wasserfarbe, Fingerfarben, breiten Wachsmalstiften, . . .)
c) *körperhaftes Bauen* mit vorgefundenen Bauelementen (Bausteine, Klötze, Schachteln, Dosen, . . .)
d) *Plastizieren* (Herstellen eines neuen Körpers aus einem Volumen, z. B. aus Sand, Ton, Knetmassen, Fimo, usw. . . .)
e) *Basteln* (Planmäßiges Konstruieren von Spielmaterial und zweckbestimmten Gegenständen)

In den Kindergärten wird fleißig gemalt, gezeichnet und gebastelt, jedoch z. T. in Beschäftigungen, die sehr isoliert gesehen werden.
Es ist nicht das Anliegen der Kunsterziehung im Kindergarten Techniken zu lehren und Fertigkeiten zu vermitteln. Der Anspruch geht darüber hinaus, er zielt auf umfassende Förderung von Kreativität.

Was ist Kreativität?

Kreativität ist die schöpferische Fähigkeit des Menschen. Ein Kind, das aus einem Klumpen Lehm ein tierähnliches Etwas formt und es mit dem Namen Schnecke belegt, ist schöpferisch tätig. Aus der unförmigen Masse, dem gestaltlosen Klumpen Lehm, entstand durch die Finger geformt, ein Körper mit den Merkmalen einer Schnecke (Schneckenhaus – langgezogener Körper und Verdickung am Kopfende, eventuell mit Fühlern). Aus dem Nichts wurde gleichsam eine Gestalt, eben jene Schnecke, geschaffen.

Kreativität meint aber nicht nur die Fähigkeit des Plastizierens, sondern umfassend die Fähigkeit zum schöpferischen Akt: das Erkennen von neuartigen Lösungswegen, die Erfindungsgabe, der Einfallsreichtum, das Kombinationsvermögen, die Originalität der Assoziationen, die Fähigkeit Konflikte und Schwierigkeiten zu überbrücken, das Vermögen bestimmte Materialien zur Lösung von technischen Problemen in besonderer Weise zu verwenden.

Kreativität umfaßt nicht nur den künstlerischen, sondern den gesamten Lebensbereich. Eine Hausfrau, die mit den ihr zur Verfügung stehenden geringen Mitteln ohne Rezept eine schmackhafte neuartige Speise herstellen kann, verhält sich genauso kreativ wie der Erfinder des Kugelschreibers oder der Künstler, der aus Abfallprodukten eine Plastik schafft.

Die Fülle der wirtschaftlichen, technischen, sozialen und politischen Probleme unserer modernen Gesellschaft und die Menge der zur Verfügung stehenden Kenntnisse und verschiedenartigsten Materialien verlangen in zunehmendem Maße die kreative Leistung des einzelnen und des Teams.

Ästhetische Erziehung ist also im wesentlichsten Kreativitätserziehung. Hierbei geht es um die Trainierung der Sensibilität, der Flexibilität der Kombinationsfähigkeit, insbesondere um die Fähigkeit, seinen Gefühlen bildnerisch und sprachlich Ausdruck verleihen zu können.

Darüber hinaus bietet die Kreativitätserziehung die Möglichkeit der Auseinandersetzung mit Werkzeug und Material, sie gibt Hilfen bei der Beurteilung und Interpretation künstlerischer Schöpfungen und verschafft den Kindern Lebens-, Schaffensfreude und Selbstbestätigung durch das individuell oder gemeinschaftlich erstellte Werk.

Kreativitätserziehung kann jedoch nur gelingen in einer Atmosphäre angstfreien Schaffens. Deshalb ist das unzureichende Werk keinesfalls ein Versagen des Kindes, sondern nur eine unbrauchbare Lösung, die das Suchen einer weiteren Lösungsmöglichkeit bedingt.

Kreativ tätig sein heißt, sich auf den Weg machen, experimentieren mit Farben, Formen, Materialien, Werkzeugen, Geräuschen, Klängen, Worten, Gesten, . . . Bewegungen, . . . versuchen, Ergebnisse erproben, verwerfen und wieder neu beginnen. Es ist gleichsam ein ständiger Prozeß unter ständig veränderten Bedingungen, verbunden mit dem Risiko des Scheiterns.

Beschäftigungsstunde

Ziele:
Grobziele:
1. Sinnesschulung: Wahrnehmung
2. Motorik
3. Bildnerische Ausdrucksfähigkeit
4. Spiel- und Experimentierfreudigkeit
5. Reflexionsvermögen
6. Interpretationsfähigkeit

Feinziele:
1. **Sinnesschulung: Wahrnehmung**

    a) *Das Sehen*
    1. Das Kind kann Farben unterscheiden und benennen
    2. Das Kind kann Farben ordnen
    3. Das Kind kann Formen unterscheiden
    4. Das Kind kann Formen sortieren
    5. Das Kind kann Farben, Formen und Gefühlswerte assoziieren

    b) *Das Tasten*
    1. Das Kind kann Oberflächenstrukturen unterscheiden
    2. Das Kind kann Oberflächenstrukturen vergleichen und benennen
    3. Das Kind kann Temperaturunterschiede wahrnehmen
    4. Das Kind kann Raumformen und Raumrichtungen wahrnehmen und verbalisieren (Hohlkörper)

    c) *Das Riechen*
    1. Das Kind kann Gerüche wahrnehmen
    2. Das kind kann Gerüche unterscheiden
    3. Das Kind kann wahrgenommene Gerüche verbalisieren
    4. Das Kind kann Gerüche wiedererkennen

    d) *Das Hören*
    1. Das Kind kann Klänge unterscheiden
    2. Das Kind kann Klänge und Farben assoziieren
    3. Das Kind kann rhythmische Abfolgen graphisch darstellen
    4. Das Kind kann Melodien in einen bildnerischen Ausdruck umsetzen

    e) *Das Schmecken*
    1. Das Kind kann verschiedene Dinge nach dem Geschmack unterscheiden
    2. Das Kind kann die verschiedenen Dinge aufgrund des Geschmackssinns erkennen

2. **Motorische Übungen**

    1. Das Kind experimentiert mit verschiedenen Zeichenmaterialien (dicke Wachsmalstifte, Malbirnen, Filz- und Faserstifte, Bleistifte . . .) und kann Unterschiede feststellen.

2. Das Kind erlernt verschiedene manuelle Grundtechniken (mit der Schere schneiden, falten, kleben, stempeln, reißen, kneten, biegen . . .)
3. Das Kind lernt den Umgang mit Pinsel und Wasserfarbe
4. Das Kind kann bewußt und gezielt lineare und flächige Farbskizzen ausführen
5. Das Kind kann beidhändig malen
6. Das Kind kann rhythmische Klänge in bildnerischen Ausdruck umsetzen
7. Das Kind kann Melodien in Farbskizzen umsetzen

3. Bildnerische Ausdrucksfähigkeit

a) Malen (Wasserfarben)
1. Das Kind kann Farben mischen
2. Das Kind kann Farben abstufen (helle-dunkle Tonwerte)
3. Das Kind kann andere Materialien malerisch anwenden
4. Das Kind lernt verschiedene Maltechniken und experimentiert mit ihnen

b) Plastizieren
1. Das Kind kann mit Knetmaterialien umgehen
2. Das Kind kann Muster eindrücken
3. Das Kind kann Vollkörper plastizieren
4. Das Kind kann Hohlkörper plastizieren

c) Bauen
1. Das Kind erkundet Eigenschaften der verschiedensten Materialien
2. Das Kind kann die Materialien unterscheiden
3. Das Kind kann mit diesen Materialien spielen
4. Das Kind kann die Materialien als Bauelemente benutzen
5. Das Kind kann mit den Materialien gestalten

4. Spiel- und Experimentierfreude
Das Kind beherrscht die verschiedenen Techniken und kann sie in Kombinationen mit den verschiedensten Materialien nach eigenen Ideen einsetzen.

5. Reflexionsvermögen
1. Das Kind kann sich über Bilder unterhalten
2. Das Kind kann Impulse, Anregungen aufnehmen und bildnerisch verwirklichen
3. Das Kind kann eine thematische Vorgabe in ein Bild umsetzen

6. Interpretationsfähigkeit
1. Das Kind kann über sein eigenes Bild Aussagen machen
2. Das Kind kann über andere Bilder Aussagen machen
3. Das Kind kann sachlich falsche Lösungen vom sachlich richtigen Modell differenzieren und verbalisieren.

Mittel für die Durchführung der ästhetischen Erziehung

Es gibt wohl kaum einen Bereich in der Kindergartenerziehung, der so verschwenderisch gesegnet ist mit einem Angebot an Arbeitsmaterial.
Es gibt selten einen Gegenstand, der sich nicht für die Kunsterziehung eignet.
Die Erzieherin braucht mehr Eigeninitiative und Einfälle als finanzielle Mittel.
Wasserfarbkästen, Buntstifte, Wachsmalstifte, Fingerfarben, Filzstifte, Pinsel, Tuschen, Papiere, Kartons und Transparentpapiere, Scheren, Klebstoff und Ton sind wohl die bekanntesten und obligatorischen Mittel im Kindergarten.
Es können auch Wandfarben und Pulverfarben (keine Künstlerpigmente! Sie sind überdurchschnittlich teuer) verwendet werden. Kleisterfarben können selbst hergestellt werden. Als Pinsel kann auch einmal eine alte Zahnbürste fungieren oder eine kräftige Bürste; mit angespitzten Hölzern läßt sich auch malen.

Abfallmaterial findet vielfältige Verwendung bei kreativem Einsatz: Holzreste, Stoffabfälle, alte Kataloge und Illustrierte, Kartons, Dosen, Joghurtbecher, Stanniol, Verpackungsmaterial, Porzellan für den Polterabend, eine Uhr, die nicht mehr läuft, Teile eines Kassettenrecorders, ...
Die Erzieherin sollte sich an einer solchen Sammlung einmal versuchen, sie wird erstaunt sein, welch hohen Aufforderungscharakter die Dinge haben, die wir achtlos wegwerfen.

Methodischer Aufbau
(Beispiel für eine allgemeine Beschäftigungsstunde in diesem Bereich)

1. Einstieg

Einstimmung, etwa bei einer thematischen Gestaltung, oder klare Zielangabe bei Einführung einer neuen Technik (Benennen der Technik, u. U. Zeigen eines in dieser Technik ausgeführten Werkes, jedoch nicht als Mustervorgabe!) Konfrontation mit dem Problem, Heranführen durch Impulse oder Fragestellung, keineswegs die Lösung selbst anbieten (Papiermosaik – Clown – Mann – Nikolaus, wie groß müssen die Schnipsel sein, welche Farben nehmen wir, werden die

Konturen vorgezeichnet, wie sind die Körperverhältnisse, bekommt der Mann einen Stock, Stab, hat er einen Hut, wo kann man beginnen?).

Bei der Problemerkundung bieten die Kinder Lösungsmöglichkeiten verbal an, die Erzieherin gibt Hilfestellung und Erläuterungen zu Technik und Material.

2. Durchführung

Die einzelnen Kinder entscheiden sich individuell oder gemeinschaftlich (Gemeinschaftsarbeit) für eine Lösung. Diese wird nach den Absichten und Vorstellungen des Kindes (der Kinder) realisiert. Die Erzieherin gibt nicht unmittelbar Korrektur, sondern tastet sich fragend an die Lösungsversuche heran. Bei Fehlentscheidungen kann sie das Kind durch Fragen und Impulse motivieren, die Lösung zu überdenken oder andere Möglichkeiten auszuprobieren.

3. Schluß

Interpretation durch die Kinder
  a) Beobachtung
  b) Beschreibung
  c) Deutung
der einzelnen Werke oder nur einer Auswahl davon. Die Schlußbetrachtung sollte nicht zu lange dauern, da die Kinder in ihrem Interesse sehr schnell erlahmen.

Zweites Beispiel für eine Bastelstunde i. S. einer Werkherstellung

Als Ziel wird das sachlich richtige Produkt gesehen unter Verwendung bestimmter Werkzeuge und Materialien.

1. Einstieg
Genaue und konkrete Zielangabe machen
  a) mündlich formulieren
  b) Modell zeigen

Arbeitsmaterial (und eventuell Handwerkszeug)
  a) zeigen und aufzählen
  b) schwerpunktmäßig im Hinblick auf Eigenschaften und Mengen besprechen

Arbeitsplan
  a) Teilabschnitte in der Reihenfolge erläutern, u. U.
  b) einzelne Arbeitsgänge gesondert besprechen oder an einer Skizze zeigen

2. Durchführung
a) *Kinder arbeiten einzeln für sich*
(Den unterschiedlichen Entwicklungsstand der Kinder beachten: eventuell differenzierte Aufgabenstellung, Hilfestellung leisten, Ergänzungs-, Erweiterungsaufgaben bereitstellen
oder
b) *gemeinsames Vorgehen in Teilschritten*
(kürzere Arbeitspausen und allen Kindern den einzelnen schwierigeren Arbeitsgang erklären und vormachen, spiegelbildliche Demonstration vermeiden!)

3. Schluß
Werkbetrachtung

Untersuchen, Unterscheiden, Vergleichen, Benennen, Beschreiben, Feststellen der sachlichen Richtigkeit:
   a) zweckmäßige, qualitativ richtige Materialauswahl
   b) sachgerechte Konstruktion (Herstellung)
   c) Gebrauchstauglichkeit
   d) Erfassen ästhetischer Sachverhalte

(Es versteht sich von selbst, daß eine solche rigide Durchführung einer Beschäftigungsstunde nur mit den älteren Kindern durchgeführt werden kann, etwa mit Kindern die schulreif sind und eine gewisse Zeit konzentriert zielgerichtet arbeiten können: Herstellung einer Laterne, Puppenhaus, Weben, Basteln von Spielzeug, . . .)

8. Sport

Die Leibeserziehung im Kindergarten dient der Entfaltung der Bewegung und der Befriedigung elementarer Bewegungsbedürfnisse. In Verbindung mit der Musik- und Bewegungserziehung wird dem Kind der ihm angemessene Bewegungsspielraum geboten.

Förderung der kindlichen Motorik bedeutet gleichzeitig Förderung seiner geistigen Entwicklung. Überdies tragen die Erlebnisse der Leistungsfähigkeit und Leistungssteigerung sowie die Überwindung von Ängstlichkeit und innerer Hemmung weitgehend zur Persönlichkeitsentwicklung, zur Ich-Autonomie und zum Selbstvertrauen bei. Dem Kind werden Bewegungserfahrungen angeboten ebenso wie soziale Erfahrungen in den Partner- und Gruppenübungen und -spielen.

Ein besonderer Akzent der Leibeserziehung im Kindergarten liegt auf der Spontaneität und Eigenaktivität des Kindes und seiner Kreativität im Umgang mit dem Sport- und Spielmaterial.

Sport im Kindergarten ist nicht als Leistungssport zu verstehen, sondern als spielerisches Lern- und Übungsangebot. Hierbei ist auszugehen von der Bewegungsganzheitlichkeit, d. h. bei jeder Bewegung sollte der ganze Körper beteiligt sein. Isoliertes Training einzelner Muskelpartien sowie statische Übungen und Ruckzuckbewegungen sind zu vermeiden.

Die übergreifenden Ziele im Sport sind:
  a) *Geschicklichkeit:* (ins Ziel treffen, Reifen rollen, Ball fangen, . . .)
  b) *Gleichgewicht:* (Balancieren, Trampolin wippen, Roller fahren, . . .)
  c) *Kraft:* (hängen, schaukeln, schwingen am Seil, an der Reckstange, heben und tragen von Keulen und Bällen, . . .)
  d) *Ausdauer:* (Fortsetzung einer Übung i. S. des Intervall-Trainings)
  e) *Reaktion:* (Schnelligkeit in den einzelnen Übungen)
  f) *Sozialverhalten:* (bei Partner- und Gruppenspielen)

Für Vorschulkinder ist das Schwimmen von besonderer Bedeutung. Spielen im Wasser und Schwimmen sollte, sofern die technischen, organisatorischen und personellen Voraussetzungen gegeben sind, so früh wie möglich mit Kindergartenkindern durchgeführt werden. Schwimmen dient der Gesundheit, macht den Körper widerstandsfähig und trainiert die gesamte Muskulatur und den Kreislauf. Überdies empfinden Kinder sehr schnell Freude bei Wasserspielen und gewinnen dadurch Sicherheit im nassen Element.

Die Durchführung von Schwimmübungen (von der Zusammenstellung der Übungsgruppen bis zu den einzelnen Trainingsschritten: Spielen, Auftreiben in Brust- und Rückenlage, Tauchen, Gleiten, bewußtes Atmen usw....) bedarf einer besonderen Methodik, auf die im Rahmen dieses Buches nicht genügend eingegangen werden kann. Es wird auf die spezielle Literatur verwiesen.

Beschäftigungsstunde

Ziele:

Grobziele:

1. *Beherrschung der Motorik*
   Verfügenkönnen über verschiedene Bewegungsfunktionen des eigenen Körpers bis zu feinmotorischen Bewegungen der Hand, der Finger und der Zehen
2. *Beherrschung objektbezogener Bewegungshandlungen*
   in Verbindung mit verschiedenen Geräten
3. *Sicherheit im Körpergefühl und in der Raum-Zeit-Erfahrung*
   bei der Durchführung spezieller Bewegungshandlungen
4. Die Fähigkeit *mit Partnern und der Gesamtgruppe* durch
   Bewegungshandlungen in Beziehung zu treten

Feinziele:

1. Beherrschung der Motorik

1.1 Übungen zur Erreichung der Bewegungssicherheit
   a) *Gehen und Laufen*
   frei gehen, in verschiedene Richtungen gehen, mit der Erzieherin gehen, mit großen und kleinen Schritten gehen, Zwergengang, auf Signal gehen, Rückwärtsgehen, Zehenspitzengang, zwischen Markierungen gehen, auf der Langbank gehen, ...

   frei laufen, in verschiedenen Richtungen laufen, in der Spirale laufen, Kurvenlaufen, trippeln, Paarlaufen, Paarlaufen auf Zuruf, Laufen mit verschiedenen Armbewegungen zum Laufrhythmus, fangen, laufen: niemand berührt den anderen, ... Darstellung von Bewegungsabläufen: Blätter fallen, Eisenbahn, Vögel, ...

b) Springen
Schrittsprung über Kreidestrich, Schrittsprung über Zauberschnur am Boden, Schrittsprung über kleine Hindernisse, Sprünge vom niedrigen Kasten, Lücke von 2 Matten überspringen, Sprung in einen Kreis, aus dem Kreis hinausspringen, . . .

c) Schwingen
Schwünge als Gesamtkörperbewegung
„Alle Vögel fliegen fort" (Flügelschläge im Laufen) mit beiden Armen kreisen, gleichzeitig Schlußsprung durchführen, vorwärts- und rückwärtslaufen mit Armschwungbewegungen, . . .

d) Kriechen
an der Zauberschnur entlang, unter eine Schnur hindurch, über/unter eine Langbank hindurch, über den Kasten, unter den Stuhl hindurch, durch die Leiter (Sprossen senkrecht zum Boden), . . .

e) Ziehen
Taus, Stäbe, Reifen als Kleingeräte bei Partnerübungen im Ziehen

f) Klettern
am Klettergerüst, am Kletternetz, an der Sprossenwand, über zwei oder mehr ungleich hohe Kästen, . . .

g) Steigen
Übersteigen von Hindernissen: Stab, Schnur von zwei Kindern gehalten, in einen Reifen hinein – aus dem Reifen hinaussteigen, . . .
schiefe Ebene (Langbank) hinaufsteigen, . . .

h) Balancieren
auf einer Kreidelinie am Boden, auf einer Schnur am Boden, auf einem Reifen am Boden, auf dem Schwebebalken, auf einem Medizinball liegen, sitzen, knien, stehen, . . .

i) Rollen
mit Kleingeräten: Ball frei rollen, geradeaus rollen, an einer Linie entlangrollen, um Hindernisse herumrollen, . . . Ball rollen und wieder einfangen, gleiche und ähnliche Übungen mit Reifen, Stäben, . . .
Körperrollen: Purzelbäume, vorwärts, rückwärts, seitwärts (Baumstämme)

j) Werfen
Bälle hoch, weit, ins Ziel werfen, . . . aus dem Stand, im Laufen, aus dem Sitz, . . . Partnerübungen: gegenseitig zuwerfen, . . .

k) Fangen
Ball mit beiden Händen hochwerfen und fangen, Prellübungen auf dem Boden, an der Wand, . . . einzeln und mit Partner

1.2 Übungen zur Stabilisierung des Gleichgewichts
   a) *Rollerfahren*
   Roller schieben (gehen, laufen), mit einem Fuß auf den Roller setzen mit dem anderen abtreten, anfahren, anhalten, wechselseitig abtreten, Kurven fahren, auf einer Kreidelinie entlangfahren, unter einer Schnur hindurchfahren, . . .

   b) *Übungen mit dem Medizinball*
   siehe 1.1 h)

   c) *Balancierübungen*
   Standwaage, auf einem Bein stehen und das andere bewegen, auf Zehenspitzen stehen, auf Zehenspitzen in der Hockstellung, Gegenstände mit Zehen auf- und hochheben, . . .
   Übungen auf der Langbank: vorwärts, seitwärts balancieren, mit Gegenständen über die Langbank balancieren, . . .

1.3 Übungen zur Förderung der Geschicklichkeit
   a) *Übungen mit Bällen*
   im Laufen weitergeben, im Sitzen Ball mit beiden Füßen aufheben, weitergeben, im Knien/Sitzen Ball um den Körper herumrollen, im Stehen/Sitzen Ball rückwärts weiterreichen, . . .

b) *Übungen mit Luftballons*
Luftballons mit beiden Händen greifen, tragen, fallen lassen, wieder auffangen, über den Tisch blasen, einhändig tragen, in der Luft schlagen, im Laufen vor sich her treiben, Fußball spielen, ...

c) *Übungen mit Reifen*
tragen, rollen, mit einer Hand halten, rollen – nachlaufen und einfangen, hindurchschlüpfen, Reifen drehen ...

d) *Übungen mit Stäben/Keulen*
tragen, weiterreichen im Stehen, Sitzen, Liegen, mit den Füßen rollen, gegenseitig zurollen, mit den Füßen weitergeben, ...

e) *Körperbewegungen*
durchschlüpfen, durchkriechen, durchzwängen, hinaufklettern, hinunterrutschen ...

2. Übungen mit verschiedenen Geräten
a) *Kleingeräte:* Bälle, Reifen, Zauberschnur ...
b) *Großgeräte:* Tisch, Bank, Kletterwand, Kasten ...

Erweiterung der Bewegungserfahrungen:

2.1 *Das Kind kann mit Kleingeräten experimentieren*
Selbst herausfinden, was mit dem Gerät alles gemacht werden kann: Ball rollen, werfen, fangen, mit dem Fuß stoßen, mit dem Stock schieben, am Reifen, Seil entlangrollen, unterm Stuhl hindurchrollen, ... Jonglierübungen

2.2 *Das Kind erlangt Bewegungssicherheit im Umgang mit Kleingeräten*

2.3 *Das Kind kann mit Kleingeräten Partnerübungen durchführen*
a) Fangspiele mit Luftballons, kleinen und großen Bällen, Reissäckchen, ...
b) Spiele mit Stäben, Keulen, Reifen, Schnüren, Tüchern, Fähnchen, Wurfringen, Plastikschläuchen ...

2.4 *Das Kind erlangt die für die Großgeräte erforderlichen Bewegungsfertigkeiten*
am Tau schaukeln, an eingehängter Langbank aufwärts steigen, über Kästen klettern, vom Kasten springen, mit dem Tau ziehen, an der Kletterwand/Sprossenwand klettern ...

3. Sicherheit im Körpergefühl und in der Raum-Zeit-Erfahrung bei der Durchführung spezieller Bewegungshandlungen

3.1 *Das Kind erwirbt Koordinationsfähigkeit in der Wahrnehmung und Motorik seiner eigenen Bewegungen*
a) Bälle zuwerfen, Hindernislaufen, verschiedene Gruppenspiele: Haltet den Korb frei (Korbwächter), ...
b) Slalom-Kriechen, Übungen an Großgeräten zu 1.3 e)
c) Kegelspiel
d) Kletterübungen

3.2 Das Kind gewinnt Raumerfahrung und Orientierungsfähigkeit
Sich im Raum frei bewegen, nach Signal in bestimmte Richtungen bewegen, durch die Gasse hüpfen, Spiele im Freien, Tanz- und Kreisspiele, Versteckspiel, Blinde-Kuh, Katz und Maus, . . .

3.3 Das Kind lernt Körperlagen bewußt wahrnehmen und auf Impulse hin zu verändern
a) Übungen aus dem Stand
drehen, beugen, knien, hocken, gegenseitig anfassen, . . .
b) Übungen aus dem Sitz
Säge im Hocksitz, Grätschsitz, Schneidersitz, Türkensitz, auf dem Gesäß rutschen
c) Übungen in Bauch- und Rückenlage
Bauchschaukel, Vierfüßlergang, Brücke, rechts- und links herum rollen, Kerze, radfahren − allein und mit Partnern, . . .

3.4 Das Kind lernt Objekte in ihren Bewegungsabläufen richtig erkennen
a) Seil-Hüpfen
b) Ball- und Reifenspiele

4. Partner- und Gruppenspiele
1. Tauziehen
2. Lauf- und Fangspiele
3. Schwarzer Mann
4. Schubkarrenfahren, . . .

Methodischer Aufbau

Ganz allgemein können folgende Methodiken für den Sport angewendet werden:

a) Nachmachen
Die Erzieherin oder ein Kind zeigt eine Übung vor. Die Demonstration ist besser als eine langwierige Erklärung. Alle Kinder müssen jedoch den gleichen Blickwinkel haben.

b) Probieren (Versuchen)
Die Übungen müssen von den Kindern öfter versucht werden. Hierbei spielt das Experimentieren eine wichtige Rolle. Die Kinder sollen eigene Lösungswege finden. ,,Wie komme ich da am besten hinauf?'' ,,Wie kann ich am schnellsten alle Bälle einsammeln?''

c) Wetteifer
Wettspiele sind besonders beliebt. Sie spornen die Kinder sehr an. Ungesunder Wetteifer und Konkurrenzdenken gilt es jedoch zu vermeiden. Die Freude am Spiel ist höher zu werten als der errungene Sieg über die andere Gruppe.

d) Vergleichen
Ausgeführte Übungen sollten überprüft und von den Kindern verglichen werden. Hierbei geht es nicht darum besonders gute Leistungen herauszuheben, sondern um Korrekturen, Anregungen gezielt und anschaulich demonstrieren zu können.

Beschäftigungsstunde

1. Einstieg
Günstig sind grobmotorische Übungen (Laufen, Gehen, Hüpfen, . . .) zur Erwärmung

2. Durchführung
Einzelübungen mit Schwerpunkten
   a) bewegungreiche einfache Übungen
   b) die Muskulatur kräftigende Übungen
      (erhöhter Schwierigkeitsgrad)
   c) Intervalle mit Lockerungsübungen

3. Schluß
Möglich sind Paar- oder Gruppenformen oder Spiele und kleine Tänze.

Dieses vorgeschlagene Schema muß jedoch nicht eingehalten werden. Grundsätzlich sind Einzelübungen oder Spiele für sich auch möglich, soweit sie dem Bewegungsdrang der Kinder entgegenkommen und ihnen Spaß machen. Die erfahrene Erzieherin wird auch wissen, wie lange sie eine Sportbeschäftigung ausdehnen kann oder wann sie abbrechen muß.

9. Sozialerziehung

Das Kind im Kindergarten steht im Spannungsfeld eigener individueller Bedürfnisse und Interessen und den sozialen Anforderungen der Gruppe und der Institution ‚Kindergarten'. Sozialerziehung heißt nicht nur Vermittlung von Kenntnissen und Einsichten in gesellschaftliche Verhältnisse der kindlichen Umwelt, sondern gleichzeitig Hilfe zur Entfaltung der eigenen Persönlichkeit.
Das Kind, das zunächst die ersten sozialen Beziehungen in der Familie erfahren hat und hier in Liebe und Geborgenheit aufgewachsen ist, hat auch im Kindergarten ein Recht auf freie Bedürfnisentfaltung und Bedürfnisbefriedigung.
Die Gruppe im Kindergarten soll das Kind als einen positiven Wert erleben, in sie soll es sich einfügen und geborgen fühlen. Dieser Prozeß der Integration kann nicht verstanden werden als eine unbedingte Anpassung des Individuums an die Gruppe. Vielmehr stellen die individuellen Aspekte den gruppenspezifischen Anforderungen gegenüber einen gleichrangigen Wert dar.
Dieser wechselseitige, dynamische Prozeß zwischen Individuum und Gruppe erscheint als ein höchst empfindliches Netzwerk ständig sich ändernder sozialer Beziehungen und ist somit ein schwieriges Feld für pädagogische Eingriffe. Sehr viel schwerer als in anderen Bereichen lassen sich klar konturierte Lerneinheiten und Aufgaben herausschneiden. Die Erzieherin steht hier vor einem weiten pädagogischen Spielraum, das eigene situationsbedingte Erleben, die kaum faßbaren Auswirkungen und Ausstrahlungen eigener Erzieherpersönlichkeit bekommen ein besonderes Gewicht.
Trotzdem lassen sich für diesen Bereich auch Grobziele definieren, wie etwa *Kritikfähigkeit, Selbstbestimmung* und *Mitverantwortung,* aus denen Feinziele und konkrete Handlungsanweisungen abgeleitet werden können.

Voraussetzung für ein fruchtbares Arbeiten ist die Beobachtung des einzelnen Kindes und der Gruppe in ihren Verhaltensweisen:
- Stellung des Kindes in der Gruppe (Sicherheit, Kontaktfreude, Ängstlichkeit, aggressives Verhalten, ...)

- Handlungsfähigkeit des Kindes in der Gruppe (Spieldauer, Selbständigkeit, Hilfsbereitschaft, Egoismus, . . .)
- Umgang des Kindes mit Regeln und Verhalten bei Konflikten (Regeln einhalten, abwarten, teilen, zuhören, sich wehren, argumentieren, schlagen, . . .)
- Verhalten der Gruppe gegenüber dem Kind (Ablehnung, Hilfestellung, Zurückhaltung, Befolgen von Anweisungen, . . .)

Verhalten von Kind und Gruppe im Kindergarten

Das gesamte Verhalten des Individuums und der Gruppe läßt sich reduzieren auf die Begriffe Kommunikation und Interaktion.

Kommunikation kann definiert werden als Wahrnehmung, Verwendung und Entschlüsselung von verbalen (Sprachsymbolen, Wörter) und nichtverbalen Zeichen (Mimik, Gestik).

Die Kommunikation kann erfolgen:
a) *taktil:* streicheln, küssen, schlagen, . . .
b) *optisch:* Körperhaltung, Mimik (Gesicht), Gestik (Handbewegung), Kopfhaltung, Blickrichtung, . . .
c) *akustisch:* sprechen, Sprechpausen, emotionaler Tonfall, . . .
(Grundsätzlich ist Kommunikation olfaktorisch (allsinnig) denkbar, z. B. Empfindung von Körpergeruch, Körperwärme, trockener Händedruck, usw.)

Interaktion kann als zwischenmenschliches Handeln bezeichnet werden. Sie betrifft den Handlungsbereich und meint die wechselseitige Reaktion auf Zeichen und mithin die gegenseitige Beeinflussung.
Interaktion ist das Verhalten zwischen 2 oder mehr Personen. Die Regeln der Interaktion sind die Verhaltensgewohnheiten. Die Verhaltensgewohnheiten beinhalten einen Stabilitätsfaktor: Jeder weiß, was er zu erwarten hat, woran er sich zu halten hat.

Die Regeln der Interaktionen im Kindergarten sind entweder bewußte Vereinbarungen (Wir lassen jeden ausreden) oder unbewußte, stille Übereinkünfte (Wenn die Erzieherin vorliest, sind alle still).

Wird das Interaktionssystem gestört, kommt es zu Problemen und Konflikten.

Konflikte können in folgender Weise auftreten:

a) Eine Grundregel wird gebrochen
Spielzeug wird nicht abgegeben
b) die Regel wird als einseitig erkannt
Immer muß i c h meinen Mund halten!
c) Neue Situationen erfordern neue Regeln
Ein neues Kind kommt in die Gruppe.

Konflikte können u. a. auch vermieden werden, indem positive „Konfliktlösetechniken" gefördert werden, zum Beispiel: Spielzeug teilen, helfen, Vorschläge machen, Auswege verbalisieren ...
Für die Erzieherin gilt insbesondere: Freundlichkeit zeigen, in Schutz nehmen gegen die Gruppe, Dritte um Vermittlung und Hilfe bitten, keine Angst erzeugen, Ermutigung des Schwächeren ...

Entsprechend der Reduzierung des gesamten Gruppengeschehens auf das Interaktionsschema können Lernziele definiert werden:

1. Regelbildung
1. Interaktionsregeln bewußt wahrnehmen und befolgen lernen
2. Einseitige Regeln benachteiligen den Partner
3. Repressive Regeln werden abgelehnt
4. Brechen von Regeln führt zum Konflikt
5. Kompromißbereitschaft fördern
6. Regeln kritisch prüfen (Normenflexibilität)

2. Selbstentfaltung
1. Erfolgserlebnisse ermöglichen
2. Positive Erfahrungen machen (Ich werde akzeptiert)
3. Entwertung der Persönlichkeit vermeiden
   (Du kannst g a r n i c h t s ! Du störst nur i m m e r !)
4. Selbstempfindung innerer Vorgänge verbalisieren
   (Das Kind spricht über seine eigenen Wünsche und Bedürfnisse)

3. Verhinderung von Interaktionsschwierigkeiten
1. Gespräche führen
2. Diskutieren
3. Erklärungen abgeben
4. Fragen stellen können

Beschäftigungsstunde

Ziele:

Grobziele:
Folgende Beziehungen können als Grobziele akzentuiert werden:
1. Die autonome Persönlichkeit
2. Die Beziehung des Kindes zur Erzieherin
3. Die Beziehung des Kindes zur Gruppe
4. Die Beziehung des Kindes zu Personen der sozialen Umwelt

Feinziele:
1. Die autonome Persönlichkeit
1. *Selbstkontrolle und Frustrationstoleranz*
   sich aus- und ankleiden können, zur Toilette gehen,
   Bedürfnisse aufschieben können, nicht immer im Mittelpunkt stehen,
   Mißerfolge ertragen, Aggressionen kontrollieren, ...

2. *Durchsetzungswillen und -fähigkeit*
   eigene Interessen einbringen, sich behaupten und verteidigen,
   ein gewisser Grad von Unabhängigkeit, seine Eigenart behaupten, ...

3. *Handlungs- und Entschlußfähigkeit*
   Initiative ergreifen, Bereitschaft zur persönlichen Stellungnahme und
   Kritik, angefangene Aufgaben beenden, Hilfeleistungen, Artikulation von
   Erfahrungen, ...

2. Die Beziehung des Kindes zur Erzieherin
1. *Kommunikationsfähigkeit*
   der Erzieherin Erlebnisse berichten können,
   die Erzieherin als Bezugsperson akzeptieren

2. *Frustrationstoleranz*
   imstande sein, die Zuwendung der Erzieherin mit anderen Kindern zu
   teilen, die Tatsache ertragen, daß die Erzieherin nicht immer die gleiche
   Meinung teilt, vorübergehend einen Konflikt mit der Erzieherin ertragen

3. Die Beziehung des Kindes zur Gruppe
1. *Soziale Sensibilität*
   sich in die Rolle des anderen versetzen können, Verständnis haben für andere, Mitgefühl und Rücksichtnahme, ...

2. *Kommunikationsfähigkeit*
   zuhören können, auf andere Meinungen eingehen, persönliche Meinungen
   und Erlebnisse darstellen können, eigene Gefühle ausdrücken, Argumente
   abwägen, Kritik begründen können, ...

3. *Toleranz*
   Anderssein respektieren, unangepaßte Kinder tolerieren, andere Meinungen
   gelten lassen, ...

4. *Kooperationsfähigkeit*
mit anderen spielen und arbeiten können, gemeinsam eine Aufgabe planen und durchführen können, Teilaufgaben erkennen und akzeptieren, nicht alles allein machen wollen, Konkurrenzgefühl abbauen, eigene Wünsche zurückstellen, eine fremde Rolle übernehmen, Hilfe geben und annehmen können, Spielordnungen akzeptieren, Beteilung an Gruppenbetätigung, . . .

5. *Solidarität*
füreinander einstehen können gegenüber Dritten, sich für eine gemeinsame Sache einsetzen, auf eigene Vorteile zugunsten der Gruppe verzichten können, Aufgaben erfüllen die der Gruppe dienen, Verantwortung übernehmen, . . .

4. Die Beziehung des Kindes zu Personen der sozialen Umwelt

1. *Sammeln von Informationen*
Beobachten und bewußtes Erfassen der sozialen Umwelt, Auskünfte und Mitteilungen von fremden Personen richtig erfassen, Zeichen und Symbole der sozialen Umwelt richtig deuten (Verkehrsschilder), . . .

2. *Kritikfähigkeit*
Nutzen und Notwendigkeit von Regeln sowie Berechtigung der Forderung von Autoritäten kritisch sehen können, Veränderbarkeit von Regeln erkennen, eigene Wünsche gegenüber Forderungen von außen abwägen können, Auswirkungen eigener Verhaltensweisen auf andere Personen abschätzen, . . .

3. *Toleranz*
Tolerieren von Personen der Randgruppen (Behinderte, alte Menschen, . . .)

4. *Kommunikationsfähigkeit*
fremde Menschen um Auskunft bitten, sich fremden Menschen gegenüber deutlich und verständlich ausdrücken, . .

Methodischer Aufbau

Sowohl die situative, zufällige Gegebenheit als auch das Freispiel ebenso wie das systematisch geplante Spiel bieten Gelegenheit für die Sozialerziehung.

Für das gelenkte Spiel empfiehlt Stange, Herausg,. Materialien zur sozialen Erziehung im Kindesalter 2, Heidelberg 77, Seite 102, folgende Phaseneinteilung:

„1. *Lockerung*
— Durchführung von Bewegungs- und Entspannungsübungen

2. *Sensibilisierung und Ausdruck*
   − Durchführung von Sensibilisierungsspielen und -übungen, Durchführung von Spielen mit Lauten, Geräuschen, Gesten, Körperhaltung, . . . Übergang zum Rollenspiel, Verbesserung der Ausdrucks- und Kontaktfähigkeit usw.

3. *Anwendungsphase*
   − Durchführung von Spielen und Übungen zu einzelnen sozialen Fähigkeiten, z. B. Rückmeldung

4. *Reflexions- und Transferphase*
   − Spielerfahrungen und reale Erfahrungen werden im Gespräch ausführlich verarbeitet, nach Ursachen und Strategien zur Veränderung werden in konkretes Handeln umgesetzt."

Für den *methodischen Einsatz* eignen sich besonders: die Gesprächsförderung (Erlebnisse berichten), das Rollenspiel, die Gruppenarbeit, Geschichten und Bildergeschichten zum Weitergestalten und Nachspielen, Spiellieder, Tonbandaufnahmen bei Konfliktsituationen, das Handpuppenspiel, die Pantomime.

Als *Mittel* können verwendet werden: Fotos, Plakate, Illustrierte, Bilderbücher, Kassettenrecorder, der Plattenspieler, der Spiegel, der Kaufladen, das Puppentheater, die Kostümkiste, Decken, große Pappschachteln, das Spieltelefon.

Beschäftigungsstunde am Beispiel der Problemgeschichte

Grundsätzliches:

Das Problem sollte aus der unmittelbaren Erfahrungswelt der Kinder stammen oder zumindest von ihnen einsehbar sein. Die Lösung des Problems sollte nicht erzwungen oder gar gegeben werden. Wird keine Lösung gefunden, so bleibt es als solches weiter bestehen.
Es können mehrere Vorschläge akzeptiert werden. Die Erzieherin wertet nur, wenn sie von den Kindern ausdrücklich dazu aufgefordert wird.

Inhalt der Geschichte:
Kinder spielen auf einem Hof und machen offensichtlich Lärm. Eine ältere Frau schimpft zum Fenster hinaus.

Ziele:

Grobziele:
Problembewußtsein stärken, Beispiele für soziales Handeln geben, argumentieren und zuhören können —

Feinziele:
Erfassen des in der Problemgeschichte angesprochenen speziellen Problems, Angebote zur Konfliktlösung: Spielbedürfnis der Kinder — Ruhebedürftigkeit älterer Menschen.

1. Einstieg:

Darstellung des Problems
Geschichte: a) erzählen
b) vorlesen
c) vom Band abhören
d) als Bildergeschichte zeigen

2. Durchführung:

1. Spontane Äußerungen sammeln
2. Äußerungen sortieren im Hinblick auf das Problem
   a) wichtig/unwichtig
   b) richtig/falsch
   c) sachlich/unsachlich
3. Kernproblem herausarbeiten: umschreiben lassen, polarisieren, vereinfachen (nicht verfälschen!), durch Beispiele oder ähnliche Situationen erhellen, Einzelsituationen durch Beschreibung nachempfinden lassen, bei Unklarheiten korrigieren, notfalls selbst darstellen
4. Lösungswege anbieten lassen

3. Schluß:

eventuell die Geschichte spielen lassen, auch andere Darstellungsmöglichkeiten als Erweiterung nutzen.

10. Religiöse Erziehung

Was ist Religiosität?

Religion ist das Verhältnis, die Beziehung des Menschen, seine Bindung an außer-/überirdische Existenzen, im christlichen Sinne an Gott.
Die Religion hat ihren Ursprung an den Glauben an Gott als die erhaltende, ordnende und sinngebende Macht allen Daseins.
Der Glaube ist objektiviertes Wissen und zugleich subjektive Erfahrung der Religion.

Unter dem Aspekt des Glaubens wird das Sein verstanden als eine doppelte Wirklichkeit, die empirisch erfahrbare, gleichsam objektiv meßbare und quantifizierbare Realität und die subjektiv erlebbare Welt der Glaubensinhalte. Religiosität ist ein qualitativer Komplex, der das Verhältnis des gläubigen Menschen zur Welt bestimmt. Spezifische Werte, Sinnfragen und Verhaltensweisen kennzeichnen christliche Religiosität, etwa der Wert von Liebe, Armut, Toleranz, Hilfsbereitschaft, . . . bestimmte Fragen nach Ursprung und Ziel des Lebens, nach dem Jetzt und Einst, nach der Freiheit des Menschen, nach Angst, Schuld, Leid, Verantwortung, . . . und die durch christliche Grundsätze geprägte Ethik und Moral.
Religiosität kann somit nicht verengt werden auf gewisse Spezialkenntnisse über Himmel, Gott, Pfarrer und Kirche, sie umfaßt vielmehr den Menschen in seiner Gesamtpersönlichkeit.
Religiosität und Glaube gelten nach christlichem Verständnis im letzten auch nicht als das Werk der Erziehung, sondern sie sind eine Gabe, ein Geschenk des Hl. Geistes. Religiöse Erziehung kann Gläubigkeit nicht garantieren, und zum Glauben muß nicht der unmittelbar gelangen, der nach religiösen Grundsätzen sozialisiert wurde.

Möglichkeiten und Grenzen religiöser Erziehung

Die religiöse Erziehung kann die Erwartungshaltung des Kindes entfalten. Sie kann die Offenheit für die religiöse Dimension der Wirklichkeit begründen, Dispositionen können gefördert werden. Das Kind kann befähigt werden, eigene Entscheidungen zu treffen.

Religiosität ist eng verbunden mit der Persönlichkeit und gleichzeitig mit der Freiheit des Menschen. Die Freiheit des Menschen ist nicht verfügbar. Religiöse Erziehung kann also nicht heißen, Entscheidungen und Antworten vorgeben, Verhaltensweisen der Erwachsenen einfach nachvollziehen lassen. Religiöse Erziehung, Persönlichkeitserziehung und Sozialerziehung gehen ineinander über und bedingen sich gegenseitig. Es ist nicht möglich, in der Pädagogik des Kindergartens scharfe Tennungslinien zu ziehen und für diese Bereiche in sich isolierte Beschäftigungsstunden herauszubrechen.

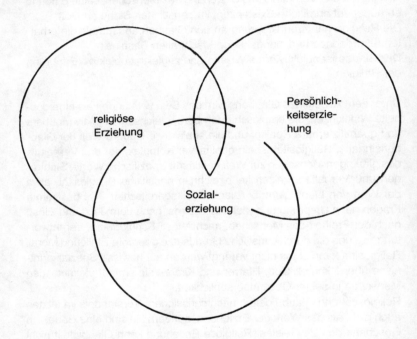

Unbeschadet dieser Feststellung sind freie Träger von Kindergärten, gemäß GG Art 4 Abs 2 und GG Art 7 Abs 3, die ungestörte Religionsausübung und religiöse Unterweisung garantieren, berechtigt, in ihrer Erziehungsarbeit spezifisch konfessionelle Schwerpunkte zu setzen.
Es gibt drei Möglichkeiten für einen thematischen Ansatz:
a) die kontinuierliche Feier des kirchlichen Jahres mit seinen Höhepunkten: Advent – Weihnachten – Ostern – Pfingsten und die damit verbundenen religiösen Praktiken und Bräuche,

die situative Von-Fall-zu-Fall-Pädagogik, die punktuell Geheimnisse des Glaubens und konkrete Situationen aufgreift, um Deutungsmodelle und Antworten anzubieten und schließlich
c) religiöse Erziehung im Vorfeld des Glaubens (Der Übergang vom Kindergarten zur Grundschule, Donauwörth, 77), die ausgeht von den Sinnfragen des Lebens und die übergreifenden Bereiche „Licht", „Wärme", „Leben" und „Sprache" zum Ausgangspunkt der Erfahrung und des Nachdenkens macht.

Beschäftigungsstunde

Ziele:

Grobziele:
Förderung der kindlichen Wahrnehmungsfähigkeit für religiöse Dimension. Religiöse Fragen wecken, auf den Geheimnischarakter des Lebens aufmerksam machen, auf das Fragwürdige und Denkwürdige des Daseins hinweisen, das Staunen lehren, Deutungsmodelle zur Lebensbewältigung anbieten, Gewissensbildung unterstützen, Hilfen zur Persönlichkeitsbildung geben, ein Wertsystem, ein Ordnungsgefüge vorstellen, einen Sinnhorizont aufzeigen.

Feinziele:
Es ist nicht möglich, hier einen kompletten Katalog von Feinzielen aufzuzeigen, da sich diese Ziele nur aus dem jeweiligen Erziehungs- und Bildungsplan des einzelnen Kindergartens und den einzelnen konkreten pädagogischen Situationen ableiten lassen.
Es können deshalb nur exemplarisch einzelne Feinziele aufgeführt werden, die in keinem systematischen Zusammenhang stehen.

1. Der Adventskalender gliedert die Zeit bis Weihnachten
1. Wartezeiten in unserem Leben (herbeisehnen, Sehnsucht haben)
2. Wie lange noch? – Der Adventskalender
3. 4 Wochen bis Weihnachten – der Adventskranz
4. Der Nikolaustag
5. Vorfreude haben, wir können Zukünftiges erwarten und vorausdenken

2. Weihnachten ein religiöses Fest und ein Familienfest
1. Gott liebt die Menschen
   Die Liebe der Eltern zum Kind, die Liebe des Kindes zu den Eltern, die Liebe zwischen Mann und Frau
2. Alle Menschen brauchen in jedem Lebensalter Liebe
3. An Festen geben wir unserer Liebe einen besonderen Ausdruck
4. Weihnachten ist ein Familienfest

3. St. Martin teilt seine Kleider mit den Menschen
4. Ostern — wer glaubt denn an den Osterhasen?
5. Umgang mit Konflikten
   1. Ali stinkt nach Knoblauch
   2. Gastarbeiterkinder essen andere Speisen
   3. Wir kaufen in einem türkischen Laden ein
   4. Wir bereiten eine türkische Süßspeise
   5. Wir feiern mit den türkischen Kindern und ihren Eltern gemeinsam ein türkisches Fest
   6. Bilder aus dem Heimatland von Ali
6. Großmutter kommt zu Besuch
   1. Welche Rolle spielt die Großmutter in der Familie?
   2. Oma braucht ein Bett, wird Karl sein Bett für Oma hergeben?
   3. Oma ist ein alter Mensch
   4. Oma wird plötzlich krank
7. Was Jesus versprochen hat
8. Jesus, ein Mensch wie du und ich
9. Keiner ist für sich allein auf der Welt

Methodischer Aufbau

Verwendet werden können Erzählungen, Geschichten, biblische Geschichten und Gedichte in einfacher, anschaulicher Sprache, in überschaubaren Handlungen und mit typischen Gestalten. Das Gespräch, das Nach- und Mitdenken, das Mitempfinden unterstützen das Sinnverständnis. Bilder und Dias sind das geeignete Medium, um Sachverhältnisse zu veranschaulichen.
Ein Inhalt kann durch Malen und Nachspielen vertieft werden.
Auch Lieder und Tänze können für gewisse Themen eingesetzt werden.

Feste und Feiern mit ihren Elementen Sprache, Musik, Lied, Spiel, Schmuck, Essen, Mittun sind ein adäquates Mittel zur Erinnerung an die von Gott gestifteten Heilstaten. Die Gebetspraxis gehört notwendigerweise zur religiösen Erziehung als eine Ausdrucksform innerer religiöser Erfahrung. In Betracht kommen sowohl das freie als auch das geformte (gebundene) Gebet.
Der Mitvollzug religiöser Handlungen und Bräuche kann die Basis für persönliche Glaubensentfaltung bilden.

11. Verkehrserziehung

Die hohe und ständig wachsende Verkehrsdichte macht es erforderlich, daß auch Kleinkinder auf die Rolle als Verkehrsteilnehmer vorbereitet werden.

Das Kleinkind nimmt als Fußgänger am Straßenverkehr teil, besitzt aber keine Verkehrstüchtigkeit.

Es verfügt über kein verkehrskundliches Wissen, es hat weder die notwendigen Erfahrungen, noch kann es eine Verkehrssituation beurteilen.

Das Kind im Vorschulalter ist sehr stark dem Augenblick verhaftet, dem momentanen Spiel oder einer Erscheinung seines plötzlichen Interesses. Aus einer Situation heraus handelt es spontan, impulsiv und unberechenbar. Die Welt des Straßenverkehrs wird nur in sehr engen Grenzen überschaut.

Je nach Entwicklungsstand ist das Differenzierungsvermögen (optische und akustische Diskriminierung beim Erfassen und Unterscheiden von Formen, Farben, Größen, Mengen in bezug zur Umwelt, zu anderen Personen und Objekten im Straßenverkehr) unterschiedlich ausgeprägt. Kinder sind als Fußgänger deshalb im besonderen Maße gefährdet.

Verkehrserziehung wird hierdurch zu einer wesentlichen Aufgabe des Kindergartens. Sie kann jedoch ohne Mitarbeit des Elternhauses nicht wirksam gestaltet werden.

Was nützt es, wenn die Erzieherin mit den Kindern richtiges Verhalten im Straßenverkehr trainiert und Eltern leichtfertig vor den Augen der Kleinen die Straße bei roter Fußgängerampel überqueren.

Verkehrserziehung darf nicht als reine Wissenvermittlung (Lernen von Verkehrsregeln, Verkehrszeichen) betrieben werden, sondern umfassender. Die Bereiche Umwelt- und Sachbegegnung, Wahrnehmung und Motorik und Sozialerziehung sind integrative Bestandteile der Verkehrserziehung im Kindergarten.

Aufgaben der Verkehrserziehung

Das Vorschulkind muß zu einem angepaßten Verhalten im Straßenverkehr geführt werden, um eine Basis für Verkehrstüchtigkeit zu schaffen. Verkehrstüchtigkeit hängt ab von folgenden Faktoren:
a) *Leistungsvermögen* (Sinneswahrnehmungen, motorische Funktionen und kognitive Leistungen)
b) *Sachwissen* (Bedeutung von Verkehrszeichen und -regeln, Kenntnisse örtlicher Verhältnisse,
Fertigkeiten: Überqueren einer Straße, Verhalten bei einer Ampel, . . .)
c) *Einstellungen und Haltungen* (Einhalten von Regeln, Rücksichtnahme, Selbstbeherrschung, . . .)

Beschäftigungsstunde

Ziele:

Grobziele:

1. *Kennen und Unterscheiden*
   a) Farben
   b) Formen
   c) Geräusche
   d) Erfassen von Verkehrssituationen

2. *Verkehrskundliches Wissen*
   a) Regeln
   b) Verkehrszeichen
   c) örtliche Kenntnisse
   d) besonderes Sachwissen
   e) besondere Fertigkeiten

3. *Sozialverhalten im Straßenverkehr*

Feinziele:

1. Kennen und Unterscheiden
   a) Farben
   1. An Gegenständen (Spielsachen) rot, gelb, grün unterscheiden
   2. Farben benennen
   3. rot, gelb, grün unter anderen Farben und Farbabstufungen herausfinden

b) *Formen*
1. Größenunterschiede erfassen
2. Formen unterscheiden und benennen
   (Formen der Verkehrszeichen)
3. Gleiche Formen unterschiedlicher Größe zuordnen

c) *Geräusche*
1. Geräusche erkennen
2. Geräusche produzieren und nachahmen
3. Bildern das richtige Geräusch zuordnen
4. Geräusche lokalisieren (orten)
5. Zwei Geräusche auf einmal wahrnehmen und unterscheiden
6. Wichtiges hören, Unwichtiges überhören
7. Geräusche im Straßenverkehr erkennen
8. Geräusche von draußen hereinhören

d) *Erfassen von Verkehrssituationen*
1. gefährliche Situationen:
   Der Ball rollt auf die Straße, der Hund auf der Straße,
   zwischen parkenden Autos auf die Fahrbahn,
   auch Erwachsene machen Fehler . . .
2. Wetterverhältnisse:
   es wird früher dunkel, die Straße ist glatt, dichter Nebel . . .

2. Verkehrskundliches Wissen

a) *Regeln*
1. Wir gehen auf der Landstraße
2. Überqueren der ungesicherten Fahrbahn
3. Am Bordstein — Halt!
4. Wo kann ich die Fahrbahn überqueren?

b) *Verkehrszeichen*
1. ,,Kinder"
2. Die Fußgängerampel
3. Der gemeinsame Rad- und Gehweg
4. Schülerlotsen
5. Fußgängerüberwege
6. Bus-/Straßenbahnhaltestelle

c) *örtliche Kenntnisse*
1. Mein Weg zum Kindergarten
2. Bald komme ich in die Schule (Schulweg)
3. Enge und breite Straßen
4. Das ist eine gefährliche Kreuzung
5. Wo ist der nächste Spielplatz?

d) *besonderes Sachwissen*
1. Polizeibeamte und andere Helfer auf der Straße
2. Das Spielfahrrad
3. Ich kann Kraftfahrzeuge unterscheiden

e) besondere Fertigkeiten
   1. Kinder an Rolltreppen
   2. Kinder an Aus- und Einfahrten (auch 1 d) 1.)
   3. Ich habe mich verlaufen
   4. Wer hilft mir über die Fahrbahn?

3. Sozialverhalten im Straßenverkehr

   1. Im Straßenverkehr begegnen sich viele Menschen
   2. Spielen, ohne sich und andere zu gefährden
   3. Mit Vater und Mutter im Auto
   4. Du bist nicht allein auf der Straße
   5. Hans und Ina in der Straßenbahn
   6. Alle warten auf den Bus

Welche Medien können verwendet werden?

Für die Verkehrserziehung werden eine Reihe von guten brauchbaren Medien vom Rot-Gelb-Grün-Verlag, Braunschweig, vom ADAC-Verlag u. a. angeboten:

Magnettafel, Tuchtafel, Anschauungsbilder, Wandfriese, Verkehrsbaukasten, Verkehrstischdecke, Verkehrsteppich, Transparente für den Tageslichtprojektor, Farbdiaserien, Filme, Verkehrspuppenspiele, das Tonband, u. a. m.

Methoden der Verkehrserziehung

Die anschaulichste Methode ist das Erleben der konkreten Verkehrssituation, der Gang an den Bordstein, an die Kreuzung, zur nächsten Straßenecke usw. Hier wird unmittelbar Erfahrungserweiterung angeboten, die anschließend fruchtbar ausgewertet werden kann.

Das *Rollenspiel* mit den verschiedenen Rollen von Verkehrsteilnehmern bietet ebenfalls einen guten Ausgangspunkt. Die Kinder brauchen hierbei jedoch etwas Bewegungsfreiheit. Am besten läßt sich ein solches Rollenspiel auf dem Verkehrsübungsplatz durchführen. Hier kann eine Verkehrssituation am ehesten angemessen dargestellt werden. Aber auch der Hof oder der Platz vor dem Kindergarten ist besser als die Enge im Gruppenraum.

Das Rollenspiel kann auch durch das *Puppenspiel* ersetzt werden. In beiden Spielformen lassen sich auch sehr gut Verhaltensweisen herausarbeiten.
Eine *Problemgeschichte* vorgetragen oder anhand von Bildreihen dargestellt, vermag Einsichten zu vermitteln, Regeln des Zusammenlebens offenzulegen und Verantwortungsgefühl bei den Kindern anzubahnen.
Wichtig erscheint immer, daß die Erzieherin sich über Appell und Mahnung hinaus selbst als Vorbild und gutes Beispiel gibt.

An dieser Stelle soll auf den „situationsorientierten Ansatz" in der Kindergartenpädagogik hingewiesen werden, weil er sich (grundsätzlich für alle Bereiche) hier aber in besonderer Weise eignet.

Die *Situationsanalyse* ist Grundlage für die Auswahl der Inhalte, Methoden und Medien. Sie liefert Daten über das Kind, seine familiären Verhältnisse, seine Erfahrungs- und Erlebnisbereiche. Hintergrund bildet die These, daß die Elementarerziehung sich grundsätzlich an Lebenssituationen von Kindern orientieren soll. Eine Situationsanalyse zum Bereich *Kind und Straße* könnte folgende Fragen aufwerfen:
- *Fragen zum einzelnen Kind:*
  Kommt das Kind allein in den Kindergarten oder wird es gebracht?
  Kommt es zu Fuß oder wird es mit dem Auto gebracht?
  Hat es außer dem Kindergartenweg noch andere Straßenerfahrung?
  Besitzt es Kinderfahrzeuge und wenn ja, welche?
- *Welche Quellen können für diese Erhebung herangezogen werden?*
  Äußerungen der Kinder der Erzieherin gegenüber, beim Spiel mit anderen Kindern, abgeleitete Erkenntnisse aus Kinderzeichnungen, Äußerungen der Eltern z. B. beim Holen der Kinder.

Ausgehend von der Situationsanalyse gibt es folgende Zielfragen:
- Welche Hilfen braucht das Kind in seiner jetzigen Situation?
- Welches Ziel wird hinsichtlich des Zusammenlebens der Gesamtgruppe angestrebt?
- Gibt es Widersprüche zwischen dem Einzelinteresse des Kindes und der Gruppe (Zielkonflikt)?
- Woran haben die Kinder Freude?

Sind die allgemeinen und konkreten Ziele festgelegt, kann die methodische Planung erfolgen. Weiterführende Fragen sind:
- Wie kann das Kind für die Ziele interessiert werden?
- Hat es u. U. Schwierigkeiten bei der Verwirklichung der Ziele?
- Welche Inhalte und Spielformen sind geeignet?
- Wie lassen sich die Spielsituationen gestalten?
- Gibt es Raum für spontane Aktionen?
- Wirkt die Situation verschult?

Es muß betont werden, daß hier nicht für eine bestimmte „Stunde" geplant wird, sondern daß es sich um einen Prozeß handelt, der über weitere Zeiträume gedacht ist, etwa im Sinne einer Projektarbeit.

Teil III:
Die Organisationsformen und Planungsmöglichkeiten im Kindergarten

A. Die Ausstattung des Kindergartens

1. Das Gebäude

Ein Kindergarten ist ein ‚Wohnsitz' der Kinder. Das Gebäude wird aber erst ein Haus für Kinder, wenn es in die kindlichen Spiele miteinbezogen wird, wenn es ‚bespielt' werden kann. Nur wenn es von den Kindern ‚in Besitz genommen' werden kann, ist es ihr Aufenthaltsort, an dem sie sich wohlfühlen können.

Jeder Raum ist nicht nur von innen, sondern auch von außen erfahrbar. Der äußeren Gliederung und Gestaltung des Kindergartengebäudes kommt eine entscheidende Bedeutung für das Freispiel zu. Treppen, Nischen, Vorsprünge, vorgezogene Mauerteile, herausragende Oberflächen, Sichtblenden, Wandöffnungen, Fensterbrüstungen, Außentüren und die Oberflächenqualität der Fassaden und Wände (Glas, Keramik, Klinker, Sichtbeton, Holz, Putz) müssen unter dem Gesichtspunkt der ‚Bespielbarkeit' vom Architekten für einen funktionsgerechten Kindergartenbau mit eingeplant werden.

a) Freispielflächen

Das Gebäude sollte ein integrierter Bestandteil der Freispielflächen sein oder umgekehrt, die Freispielanlage ist den Verhältnissen und Gegebenheiten des Gebäudes anzupassen, etwa Hangflächen, Niveauunterschiede innerhalb des Grundstückes, äußere Zugangstreppen oder schiefe Ebenen, Mehrgeschossigkeit des Gebäudes, Terrassenbau usw.
Die Größe der Freispielfläche richtet sich nach der Zahl der Kindergartenplätze.

Hierzu: **Richtlinien für den Betrieb und Bau** von Einrichtungen gem. § 78 Jugendwohlfahrtsgesetz vom Oktober 1971, erarbeitet von der Bundesarbeitsgemeinschaft der Landesjugendämter und überörtlichen Erziehungsbehörden.

III. Bau und Ausstattung
...
4.133 Außenspielfläche, 10 qm Bodenfläche je Kind
Der Platz soll wie folgt ausgestattet sein:
- staubfrei und wasserdurchlässig, nicht zementiert, asphaltiert, gepflastert oder mit Schotter und Split versehen,
- ausreichende Hartbodenfläche und möglichst ²/₃ widerstandsfähiger Rasen
- ausreichend schattenspendende Anpflanzungen, insbesondere bei den Sandkästen
- Sandkästen, nicht kleiner als 25 qm mit Einfassungen als Sitzfläche aus splitterfreiem Holz
- geeignete Turn- und Spielgeräte, in Sandgruben aufgestellt zur Verhütung von Unfällen
- 1 Wasserzapfstelle
- vollständige Einfriedung des Spielgeländes, das dazu verwendete Material darf keine Gefährdung für die Kinder darstellen
- Zufahrtsmöglichkeit für den Sandaustausch.
...

Die Freispielplätze dienen den unterschiedlichen kindlichen Bedürfnissen.

Tabelle*: Gestaltungsprinzipien und planerische Mittel zur Anlage von Freispielplätzen

Bedürfnisse / Gestaltungsprinzipien	**Planerische Mittel**
Bewegungsbedürfnisse - Schaffung von Bewegungsflächen und Bewegungsgeräten mit unterschiedlichen Schwierigkeitsgraden, - natürliche Gegebenheiten sollten möglichst belassen werden.	- Flächen mit unterschiedlichem Untergrund (z. B. Asphalt, Sand, Erde, Gras), auch Unebenheiten sind erwünscht, - Geräte mit unterschiedlichem Aufforderungscharakter/Schwierigkeitsgrad, die vielfältige Bewegungsabläufe ermöglichen, - Klettergeräte bzw. Kletterkombinationen (gekauft oder selbstgebaut)

---

* nach: Spielen, Erprobungsmaßnahme des Landes Nordrhein-Westfalen: Verbesserung der Spielsituation für Kinder, herausgegeben vom Minister für Arbeit, Gesundheit und Soziales des Landes NW, Düsseldorf 1985, Seite 66—68.

Bedürfnisse/ Gestaltungsprinzipien	Planerische Mittel
	- Mäuerchen, Palisadenwände, Türme, - Hügel, - Balanciermöglichkeiten, Schaukeln, Hangelbögen, - Plattenflächen für Hüpfspiele, Seilchenspringen etc., - Spielkiste mit Federballspiel, Kreide, Family-Tennis, Bälle, Hockeyschläger und -bälle, Springseilchen, Tau, Decke, Plane u. a. m.
Bedürfnis nach sinnlicher Wahrnehmung - verschiedene Tages- und Jahreszeiten erfahrbar machen, - Erfahrungsmöglichkeiten für alle Sinne schaffen: Hören Sehen Fühlen Riechen Schmecken	**Pflanzen** - verschiedene Pflanzen, so daß sich eine vielfältige Vegetation entwickeln kann, in der auch Insekten einen Lebensbereich finden (Käfer, Schnecken, Würmer, Schmetterlinge, Ameisen). - Nutzpflanzen wie Beeren, Sauerampfer, Obstbäume. Um der Gefahr zu begegnen, daß Bäume sich entwurzeln, weil Kinder auf ihnen klettern, haben sich speziell aufgestellte „Kletterbäume" als hilfreich erwiesen. Grundsätzlich sind nur schnellwüchsige und robuste Bäume geeignet, die zusätzlich durch Draht gesichert werden können. Hecken und Staudengewächse sind schnellwüchsig, robust und farbenprächtig. - Pflanzen, die Geräusche machen (Silberpappel). - Pflanzen, die riechen (Pfefferminze). - Die Pflanzen sollten so ausgewählt werden, daß in den verschiedenen Jahreszeiten stets welche vorhanden sind — nicht nur im Frühjahr und Sommer. Giftige Pflanzen dürfen auf keinem Spielplatz zu finden sein (siehe Anhang Liste der giftigen Pflanzenarten vom 10.3.75 Bundesministerium für Jugend, Familie und Gesundheit). Insbesondere in Bereichen, in denen Kleinkinder spielen, sind auch mäßig giftige Pflanzen bzw. Früchte, die in den Mund genommen werden könnten, unangebracht.

Bedürfnisse / Gestaltungsprinzipien	Planerische Mittel
Das Kleinklima ist ein wesentlicher Planungsfaktor. Es sollte gut überlegt sein, welche Spielbereiche in der Sonne und welche im Schatten liegen. Von Bedeutung ist auch der Windeinfall.	- Findlinge können den Platz untergliedern und bieten sinnliche Erfahrungsmöglichkeiten. - Es sollte sowohl schattige als auch sonnige Plätze geben (Licht und Schatten). - Es sollten Nischen angelegt werden, in die sich Kinder zurückziehen können. **Elementare Erfahrungen** - Die Kinder sollten Erfahrungen mit den verschiedensten Elementen machen können. - Wasser in Verbindung mit Sand oder Erde ergibt die für Kinder so wichtige Pampe oder Matsche. - Erfahrungen mit Schaffung einer selbstreinigenden Wasserstelle mit Pflanzen und kleinen Wassertieren. - Die Anlage der Feuerstelle muß gut überlegt sein. Um Gefahren zu vermeiden, sollte sie sich auf einer Insel befinden, deren Unterlage aus Stein besteht. Darüber hinaus sollte sie von Sand und Wasser umrandet sein. **Modellierung der Bodenfläche** - Der Boden des Spielplatzes sollte unterschiedlich gestaltet werden. Verschiedene Bodenarten wie Sand und Lehm sollten einander abwechseln. - Ein Teil des Platzes sollte einen federnden Untergrund erhalten, z. B. Hackschnetzel, Gummiplatz. - Bodenunebenheiten sollten belassen werden und, wo nicht vorhanden, geschaffen werden.
Bedürfnis nach Kreativität - Sowohl die Gestaltung des Spielplatzes als auch die Spielgeräte sollen *Freiraum für Veränderungen und eigene Schöpfungen geben.*	- veränderbare Spielbereiche, - Naturmaterialien wie Holz, Steine, Sand, - Nutzpflanzen, z. B. Obstbäume, - Sträucher,

Bedürfnisse / Gestaltungsprinzipien	Planerische Mittel
– Bereiche ausbaufähig planen.	– schnell wachsende Pflanzen, z. B. Weiden, Ahorn, Nadelbäume, Pappeln, Eschen, Hecken, – lose aufgeschüttete Erdhügel, – multifunktionale Geräte, – Wasserbereich (Wasser, Wasserschlauch, Wasserhahn), – Maltafeln (bei Spielaktionen), – lose Materialien wie Holzbretter, Seile, Planen, alte Haushaltsgeräte, alte Decken, Kartons, kostenlose Materialien des Haushalts wie Eierkartons, Joghurtbecher usw. (bei Spielaktionen).
Bedürfnis nach Erprobung / Abenteuer – Der Spielplatz wird mit kalkulierbarem Risiko gebaut. – Es werden Spielbereiche geschaffen, die nicht einsehbar sind. – Es gibt verschiedene Schwierigkeitsgrade. – Erfahrungen mit den Elementen Feuer und Wasser werden ermöglicht. – Handwerkliche und kreative Tätigkeiten, die eine Erprobung der Kräfte und der Geschicklichkeit bieten, werden ermöglicht. Es ist selbstverständlich, daß bei der Planung von Spielplätzen auf die Sicherheit der Kinder geachtet werden muß. Jedoch sollten Eltern und Träger auch ermutigt werden, den Kindern altersgemäße Aktivitäten zuzutrauen und ihnen Freiraum für Erprobung und Abenteuer einzuräumen. Erfahrungen selbst auf Abenteuerspielplätzen und ähnlichen Einrichtungen zeigen, daß die Zahl der Unfälle dort sehr gering ist.	– Klettermöglichkeiten (Bäume, Türme, Seildschungel), – Versteckmöglichkeiten (Betonröhren, Nischen, Bodenunebenheiten, Büsche, Bäume, Mauern), – Feuerstelle, – stehendes Gewässer (z. B. zum Floßfahren), – Materialien, z. B. Steine, Holz.

Bedürfnisse / Gestaltungsprinzipien	Planerische Mittel
Soziale Bedürfnisse – Der Platz sollte so gegliedert sein, daß er Gruppenspiele, Spiele in Kleingruppen und Alleinspiel (Rückzug) zuläßt.	– große Flächen, z. B. für Mannschaftsspiele, – zum Rollenspiel anregende Gestaltung des Platzes und der Spielgeräte, – Räume für Rückzugsmöglichkeiten (Alleinspiel), z. B. Häuser, Büsche, Mauern, Nischen, – Kommunikationsecken für Eltern und Kinder, z. B. Grill, – Geräte zum Ableiten von Aggressionen.

Beispiel: Spielplatz „Gieselbach"*

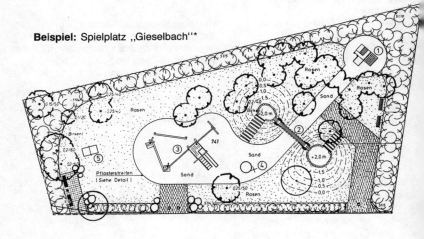

Spielgeräte:
① Plattformhaus 49
② Hängebrücke, groß
③ Große Baustelle
④ Spieltisch
⑤ Tischtennisplatte

Pflanzen:
 vorh. Bäume
 gepl. Bäume
hohe Gehölzpflanzung
niedr. Pflanzung

Sonstiges:
Rohrzaun 40 cm hoch
Palisaden
Bänke + Papierkorb
Sperrpfosten (kippbar)
 Findlinge
Betonplatten
 Rasengittersteine (Pflegezufahrt)

b) Räume

Je nach Funktion können die Räume im Kindergarten in 4 Kategorien eingeteilt werden:

Spiel- und Aufenthaltsbereich für die Kinder:
Gruppenraum, Gymnastik- oder Turnhalle, Werkraum, Tonstudio, Labor,
Naßraum, Milieu-Raum, Bücherei, Spielhalle, Flur,
Wasch-WC-Anlagen, Garderobe
Aufenthalts- und Arbeitsbereich für das pädagogische Personal:
Büro, Personalraum, Elternsprechzimmer, Küche,
Wasch-WC-Anlagen, Wäscheraum
Nicht-technischer Nebenbereich:
Abstellräume, Lagerräume für Roller, Fahrräder, Gartengeräte, Müll
Technischer Nebenbereich:
Heizung, Warmwasserversorgung, Sonderräume

Diese Kategorisierung nach den Funktionsbereichen ist theoretischer Natur. Im Alltag des Kindergartens überschneiden sich die Bereiche. Kinder haben auch in der Küche oder im Wäscheraum zu tun, Flur und Garderobe werden auch von den Erzieherinnen benutzt.
Ein Raum ist umso brauchbarer, je mehr Funktionen er gerecht werden kann, je vielseitiger er sich verwenden läßt. Häufig werden die Gymnastikräume über die Mittagszeit als Ruheräume benutzt.
Wichtiger als die Separierung einzelner Räume ist die Zusammenfassung einzelner Funktionsbereiche (Spiel-/Ruhebereich). Die dickste Tür des Personalraumes läßt die erschöpfte Erzieherin keine 5 Minuten zur Ruhe kommen, wenn auf dem Flur davor die Kinder ihren Spielplatz haben.

Die *Raumgrößen* sind ebenso wie die Freispielflächen außerhalb des Gebäudes abhängig von der Anzahl der Kinder, in diesem Falle von der vorgesehenen Gruppenstärke. Die amtlichen Richtlinien der Bundesländer geben sehr detaillierte Vorschriften.
Generell bestimmen die Richtlinien der Bundesarbeitsgemeinschaft der Landesjugendämter:

III. Bau und Ausstattung
...
4.13 Tageseinrichtungen für Kleinkinder von 3−6 Jahren (Kindergarten)

4.131 Raumbedarf für 1 Gruppe (nicht mehr als 20 Kinder) 1 Gruppenraum mit 2 qm Bodenfläche je Kind, mindestens 20 qm groß

4.132 Ausstattung des Sanitärbereichs
1 Waschraum mit 2 Waschbecken, ca. 60−70 cm hoch
Haken zum Aufhängen der Handtücher für jedes Kind erreichbar, in ausreichendem Abstand, auch Papierhandtuchspender sind zulässig,
2 Kindertoiletten in geschlossenen Kabinen, Trennwände, ca. 135 cm hoch, erreichbar vom Waschraum und getrennt von diesem zu entlüften, lüftbare Garderobe mit ausreichenden Haken sowie Bänke mit Schuhbrettern und Regale zum Aufbewahren von Mützen und Handschuhen

4.133 In Einrichtungen mit 3 und mehr Gruppen und in Einrichtungen, in denen Kinder mittags schlafen, ist 1 Liegeraum erforderlich − Kopfkissen und Decken für die Liegenden sind mit waschbaren Bezügen zu versehen und für jedes Kind gekennzeichnet aufzubewahren −
1 oder mehrere Räume − je nach Anzahl der Gruppen in der gesamten Einrichtung − mit ca. 20 qm Bodenfläche zur besseren Aufgliederung der Gruppe und zum Einsatz von Berufspraktikanten
Diese Nebenräume sollen möglichst den Gruppenräumen zugeordnet sein
Duschkabine oder -raum, je nach Größe der Einrichtung (warmes und kaltes Wasser/gesicherte Mischbatterie),
Möglichkeit zur Isolierung plötzlich erkrankter Kinder
Leiterinnenzimmer
Personalzimmer in Einrichtungen mit 3 und mehr Gruppen
Personal-Toilette mit Waschbecken im Vorraum
Teeküche, groß genug und so ausgestattet, daß Kinder sich dort betätigen können
Küche mit entsprechenden Vorratsräumen für Einrichtungen, in denen Mittagessen gegeben wird
1 lüftbarer Raum für Reinigungsgerät und -mittel mit Ausguß und verschließbarem Fach für Chemikalien in jedem Stockwerk
Abstellräume in ausreichender Zahl für Spielmaterial, Vorräte, Gartengeräte usw. − auch vom Garten aus zugänglich
...

Über diese Bestimmungen hinaus sollten nach Möglichkeit die Räume so ausgestattet sein, daß der pädagogische Einsatz vielgestaltig sein kann. Viele Wandoberflächen sollten bemalbar sein. Eine in erreichbarer Höhe angebrachte Leiste aus weichem Holz (Kiefer, Pappel, Linde) ermöglicht das Anheften vieler Kinderzeichnungen. Vorrichtungen für Befestigungen von Schnüren und Seilen sind sehr nützlich. An den Schnüren können Theatervorhänge, Dekorationen, Bastelmaterial zum Trocknen, Plakate und große Fotos aufgehängt werden.

Oberhalb der Fenster angebrachte *Schienen* können dazu benutzt werden, um transparente Gegenstände (Hinterglasmalereien, Gießharzformen, Objekte aus Transparentpapier) daran aufzuhängen.

Aufhängevorrichtungen in der Raummitte erweisen sich als sehr zweckmäßig für Mobiles, zur Befestigung optischer Abtrennungen, zum Aufhängen von Objekten für ein bestimmtes Spiel oder für Dia-Leinwände.

Ein Kindergartenraum kann nicht genug eingebaute *Schränke,* Regale, Kastenelemente, Schubladenelemente, Kommoden, Nischen und Ecken haben. Es gibt sehr viel Spiel- und Lernmaterial und persönlichen Krimskram der Kinder, der aufbewahrt werden muß.
Die Aufbewahrungsmöglichkeiten müssen so angeordnet sein, daß sie von den Kindern leicht erreicht werden können. Die Türen sollten einen handlichen Griff oder ein Griffloch haben und leicht schließbar sein (Magnetverschlüsse). Die Schübe müssen leicht laufen. Um das Auffinden der Sachen zu erleichtern, hilft es oft, wenn Materialproben oder Symbole des Inhalts auf die Außenfront des Kastens oder der Tür geklebt sind. Stapelbare Schüttkästen aus Plastikmaterial in verschiedenen Größen eignen sich besonders für Kleinmaterial (Lego-Steine und Zuordnungsmaterial).

Das Mobiliar muß sehr strapazierfähig sein, deshalb ist beim Erwerb auf eine sorgfältige und solide Verarbeitung zu achten. Das Material muß leicht zu reinigen sein. Um Verletzungsgefahren auszuschließen, dürfen die Formen nur abgerundete Kanten aufweisen.
Bewegliche Einrichtungsgegenstände (fahrbare Regale, Raumteiler-Elemente, verschiebbare Kommoden) ermöglichen ein Umfunktionieren des Gruppenraumes. Mit ihnen lassen sich Gruppenräume je nach Bedarf in verschiedene Zonen einteilen.
Da Kinder gerne umräumen, kommt dieses Mobiliar der kindlichen Phantasie und Eigeninitiative in gleicher Weise entgegen wie den methodischen Intentionen der Erzieherin.

Hier einige Beispiele für Umgestaltungsmöglichkeiten:

Gruppenraum für
ca. 18 Kinder:
7,00×6,00 m = 42 qm
(Fensterseite oben)

Grundmobiliar:
4,80 m feste Regalwände mit offenen und geschlossenen Fächern links und rechts der Eingangstür

4 verstellbare Raumteiler-Elemente,
150 cm lang, 30 cm tief

5 quadratische Tische
80×80 cm
18 Kinderstühle

18 Plätze in Fensternähe, in der Mitte des Raumes große Bewegungs- und Spielfläche

Freiraum vor dem Fenster für ein Kreisspiel mit der ganzen Gruppe

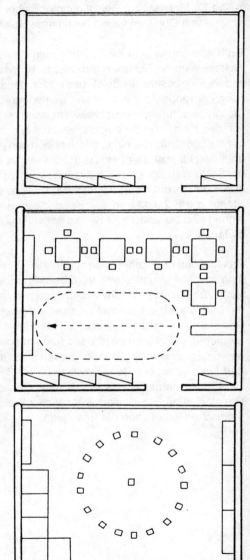

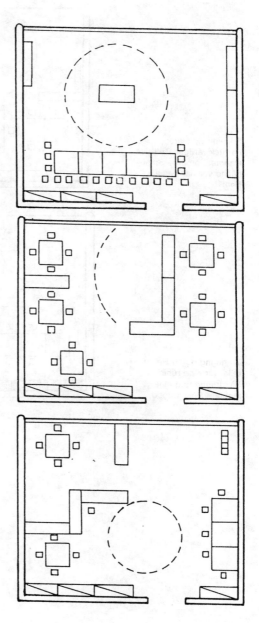

Enge Platzordnung für frontale Demonstration, Rollenspiel, Kasperltheater, usw.

Trennung durch Raumteiler in 5 Kleingruppen und begrenzte Spielfläche in der Raummitte

Trennung durch Raumteiler in eine größere und 2 kleine Gruppen, kleinere Spielfläche im vorderen Teil des Raumes

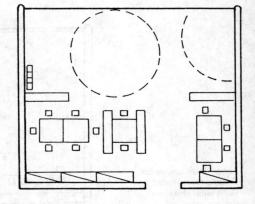

3 kleine Spielgruppen im rückwärtigen Teil des Raumes, größere Spielfläche vor der Fensterfront

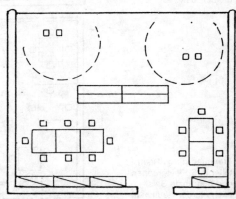

Trennung durch Raumteiler für eine ruhige Sitzgruppe und eine lebhafte Spielgruppe

2. Die Ausstattung der Räume

a) Mobiliar

Mobiliar zum Sitzen

Sitzgelegenheiten für den Kindergarten kommen in verschiedenen Variationen in den Handel:

Sitzkissen mit auswechselbaren Bezügen aus unterschiedlichem Material und in den verschiedensten Farben,
Kastenhocker, durch Kippen in der Sitzhöhe variierbar und unterschiedlichen Verwendungsmöglichkeiten (als Tisch, Spielkasten und Bauelement),
Stühle mit Rückenlehne und
an der Wand entlanglaufende ein- oder mehrfache Sitzstufe.

Für die orthopädisch richtigen Sitzhöhen werden in Deutschland folgende Maße angenommen:

3- bis 4jährige Kinder 30 bis 32 cm
5- bis 6jährige Kinder 35 bis 36 cm.

Bei der Auswahl von Stühlen kann man von folgenden Erfahrungstatsachen ausgehen:

Kufenstühle lassen sich im Freien leichter verwenden, da die Stuhlbeine im weichen Boden zu leicht einsinken. Bei einem umgekippten Stuhl besteht verminderte Unfallgefahr gegenüber den üblichen Stuhlbeinen. Kufenstühle sind nicht stapelbar.

Stühle mit abgespreizten Holz- oder Stahlrohrbeinen verhaken sich leicht ineinander, sind schwieriger zu hantieren, sind jedoch kippsicher und stapelbar.

Bei verschraubten Konstruktionen lösen sich Lehnen und Sitzflächen sehr leicht.

Kastenstühle sind vielseitig verwendbar, ihre ebene Sitzfläche ist jedoch der Körperform nicht angepaßt und daher orthopädisch falsch.

Stühle aus Kunststoff sind am widerstandsfähigsten und sehr pflegeleicht.

Tische
Sehr günstig hat sich ein Tischplattenmaß von 80 x 80 cm herausgestellt. Die Fläche ist für ein Kind zum Bauen und Spielen sehr reichlich bemessen. 2 Kinder können an einem solchen Tisch gut malen, kneten und basteln, bei einer Besetzung von 4 Kindern reicht der Platz zum Essen und für Gesellschaftsspiele (Brettspiele) gut aus.
Die richtigen Tischhöhen sind für
  3- bis 4jährige Kinder 55 cm
  5- bis 6jährige Kinder 60 cm.

Die quadratische Form läßt sich sehr gut zusammensetzen, die Trapezform ist weniger variabel einsetzbar. Die Tischoberflächen müssen schnitt-, kratzfest und beständig gegen Lösungsmittel sein. Es ist unvermeidbar, daß die Tischplatten trotz Unterlagen beim Basteln und Malen mit Leim, Filzstiften, Farben, Wachsmalstiften und Kugelschreibern verunreinigt werden.

Mobiliar zum Ruhen
Häufig werden im Kindergarten Stahlrohrliegen benutzt. Behaglicher für Kinder und vielseitiger verwendbar sind Matratzen aus leichtem Schaumstoff.
Sie können mit waschbaren Überzügen versehen werden, lassen sich leicht (von den Kindern selbst) transportieren, stapeln, zu großen Matratzenlagern zusammenlegen und mitunter auch als Unterlagen für Bodenübungen verwenden.

Es ist nicht bestreitbar, daß bei einer so vielseitigen Verwendung die Matratzen in besonderer Weise strapaziert und verunreinigt werden. Kindgemäßer sind sie auf jeden Fall als die üblichen ,,Feldlazarett-" oder ,,Camping-Liegen". Welches Kind ist nicht begeistert von einer Matratzenburg oder einem Matratzenhaus?

b) Spielmaterial

Kindergärten und Eltern werden mit einem übergroßen Angebot von Spielzeugartikeln (ca. 250 000 Artikel) konfrontiert. Nicht einmal ein Fachmann ist in der Lage, das gesamte Angebot zu überschauen und über den pädagogischen Wert zu entscheiden. Ob ein Spielzeug den Intentionen des Herstellers entspricht. Ob es sich sinnvoll einsetzen läßt und von den Kindern gern benutzt wird, kann oft nur nach einer längeren Beobachtungsphase entschieden werden.

Ganz allgemein können jedoch Kriterien genannt werden, denen pädagogisch wertvolles Spielzeug entsprechen soll.

Förderung der Kommunikation: Spielsachen, die von 2 oder mehr Kindern gemeinsam und gleichzeitig benutzt werden können und die gemeinsame und wechselseitige Handlungsvollzüge erfordern, z. B. Regelspiele (Gesellschaftsspiele) auch Kaufmannsladen, Puppenhaus u.ä.

Förderung des emotionalen Bereichs: Material, das das Kind dazu anregt, Gefühle zu äußern, auszudrücken und Spontaneität und Kreativität zu entwickeln, z. B. Material für Mutter-Kind- und Arztspiele sowie Materialien für bildnerisches und konstruktives Gestalten (Fimo, Lego).

Förderung des intellektuellen Bereichs: Spiele, im eigentlichen Sinne Lernspiele, die organisierte und strukturierte Denkvollzüge voraussetzen bzw. fördern wollen (Zuordnungsspiele, Mengentrainer).

Förderung des physischen Bereichs: Material und Spiele, die sowohl Motorik als auch die Sensorik (Wahrnehmung) fördern (Puzzles, Steckbretter, Pyramiden und Zylinder mit Größen- und Farbdifferenzierungen).

Um sich auf dem Spielzeugmarkt etwas sicherer orientieren zu können und um mitunter den Eltern einen fundierten Rat zu geben, kann sich die Erzieherin eine kleine *Spielkartei* anlegen, in die sie eigene Testergebnisse des Spielzeugs einträgt. Die Kartei sollte außer den Ergebnissen den Namen des Spiels, des Herstellers und den Preis enthalten.

Mit Hilfe eines Tests kann die Gruppenleiterin auch das Spielangebot innerhalb ihrer Gruppe hinsichtlich der Qualität und Beliebtheit analysieren. Bei Etat-Besprechungen steht häufig die Frage an: ,,Was soll gekauft werden?" ,,Welche Spiele brauchen wir?" ,,Für welchen Bereich haben wir zu wenig Spiele?"

Beispiel für eine Analyse des Spielangebots

1. Vorüberlegungen zur Inventur:
Das gesamte Material wird nach 3 Kategorien aufgegliedert
a) didaktische Materialien
b) Gesellschafts-, bzw. Regelspiele
c) Konstruktionsmaterialien
(Bewegungsspielzeug wie Roller, Dreirad, sowie Montessori-Material, Billigspielzeug (aus Automaten) und Rollenspielzeug werden bei der Analyse ausgeschlossen, weil sie für die oben gen. Fragen nicht relevant sind, bzw. unter einem eigenständigen pädagogischen Gesichtspunkt (Montessori-Material) gesehen werden müssen.)

2. Inventur
a) didaktische Materialien
Heinevetters Mengentrainer
Heinevetters Lesetrainer (für die Hortgruppe)
Schau genau (Zuordnungsspiel)
Sehen und Ergänzen (Zuordnungsspiel)
Verhext (Formenlegespiel)
Hundertbrett
Habakuk (Rechenmaschine, bestehend aus 5 Stangen, auf denen bunte
        Plättchen hin- und hergeschoben werden können)
Didakta-Puzzles
Kiddypuzzles
Magnet-Puzzle-Käfer
Pax-Puzzle, in Form einer Uhr
verschiedene Holzpuzzles

b) Gesellschafts- bzw. Regelspiele
Farben und Formen (Zuordnungsspiel)
Wir lesen (Zuordnungsspiel) für den Hort
Bilderdomino
Color-Mix (Zuordnungsspiel mit verschiedenen bunten, durchsichtigen
        Plättchen, die auf verschiedene Bilder gelegt werden und
        dadurch die Farben verändern).
Domino-Puzzle
Mengen-Domino
Tierlotto
Bimmelbahn (Würfelspiel)
Contact (Formenlegespiel)
Welche Marke paßt (Lottospiel)
Wundergarten (Würfelspiel)
Sprechen und Denken (Zuordnungsspiel)
Verkehrszeichendomino
verschiedene Holzzuordnungsspiele
Memory
Äpfelchenspiel (Würfelspiel)
Wir lesen (Lotto) für den Hort

c) *Konstruktionsmaterial*
Holzbausteine
Matador
Baufix
Cubal
Constri
Plastikant
Lego
Combini (verschiedene große und kleine bunte Formen zum Muster
 erfinden)
Hoch hinaus (Turmbauspiel)
Cubicus (Holzzusammenbau-Würfel)

Durchführung des Tests

Auswertung des Tests

a) *Prinzipien des Spiels*
 Etwas mehr als die Hälfte (56,8%) aller Spiele basieren auf der
 individuellen Leistung
b) *geförderte Fähigkeiten*
 70% aller Spiele fördern die Wahrnehmungsfähigkeit und Konzentration
c) *Verwendung des Spiels*
 16,6% aller Spiele konnten nur mit Anleitung gespielt werden
 16,6% aller Spiele hatten Spielvarianten vorgesehen.
 60% Prozent aller Spiele waren für das Alter ab 6 Jahren *geeignet.*
 (Es sind nur Teilauswertungen des Tests wiedergegeben).

Die Analyse der Versorgung der Gruppe mit Spielmaterial läßt folgenden Schluß zu:
Die Spiele zur Förderung individueller Leistungen, insbesondere Wahrnehmung und Konzentration sind überrepräsentiert. Spiele für den Bereich der Sozialerziehung fehlen weitgehend. Ebenso fehlen Spiele zur Förderung der Kreativität und der Spontaneität. Gleichsam als Nebenprodukt fielen bei den Beobachtungen folgende Ergebnisse ab:

1. Die Kinder spielten überwiegend mit Gesellschaftsspielen und Konstruktionsmaterialien.
 Hier rangierte an 1. Stelle Wundergarten. Dann kamen Schau genau, Geschichten legen, Memory, Bimmelbahn und das Äpfelchenspiel.
 Bei den Konstruktionsmaterialien wurden Holzbausteine, Constri, Cubal und Plastikant am meisten benutzt.

2. Am meisten spielten die Kinder auch mit den Einzelspielen zu zweit oder zu dritt. Die Gruppen blieben in der Regel konstant.

3. Mit den einzelnen Spielen wurde unterschiedlich lang gespielt. Mit den Konstruktionsmaterialien spielten die Kinder zwischen 15 und 75 Minuten. Bei den Gesellschaftsspielen ist der Spieldauer durch die Spielregeln eine Grenze gesetzt. Die durchschnittlichen Spieldauern lagen zwischen 15 und 20 Minuten. Nach Beendigung des Spiels wurde es nicht wiederholt.

Der Aussagewert einer solchen Analyse ist natürlich sehr begrenzt und nur bezogen auf die jeweilige Gruppe und für einen bestimmten Zeitraum. Trotzdem ergeben sich für die Erzieherin bei der Durchführung dieser Analyse Erkenntnisse über den Wert eines Spielzeuges und statistische Unterlagen für die Auswahl bei Neuanschaffungen.

Beispiel für einen persönlichen Spieltest:

a) *Auf welchen Prinzipien beruht das Spiel?*
1. Glück O
2. Persönliche Leistung O
3. Konkurrenz O
4. Zusammenarbeit mit anderen Spielern O

b) *Welche Fähigkeiten werden beim Spieler gefördert?*
1. Kreativität O
2. Spontanität O
3. Wahrnehmungsvermögen O
4. Konzentration O
5. Kombination O
6. logisches Denken O
7. Wissen O
8. Feinmotorik O
9. sprachliche Fähigkeiten O

c) *In welcher Weise wird das Spiel von den Kindern benutzt?*
1. mit Anleitung benutzbar O
2. ohne Anleitung benutzbar O
3. variable Spielregeln O
4. die Kinder spielen damit
　4.1 nie O
　4.2 selten O
　4.3 oft O

d) *Ergebnis:*
1. Das Spiel ist (pädagogisch)
　1.1 nicht geeignet O
　1.2 geeignet O
　1.3 sehr gut geeignet O
2. Für das Alter von ... bis ... Jahren O

Eine Auswahl von Spiel- und Lernmaterial für die pädagogischen Bereiche im Kindergarten

Freispiel
Holzbausteine
Baufix-Holz-Technik-Elemente
Holzspielzeug (Stops von Konrad Keller, Brio)
Domus Häuser bauen
Lego
Matador Korbuly, Holzkonstruktions-Technik
Dusyma Schiffchen
Kugelbahnen (Roll-O-Quik) und Kugeltürme (Konrad Keller)
Nurmi der Läufer
Akrobat (Figurenspiel von Schowanek)

Sinneswahrnehmung
Fingertip (Tastspielzeug)
Dreieck-, Fünfeckspiel (Selecta)
Farbenkreis (Selecta)
Tasto (Lochbausteine) (Selecta)
Wunderkarten (Selecta)
Quadra Nr. 9414 (Naef)
Ornabo Nr. 9410 (Naef)
Ordina Nr. 9715 (Naef)
Angolo Nr. 528 (Naef)
Rondo Nr. 9418 (Naef)
Magisches Mosaik (Dusyma Nr. 0571)
Großes Gittermosaik (HABA)
Kubus und Scheiben (Konrad Keller)
Circula (St. Markus Ag Holz und Spiel)
Farben Domino (Dusyma, Mertens-Kunst)
Farben-Lotto Simplex colour matching

Mathematik
Logische Blöcke von Dienes
Metamo, didaktisches geometrisches Puzzle Nr. 0572–0576
Formenspiele: Dreieck-, Viereck-, Fünfeck-, Sechseck-Spiel (Selecta)
Formenlegebretter
Steckbrett-Gittermosaik
Bunte Hartholz-Stecker
Sortierkästen
Holzeier, Holzperlen, Kugeln, Walzen, Würfel
Baubecher
Scheibenpyramide
Ringpyramide
„Matrioschka"-Puppen
Walzenstecker
Einsatzzylinderblöcke

Unstrukturiertes Material: Schrauben, Nägel, Knöpfe, Büroklammern, Stoffmuster, Holzabfälle, Industriemuster (Plexiglas verschiedenfarbig, ... Kastanien, Eicheln, ...
Für Übungen mit der Waage: Waage, Küchenwaage, Federwaagen, Gewichtssatz, durchbohrte Messinggewichte zum Aufhängen an einem Messinghaken, ...

Spracherziehung
Bilderbücher
Märchenbücher
Bildergeschichten
Kinderbücher
Nachschlagewerke
Bildmaterial: Plakate, Dias, Fotos, Zeichnungen, schematische Darstellungen
Lottos
Dominos
Schallplatten
Kassettenrecorder
Tonbandgerät
Schreibmaschine
Spieltelefon
spezielle Sprachtrainingsmappen

Umwelt- und Sachbegegnung
Steinsammlung, Holz-, Plastik, Metall-Sammlung
Wasserbehälter
Schwämme
Kerzen
Zündhölzer
Eisenpfanne
Kochplatte
Eiswürfel
Föhn

Elektrizität: elektrische Klingel, Taschenlampe mit Batterie, kleine Glühbirnchen und Fassungen, Kupferdraht, Klingelknopf, ...
Magnetismus: Hufeisen-, Stab-, Scheibenmagnete, Stahlnadeln, Eisenfeilspäne, Kompaß, nichtmagnetische Metallplättchen, Gummi, Glasplatte, ...
Mechanik: selbstgefertigter Hebel, Flaschenzug, Räder, Zahnräder, Seile, Garnrolle, Pendel, ...
Optik: Linsen, Vergrößerungsglas, Spiegel, Kerze, Glühlampe, Petroleumlampe, transparente Farbfolien, Prisma, ...
Akustik: Stimmgabeln, Messinghandklingeln, Metallsägeblatt, (Demonstration von Schwingungen) verschiedene Glöckchen, selbstgefertigte Trommeln, Materialien für Geräuschzeugungen (Holz, Metall, Karton), ...

Naturbegegnung
Aquarium
Terrarium
Glastrog für Schildkröte
Hamsterkäfig
Vogelhäuschen
verschiedene Blumen- und Gemüsesamen
Blumentöpfe
Blumenkästen
Vasen
Gartengeräte
Schaubilder (Tier, Mensch)
Mikroskop

Musikerziehung
Schallplatten
Kassettenrecorder
Tonband
Glocken, Schellen
Triangeln
Trommeln
Blockflöten
Xylophon
Metallophon
altes Klavier
Orffinstrumentarium
Montessori-Geräuschbüchsen
selbstgebastelte Musikinstrumente

Bewegungserziehung
Reifen, Seile, Tücher, Bänder, Sandsäckchen, Papier-, Zellophanbahnen, Bälle, Malmaterial

Ästhetische Erziehung
Malkästen
Fingerfarben
Tempera-Blöcke
Wachsmalstifte, Buntstifte, Bleistifte, Kugelschreiber, Pinsel, Zahnbürsten
Papier- und Kartonsorten, Buntpapier, Transparentpapier, Tapetenrollen
Wasserbehälter
Mallappen
alte Schürzen
Klebstoffe
Scheren
Schwämme
Draht-, Holz-, Kartonreste, Abfallprodukte des Haushalts (Joghurtbecher, Waschmitteltonnen, Eierkartons, Streichholzschachteln, ...)

Sport
Sprossenwand, Langbank, Schwebebalken, ...
Kletterstangenelenemt
Kletternetzelement
Taue
Ringe
Reifen
Bälle
Keulen
Stäbe
Zauberschnur

Sozialerziehung
Handpuppenspiel: Kasperletheater, Hand-, Stabpuppen (auch selbstgefertigt)
Kaufladenspiel: Kaufladen, verschiedene Waren, Waage, Spielgeld, Registrierkasse
Rollenspiel: Kleiderkiste, Wolldecken, Wellpappe, Kissen, Kisten, Schaumstoff, Tücher, Berufskleidung vom Trödler, ...
Haushalt: Puppenküche, Puppenstube, Einrichtung dazu (auch selbstgefertigt), Puppengeschirr, Besteck, ...
ferner: Bildmaterial für Bildergeschichten, Bücher, spezielles Lernmaterial

Verkehrserziehung:
Roller
Kinderfahrrad
Kettcar
Bauklötze
kleine Autos
Verkehrszeichen
Verkehrszeichen-Domino (Mertens-Kunst)
Verkehrskiste
Verkehrskasperle

Religiöse Erziehung
Biblische Geschichten
Bildergeschichten
Bilderbibel
Adventskalender
spezielles Lernmaterial

B. Die Planung im Kindergarten

Die pädagogische Arbeit im Kindergarten verläuft in der Regel nach einem festgelegten Bildungs- oder Erziehungsplan. Er wird von der Kindergartenleitung in Zusammenarbeit mit den Gruppenleitungen in vielen Fällen auch mit den Elternvertretungen für ein Jahr aufgestellt, zeitweise korrigiert oder neu konzipiert. Der *Jahresplan* wird ausgerichtet nach dem in den einzelnen Kindergartengesetzen der Länder der Bundesrepublik georderten Bildungsauftrag.

z. B.:
Zweites Gesetz zur Ausführung des Gesetzes für Jugendwohlfahrt (Kindergartengesetz - KgG -) vom 21. Dezember l971 des Ministeriums für Arbeit, Gesundheit und Soziales des Landes NW
Erster Abschnitt § 2 Auftrag des Kindergartens
... (2) Der Kindergarten hat seinen Bildungsauftrag in ständigem Kontakt mit dem Elternhaus und anderen beteiligten Erziehungsberechtigten durchzuführen und dabei insbesondere

1. die Lebenssituation jedes Kindes zu berücksichtigen
2. dem Kind zur größtmöglichen Selbständigkeit und Eigenaktivität zu verhelfen, seine Lernfreude anzuregen und zu stärken,
3. dem Kind zu ermöglichen, seine emotionalen Kräfte auszubauen,
4. die schöpferischen Kräfte des Kindes unter Berücksichtigung seiner individuellen Neigungen und Begabungen zu fördern,
5. dem Kind Grundwissen über seinen Körper zu vermitteln und seine körperliche Entfaltung zu fördern,
6. die geistigen Fähigkeiten des Kindes zu entfalten und ihm dabei durch ein breites Angebot von Erfahrungsmöglichkeiten elementare Kenntnisse von der Umwelt zu vermitteln.

Ein solcher Plan für den Kindergarten beinhaltet die für ihn **geltenden** Bildungsbereiche und die daraus ableitbaren Grob- und Feinziele.
Der vorläufige *Rahmenplan für die Erziehungs- und Bildungsarbeit im Kindergarten* des Ministers für Arbeit, Gesundheit und Soziales des Landes NW sieht folgende Bildungsbereiche vor:

1. Sozialverhalten
2. Übungen des täglichen Lebens
3. Verkehrserziehung
4. Muttersprache

5. Natur- und Sachbegegnung
6. Mathematische, geometrische und logische Grundstrukturen
7. Bildnerisches Gestalten
8. Musik und Rhythmus
9. Bewegung
10. Angebot Fremdsprache

Diese Bildungsbereiche werden in folgende Einzelbereiche aufgefächert (leicht gekürzt widergegeben):

1. Sozialverhalten
1.1 Orientierung im Kindergarten
1.2 Sachgemäßer Umgang mit Spiel- u. Lernmaterial
1.3 Sicherheit im Umgang mit anderen Menschen
1.4 Selbständige Sorge für die eigene Person
1.5 Entscheidungsfähigkeit bei Tätigkeiten
1.6 Soziales Erkennen
1.7 Rücksichtnahme und Toleranz
1.8 Bereitschaft, Hilfe zu geben und anzunehmen
1.9 Bewältigung von Spannungen und Lösung von Konflikten
1.10 Rollendifferenzierung

2. Übungen des täglichen Lebens
2.1 Sorge für den eigenen Körper
2.2 selbständiges An- und Auskleiden
2.3 Kleiderpflege
2.4 Raumgestaltung und -pflege
2.5 Mahlzeiten bereiten
2.6 Tier- und Blumenpflege
2.7 Gartenarbeit
2.8 Benutzung technischer Einrichtungen (z. B. Küchenmaschinen, Telefon)

3. Verkehrserziehung
3.1 Vertrautmachen mit den Verkehrszeichen
3.2 Vertrautmachen mit den Verkehrsregeln
3.3 **Kenntnisse** der Funktion der Polizei und Schülerlotsen
3.4 Umgang mit der Polizei
3.5 Erarbeitung der Verkehrslage und der Wege der näheren Umgebung
3.6 Einprägung der eigenen Anschrift
3.7 Verhalten bei Verlaufen
3.8 Benutzung von öffentlichen Verkehrsmitteln
3.9 Einzel- und Gruppenverhalten im Verkehr

4. Muttersprache
4.1 Hören: zuhören
4.2 Verstehen von vorgetragenen Handlungsabläufen, Situationen, . . .
4.3 Sprechen: freies Sprechen, gebundenes Sprechen
4.4 Abbau von Sprechschwierigkeiten (Artikulation)
4.5 Weckung und Förderung der Sprechlust

5. Natur- und Sachbegegnung
5.1 Gegenstände, Lebewesen und Vorgänge in Natur und Technik sowie im täglichen Leben betrachten und beobachten
5.2 Wahrnehmung an Gegenständen beschreiben, vergleichen und nach Merkmalen beurteilen
5.3 Das Material, die Herstellung oder Entstehung einer Sache erforschen und seine Bedeutung und Eigenart erkennen
5.4 Einen Gegenstand einem Oberbegriff zuordnen, dabei Teilinhalte erfassen und Zusammenhänge zwischen den Teilen und dem Ganzen erkennen
5.5 Wichtige Materialeigenschaften von . . . Glas, Stoff, Holz, Plastik, . . . kennen und mit diesen Materialien sicher umgehen können
5.6 Aus bildhaften Darstellungen Sachzusammenhänge erschließen

6. Mathematische, geometrische, logische Grundstrukturen
6.1 Elemente einer vorher festgelegten Menge bestimmen nach Merkmalen
6.2 Den Inhalt eines Symbols als Arbeitsanweisung auffassen und sprachlich ausdrücken
6.3 Die eigenen Entscheidungen und die anderer bei den zuvor genannten Lernzielen hinführenden Spielen sprachlich begründen
6.4 Bei entsprechenden Spielen aus einer zunächst kleinen, dann immer größer werdenden . . . Menge nach Angabe zunächst zweier, dann aller Merkmale den von anderen definierten Gegenstand herausfinden und selbst benennen
6.5 Auf einem Gitterfeld Gegenstände zu ordnen, daß eine vorgegebene Regel beachtet wird
6.6 Erfassen und Beschreiben räumlicher Beziehungen
6.7 Kardinalzahlen und Ordinalzahlen auf der Basis der Mengen- und Zahlkonstanz auffassen und verwenden

7. Bildnerisches Gestalten
7.1 Zeichnen
7.2 Malen
7.3 Reißtechnik
7.4 Kartoffeldruck
7.5 Formen
7.6 Gestalten mit ‚wertlosem' Material

8. Musik und Rhythmus
8.1 Singen von Kinder- und Spielliedern in der Gruppe und einzeln
8.2 Melodische Improvisationen nach geeigneten Reimen, Versen oder Situationen aus der Erlebniswelt des Kindes
8.3 Hören und Reagieren auf musikalische Abläufe
8.4 Erfassen von Notenwerten durch Bewegungsformen des Gehens, Schreitens, Laufens und Hüpfens
8.5 Rhythmische Improvisation
8.6 Anhören von Lieddarbietungen
8.7 Unterscheiden einfacher Musikinstrumente nach ihrem Klang

8.8 Bewegungsformen auf einfachen Instrumenten wiedergeben
8.9 Einfache Lieder mit ostinaten Spielfiguren begleiten
8.10 Rhythmen der Lieder auf Instrumenten spielen

9. Bewegung
9.1 Gehen und Laufen
9.2 Springen
9.3 Schwingen
9.4 Kriechen
9.5 Ziehen
9.6 Steigen
9.7 Klettern
9.8 Balancieren
9.9 Rollen
9.10 Werfen
9.11 Fangen
9.12 Prellen

Die Bildungsbereiche mit den entsprechenden Bildungsinhalten müssen in einem, bzw. mehreren Jahresplänen untergebracht werden.

Welche Gliederungsaspekte werden hierbei berücksichtigt?

Viele Jahrespläne werden aufgegliedert entsprechend dem Jahresverlauf.

Beispiel:
Winter
Karneval (Fasching)
Frühling
Ostern
Muttertag
Sommerzeit
Ferien- und Reisezeit
Herbst (Erntezeit)
Laternenzeit
Advent und Weihnachten

Es bestehen in unserer Zeit keine hinreichenden Gründe mehr, einen Jahresplan ausschließlich nach dem Jahresverlauf auszurichten.

Zum einen werden damit nicht alle Bildungsbereiche erfaßt und zum anderen werden die Jahreszeiten nicht mehr in der Intensität erfahren, wie in früheren Zeiten.

Der Jahreszeitenwandel bestimmt oder prägt kaum noch entscheidend die Lebensgewohnheiten, die Kleidung, die Nahrung usw. Es wird also noch zu fragen sein, nach welchen anderen Kriterien ein Jahresplan aufgestellt werden sollte.

Zuvor jedoch drei Beispiele für Wochenpläne

Die Wochenpläne haben ihre Grundlage in den jeweiligen Jahresplänen. Es sind differenziertere Einheiten des monatlichen Bereichs mit sehr detaillierten Angaben:

Beispiel für einen Wochenplan Typ A

Das Getreide
Bezug: Erntedankfest
1. Spaziergang durch Gerteidefelder
2. Getreidekörner aussäen
3. Getreide mahlen
4. Pfannkuchen backen
5. Griesbrei kochen
6. Grießschnitten backen
7. Besuch beim Bäcker
8. Brot kneten (Knetmasse)
9. Wir backen Brötchen

Beispiel für einen Wochenplan Typ B

Licht und Schatten

Montag: Die natürlichen Lichtquellen
Gespräch: a) Die Sonne ist ein Eigenstrahler
b) Nicht Eigenstrahler sind Mond und Sterne

Dienstag: Experiment mit Bohnen
Die Pflanzen brauchen zum Leben Licht, Wärme, Feuchtigkeit und Nahrung
Ergebnis aus dem Experiment: Das Licht macht die Pflanzen grün.

Mittwoch: Anregung beim Freispiel auf dem Kindergartenplatz
„Spiele mit dem eigenen Schatten"
Bei Regenwetter: Übungen mit dem Dia-Projektor, z. B. Fingerspiele, Laufen, Hüpfen und Gehen als Schattenspiele.

Donnerstag: Katechese: „Heilung des Blindgeborenen"

Freitag: Liedeinführung mit einem Instrument:
„Sonne scheint ins Land hinein" aus „Willkommen lieber Tag".

Beispiel für einen Wochenplan Typ C

Montag:	Spaziergang mit den Kindern Natur- und Sachbegegnung: Betrachten der Pflanzen- und Tierwelt in den umliegenden Gärten
Dienstag:	Sozialverhalten: Rücksichtnahme und Toleranz: (Käfer nicht zertreten, Spinnen keine Beine ausreißen, Pflanzen nicht sinnlos abreißen, . . .)
Mittwoch:	Übungen des täglichen Lebens: Raumgestaltung − täglich frischen Blumenschmuck
Donnerstag:	Spracherziehung: Hören − zuhören, Lautunterscheidung
Freitag:	Mathematik: Logische Blöcke nach Farben ordnen

Die Wochenpläne A und B sind jeweils auf einen Themenbereich bezogen. Beim Plan C ist keine Strukturierung erkennbar. Hier werden Beschäftigungen sehr locker mit unterschiedlicher Zielsetzung aneinandergereiht.
Der Plan A hat als Gliederungsprinzip Tätigkeiten aufgeführt, der Plan B sachliche Inhalte (Stoff).

Diese drei Pläne sind *der Praxis entnommen* und stehen für eine große Anzahl von Plänen, die hinsichtlich ihrer formalen und inhaltlichen Struktur kaum Gemeinsamkeiten erkennen lassen.
Es ergibt sich die Frage, ob man mit den hier beispielhaft angegebenen Plänen arbeiten kann, ob man den Kindern und auch dem Bildungsauftrag des Kindergartens in dieser Weise gerecht wird?

Zumindest erscheinen diese Pläne in den folgenden Punkten diskussionswürdig:
a) Stehen die ausgewählten Angebote in einem für das Kind erkennbaren Sinnzusammenhang (Getreidekörner aussäen − Getreide mahlen oder die Sonne ist ein Eigenstrahler − das Licht macht die Pflanzen grün)?
b) Sind die Sachinhalte für das Kind erfaßbar (das Licht macht die Pflanzen grün)?
c) Ist der vermittelte Sachinhalt richtig (welche Sterne sind Eigenstrahler)?
d) Ist der Inhalt lebensnah („Eigenstrahler" − „Nicht-Eigenstrahler")?
e) Entspricht die Aneinanderreihung kaum oder nur lose zusammenhängenden Beschäftigungseinheiten nicht eher einem fächerorientierten Schulunterricht (Plan C)?

Hier sollen im einzelnen diese Fragen nicht geklärt werden, vielmehr geht es darum zu prüfen, ob Planung im Kindergarten notwendig erscheint.

Ist Planung im Kindergarten notwendig?

In der Diskussion über das Curriculum im Kindergarten können zwei gegensätzliche Positionen bezogen werden.

Gegen die geplante Beschäftigung lassen sich folgende Argumente anführen:

Eine geplante und mit strengen Zielvorstellungen aufgebaute Beschäftigung steht an sich im Widerspruch zur kindlichen Spontaneität und Eigeninitiative.

Die Kinder werden gezwungen, den vorgefaßten Gedankenläufen der Erzieherin zu folgen oder sich augenblicklich nur mit dem zu beschäftigen, was die Erzieherin vorgibt. Jeder hat schon beobachten können, daß Kinder nicht in der Lage sind, einem stringenten Gedankenfluß zu folgen. Sie schweifen ständig ab, scheinen keineswegs konzentriert und geben Beiträge, die nicht zu dem ,,Thema" passen wollen. Überdies sind Kinder nicht gewöhnt und auch nicht befähigt, Dinge oder Zusammenhänge nur unter einem Aspekt zu sehen. Mit logischen Blöcken kann man auch einfach nur spielen, Straßen legen, Türme bauen usw. Mit Musikinstrumenten kann man auch Krach machen, Papier auf das gemalt werden soll kann zerknittert werden, es kann raschen, mit einem Pinsel kann man alles anstreichen und häufig ist es interessanter, die Blütenblätter einer Blume einzeln abzurupfen, als die Pflanze streng systematisch von der Wurzel bis zur Blüte zu betrachten.

Die Beschäftigungen innerhalb einer längerfristig vorausgeplanten Lernsequenz sind auch allzu häufig ohne Bezug zu den augenblicklichen Lernsituationen, losgelöst von den alltäglichen Vorgängen und stehen somit ,,im luftleeren Raum". Gezielte Beschäftigungen bergen in sich immer die Gefahr des Trainings, der Überbewertung der Intelligenzförderung, die stets zu Lasten der Spielförderung geschieht. Es bleibt immer ein Hauch von Schule. Sicher wird nicht zu Unrecht behauptet, daß in vielen Fällen die Grundschule in den Kindergarten vorverlagert wird.

Es ist unvermeidlich, daß bei einer Beschäftigungsstunde herkömmlicher Art das Produkt (Bastelergebnis) oder der Stoff in den Vordergrund gedrängt wird.

Für das *Freispiel* könnte man argumentieren, daß er der wirklich letzte Freiraum vor Eintritt in die Grundschule ist. Wenn auch die Grundschule keineswegs mehr die Lernschule alter Art ist, so bedeutet doch der Schulalltag für das Kind, besonders an größeren Systemen, einen Schritt tiefer hinein in eine Welt mit zunehmenden Zwängen und Anforderungen.

Das Freispiel kommt der Bedürfnisbefriedigung, Selbstbestimmung und Selbstregulierung des Kindes am nächsten.

Die Argumente für und wider die Planung der pädagogischen Arbeit im Kindergarten blieben einseitig, wollte man nicht das Problem vielseitiger sehen. Würde man die Kinder nur dem Freispiel überlassen, wären in pädagogisch unverantwortlicher Weise viele Chancen der Intelligenz- und Persönlichkeitsförderung vertan. Bekanntlich greifen Kinder häufig zum gleichen Spielzeug, spielen immer dieselben Spiele und sind von sich aus nicht fähig, den Erkenntnisbereich wesentlich zu erweitern.

Die Ergebnisse aus der Arbeit der anti-autoritären Kinderläden haben gezeigt, daß eine völlige Freiheit in Lustlosigkeit, Unkonzentriertheit und Phantasielosigkeit endet.

Erst durch *Planung des Kindergarten-Alltags* wird es möglich sein, ein vielseitiges und umfassendes Angebot an Lernerfahrungen zu bieten. Die Vorausschau kann eine gewisse Gewähr dafür bieten, daß Lernsequenzen und einzelne Lernschritte in eine sinnvolle, für das Kind erfahrbare und durchschaubare Reihenfolge gebracht werden können.

An dieser Stelle ergibt sich die Frage, *auf welche Weise lernen Kinder?* Sie lernen auf natürliche Art in ihrer natürlichen Umgebung: in ihrer Familie, in ihrer Straße und zusammen mit ihren Spielkameraden.

Das Kind schaut der Mutter bei einer Hausarbeit zu, es geht mit den Eltern einkaufen, steht dabei, wenn der Vater versucht, das Auto zu reparieren, beobachtet streitende Kinder usw.

Es macht Lernerfahrungen sporadisch, punktuell aus den verschiedensten Bereichen seiner Umwelt und doch erlebt es Sachzusammenhänge in einem natürlichen Gesamtrahmen: die Kartoffeln werden aus dem Keller geholt und schließlich gibt es den Kartoffelbrei zum Mittagessen. Das Kind beobachtet in seiner Straße die Männer bei den Erdarbeiten. Es sieht die dicken Kanalisationsrohre und fragt Vater oder Mutter: „Was machen die Männer? Wozu sind die Rohre da?" Es erhält eine Erklärung und sieht später, wie die Mutter den kalten Tee in den Ausguß schüttet. Es lernt auch dazu, wenn Vater den Waschmaschinenschlauch abklemmt oder Installateur und Rohrleger (Flaschner) eine Dichtung am Wasserhahn auswechseln.

Das Lernfeld des Kindes ist wesentlich komplexer Natur und kann von verschiedenen Ebenen erschlossen werden.

Es ist niemals ein isolierter Lernstoff mit einem künstlichen Anfang und Ende. Vielmehr erscheint der Lerninhalt als ein integrierter Teil einer Gesamtheit von Teilen. Diese Teile sind durch Sinnzusammenhänge verkettet, können aber für sich unter den verschiedensten Aspekten betrachtet werden.

Das Lernfeld ,,Straße" hängt selbstverständlich mit den Lerninhalten: Verkehr auf der Straße, Gebäude in der Straße, Geschäfte in der Straße, Kinder auf der Straße, Menschen auf der Straße, Straßenarbeiten, Kinderspielplatz in der Straße, der Park an der Straße usw. zusammen und kann unter den Aspekten: Umwelt- und Sachbegegnung, Verkehrserziehung, Sozialerziehung, Wahrnehmung und Motorik und Naturbetrachtung gesehen werden.

Demzufolge müßte das Lernfeld für Kinder ein flexibles und buntes Durcheinander von gegenseitig sich ergänzenden und durchdringenden Lernzielen darstellen. Dieses Durcheinander ist nun kein Wirrwarr, sondern eine durch die inneren Sinn- und Sachbezüge zusammenhängende Einheit, die von der Erzieherin überschaut und den Kindern wechselseitig unter den einzelnen Aspekten angeboten wird.

Es ist, um ein Modell zu gebrauchen, eine Kugel, die in der Hand der Erzieherin langsam gedreht wird und sich immer unter einem neuen Gesichtspunkt betrachten läßt, wobei durch zunehmende Erkenntnis der Blick immer tiefer in die Kugel eindringt.

Die *Sinnzusammenhänge* müßten so angeboten werden, wie sie sich für die Kinder darstellen und nicht, wie der Erzieher sie sieht.

Die thematischen Schwerpunkte und die übergreifenden Lernfelder sollen den alltäglichen Situationen im Tagesablauf der Kinder entnommen werden, um so eine lebendige Situation und einen natürlichen Anlaß für Lernerfahrungen zu bieten.

Wie wird die Planung im Kindergarten durchgeführt?

1. Grundsätze zur Auswahl von Lernfeldern

a) Lebenssituation der Kinder

Der oder die Lerninhalte sollten dem Lebensbereich der Kinder entnommen werden (siehe Prinzip der Lebensnähe). Um dem gerecht werden zu können, muß die Erzieherin die individuelle Situation der Kinder kennen. Tiere, die die Kinder zu Hause oder im Kindergarten halten, sollten eher besprochen werden als die Tierwelt in Afrika. Allenfalls könnte ein Besuch im Zoo eine lebensnahe Situation schaffen.

b) Aktualität

Das, was im Augenblick geschieht, kann Ausgangspunkt für Lernerfahrungen werden: Reparaturarbeiten im Kindergarten, ein Kind bringt ein neues Spiel mit, eine Mutter bringt mit ihrem Fünfjährigen gleichzeitig einen Säugling mit in den Kindergarten, in der Straße werden die Kanalisationsrohre ausgewechselt, ...
Diese Gelegenheitsangebote können nicht langfristig vorher eingeplant werden, sie sind jedoch ein fruchtbarer Anlaß und sollten genutzt werden.

c) Spontane Interessen

Wendet sich ein Kind mit spontanem Interesse einem besonderen Vorfall zu, einer vorüberschleichenden Katze, einem toten Vogel, ... so kann dieses Ereignis auch für andere Kinder zur Erweiterung ihres Erlebnis- und Erfahrungsbereichs genutzt werden.

d) Umwelterfahrungen

Alles Wissen und alle Erkenntnisse, die im Zusammenhang mit einer Bereicherung der Umwelterfahrung stehen, sind geeignete Lernfelder für den Kindergarten.

e) Defizite

Defizite, die die Kinder haben, in der Wahrnehmung, Motorik, im kognitiven, sprachlichen oder musischen Bereich müssen nach Möglichkeit ausgeglichen werden. Angebote zur Kompensation der Mängel können in die Lernfelder eingebaut werden, einige Kinder haben noch nie eingekauft, andere waren noch nie auf der Post, im Zoo, haben noch nicht telefoniert . . .

f) Persönlichkeit

Die Autonomie der Kinder wird gefördert durch Selbständigkeit, praktische Tätigkeiten, musische und kreative Fähigkeiten, durch Selbstbehauptung und angstfreiem Umgang mit Personen und Sachen. Kleine Bastelarbeiten, Umgang mit Küchengeräten, Werkzeugen und Materialien und die Möglichkeit, sich frei zu äußern und frei zu entscheiden, machen das Kind unabhängiger und selbstsicherer.

g) Kommunikation

Angebote, die die Kommunikation der Kinder untereinander und mit anderen Personen seiner Umwelt fördern, leisten der Kommunikationsbereitschaft Vorschub, erleichtern die Kontaktaufnahme der Kinder und ermöglichen die Gewöhnung an Normen und Regeln des Alltags.

Der Katalog der Grundsätze ist keineswegs vollständig, er kann ergänzt und erweitert werden. Selbstverständlich können nicht alle Grundsätze bei der Auswahl der Lernfelder berücksichtigt werden. Hier gilt es, Akzente zu setzen und einmal diesen und dann wieder den anderen Grundsatz schwergewichtig aufzugreifen.

2. Beispiele für Lernfelder

Vor Eintritt in die Schule: Schulweg, Schulgebäude, Lehrkräfte, Schulkinder, Schulsachen
Unser Garten im Frühjahr: Pflanzen kaufen, einsetzen, gießen, Keimvorgang, Samen, Wetter
Ausländische Kinder: Namen, ausländische Speisen, Feste, Bilder aus der Heimat der ausländischen Kinder
Haustiere: Arten, Pflege, Fütterung, Verhalten
Müllabfuhr: Wer holt den Müll, wohin kommt der viele Müll, was Mutter alles wegwirft
Kochen: abmessen, abwiegen, rühren, kneten, Äpfel schälen, Herd an- und abschalten, Umgang mit Küchengeräten, einkaufen, Verpackungen öffnen

Beispiel für eine knappe, aber dennoch umfassende Gliederung nach Bildungsbereichen:

Familie   Technik
Umwelt   Kultur
Natur   Religion

Eine solche Gliederung ermöglicht eine sehr breite Ausfächerung in einzelne Lernfelder, etwa:

Familie: Eltern, Geschwister, Verwandtschaft, Säugling, Kleinkind, Geburt . . . Mutter bäckt, Mutter kocht ein . . .

Umwelt: Straßen, Menschen auf der Straße, Verkehr auf der Straße, Verkehrshaltestelle, Gebäude, Spielplätze, Park, die Telefonzelle, sich verlaufen, den Weg in den Kindergarten kennen, Straßenarbeiten, der Laden an der Ecke, . . .

Natur: Pflanzen, Tiere, Witterung, Jahreszeiten, Arbeiten im Garten, unser Balkon, das Aquarium, Tierpflege, Blumenpflege, Früchte des Baumes, Blattformen, . . .

Technik: Verkehr, Handwerkszeug, Materialien, Haushaltsgeräte, Fernsehen, der Kassettenrecorder, das Tonband, der Fotoapparat, technisches Spielzeug, der elektrische Strom, der Kühlschrank, Mutters Tiefkühltruhe, Mutter bügelt, Vater fährt tanken, der Tankwart, in unserer Garage liegen viele Dinge, . . .

Kultur: Lieder, Musikinstrumente, Bücher, wir malen, wir basteln, Feste und Gedenktage, die logischen Blöcke, wir hören ein Märchen, wir spielen Theater, . . .

Religion: religiöse Feste, Brauchtum, eine biblische Geschichte, Alis Eltern sind Mohammedaner, ein Besuch im Altenheim, unser Freund ist krank, . . .

3. Die Ausdifferenzierung der Bildungsbereiche

Auf welche Weise können die einzelnen Bildungsbereiche so aufgearbeitet werden, um zu komplexen Lernfeldern zu kommen?

a) zunächst muß klargestellt werden, daß nur solche Inhalte des betreffenden Bildungsbereichs in den Kindergarten Eingang finden, die den Grundsätzen der Lebensnähe, der Aktualität, des spontanen Interesses, der Umwelterfahrung, usw. entsprechen. Es ist also der Bezug zum Kind herzustellen, etwa mit der Frage: ,,Erlebt das Kind die Technik, die Natur, die Umwelt . . . in dieser Weise?" Oder ,,Ist dieser Inhalt für das Kind relevant?" Oder ,,Entsprechen diese Inhalte der kindlichen Erfahrung?"

b) Hat sich die Erzieherin diese Frage deutlich gemacht, so wird sie auch bei der Auswahl der Inhalte ein sicheres Kriterium haben.

Analyse:
Die Erzieherin schreibt alles auf, was ihr in einer lockeren Assoziationskette alles einfällt und in den abgesteckten Rahmen hineinpaßt.
Es geht hierbei um eine ‚wahllose' Ansammlung von möglichen Lerninhalten.

Etwa: ,,Kind und Technik" Mixer − Kühlschrank − Verkehr − Haushalt − Straßenbahn − Schaffner − Hammer − Schreibmaschine − Zahnrad − Fernseher − Telefon − Steckdose

Diese Reihe wird sicher nicht nach kurzer Zeit beendet sein. In jedem Falle ist es gut, einen Gedanken auf einen Zettel zu schreiben, wenn er einem gerade einfällt.
Der (oder die) Zettel sind dann das Material, der ‚Korpus' für den Komplex der möglichen Lerninhalte.

c) Nunmehr werden die aufgeschriebenen Wörter geordnet nach Oberbegriffen und Begriffen (konkrete Gegenstände):

Ordnung:

Oberbegriffe	Begriffe
Haushalt(sgeräte)	Mixer
	Kühlschrank
Verkehr(smittel)	Straßenbahn
	....
....	Hammer
....	Schreibmaschine
....	Zahnrad
....	Fernseher
	Telefon
....	Steckdose

d) Die Liste wird vervollständigt.

Synthese:
Aus den systematisierten Lerninhalten werden die Lernfelder mosaikartig zusammengesetzt, soweit sie in einen Sinnzusammenhang gebunden sind.

Beispiel 1 (Kind und Technik)

technische Geräte
im Haushalt: ① Herd, Kühlschrank, Mixer, Kochtopf, Bügeleisen

Werkzeuge: Schere, Hammer, Zange, Schraubenzieher, ②
   ② Schraubenschlüssel Messer ①

Materialien: Blech, Holz, Nägel, Schrauben, Plastik

Maschinen: Bagger, Kran, Zahnrad, Riementrieb, Hebebühne ②

techn. Berufe: Klempner, Elektriker, ② Tankwart, Straßenbahnschaffner ③
   Straßenarbeiter

Nachrichten-
technik: ③ Telefon(häuschen), Fernseher, Radio

Straße: ③ Ampel, Straßenbeleuchtung, Schranke

Verkehrs-
mittel: ② Auto, Straßenbahn, ③ Eisenbahn, Omnibus, Taxe

① Wir backen einen Kuchen

② Vater läßt an der Tankstelle die Winterreifen aufmontieren.

③ Wir fahren 2 Stationen mit der Straßenbahn, telefonieren zum Kindergarten und gehen zu Fuß zurück.

Beispiel 2 (Kinder und Natur)

1. Der Herbst ist da

Wetter:	(Wind) Sonne, Schatten, Regen, Schnee, Hagel, (Nebel) (Temperatur)
Kleidung:	(Regenmantel) (Schirm) Schuhe, Badehose
Anlagen:	Vorgarten, Park, Blumenkasten, Balkon
Pflanzen:	(Astern, Sonnenblumen,) Rosen, Blattformen
Sträucher u. Büsche:	Haselnuß, Rose, Ginster, Stachelbeere, Heckenrose, Holunder
Bäume:	Kastanie, Eiche, Platane, Apfelbaum, Fichte
Früchte:	(Kastanien) Schlehen, (Eicheln) (Pilze,) (Haselnüsse) (Sonnenblumenkerne)
Tiere:	Rotkehlchen, Star, Spatz, (Goldhamster,) Fische im Aquarium, Tanzmaus
Tätigkeit:	sähen, graben, hacken, gießen, düngen, abschneiden, festbinden

2. Wir pflegen und füttern den Goldhamster

Der Jahresplan

Die einzelnen Lernfelder müssen in einen Monats- oder Jahresplan eingebaut werden, entweder für einige Monate im voraus oder bereits für ein ganzes Jahr. Hierfür kann der **als Anlage beigefügte Faltplan** verwendet werden.

Der Plan enthält in der senkrechten Einteilung die 12 Monate, in der waagrechten die Bildungsbereiche mit einer Unterteilung in Grobziele.

In die Monatsspalten kann entweder das Wochenthema, das betreffende Lernfeld oder eine sonstige didaktische Einheit eingetragen werden. Die angesteuerten Ziele werden in der Vorbesinnung in der Kategorie des Bildungsbereiches unter dem vorgefaßten Grobziel mit einem Kreis gekennzeichnet.

Wird der Plan für eine längere Zeit im voraus erstellt, so hat man über die Verteilung der Grobziele einen sehr genauen Überblick. Es ist erkennbar, wo die Schwerpunkte liegen und welche Grobziele unberücksichtigt blieben.

Wird in der Nachbesinnung ein Ziel als erreicht angesehen, so kann das mit einem Kreuz über den Kreis gekennzeichnet werden. Auch in diesem Falle erhält man den Überblick, welche Ziele erreicht werden konnten und welche nicht.

Bei dem Beispiel „Wir feiern Kinderkarneval" wurde der Aspekt ‚Feste' im Bildungsbereich ‚Religiöse Erziehung' angesprochen, obwohl Karneval im heutigen Verständnis kein religiöses Fest im eigentlichen Sinne ist. Das Raster sieht keine Unterscheidung in weltliche (Geburtstag) und religiöse Feste (Namenstag) vor.

Der Plan kann auch für mehrere Jahre verwendet werden, wenn man ihn unter eine Folie legt und nur diese beschriftet.

Wird der Plan erstellt, so ist es vorteilhat, im Team zu arbeiten. Die Erzieherin erhält mehr Anregungen, ihre eigenen Motivationen werden erhöht und die individuellen Verunsicherungen, eventuelle Fragen sind in der Gruppe besser aufgehoben.

iöse hung	Sprach-erziehung						Mathematik						Ästhetische Erziehung						Musik- und Bewegungs-erziehung					Sport	Verkehrs-erziehung
Religiöse Fragen wecken	Geheimnischarakter des Lebens	Phonetischer Aspekt	Pragmatischer Aspekt	Semantischer Aspekt	Syntaktischer Aspekt	Literarischer Aspekt	Klassifizieren	Reihen bilden	Generalisieren	Spezifizieren	Analogisieren	Formalisieren	Sinnesschulung: Wahrnehmen	Grob-/Feinmotorik	Kreativität	Reflexionsvermögen	Interpretationsfähigkeit	Spielfreude	Bewegungsarten ausführen	Raum-/Zeitordnung	Musik erfahren	Improvisation	Rhythmik	Objektbezogene Bewegungshandlung	Sicherheit im Körpergefühl	Erfassen von Verkehrssituationen	Verkehrskundliches Wissen

Wir malen uns gegenseitig an — 5

Wir singen Karnevalslieder — 6

Tanzspiele — 7

Um nicht jedes Jahr von Grund auf neu planen zu müssen, wird sich eine *Planungskartei* als sehr brauchbar erweisen. Alte Erfahrungen und Vorkenntnisse können ergänzt oder modifiziert werden.

Eine Planungskartei sollte folgende Kategorien enthalten:
Thema, Grobziel, Feinziel, spezifische Methoden
Beobachtungen und Ergebnisse und persönliche Bemerkungen.

In der Regel reicht das DIN-A-5-Format aus.
Gegliedert wird die Kartei am besten nach den Bildungsbereichen.

Beispiel:

Vorderseite

Bildungsbereich:	*Verkehrserziehung*
Grobziel:	*Das Stopschild*
Feinziele:	*1. Wahrnehmung: a) Achteck b) Farbe rot, c) Schriftbild* *2. Herausfinden des Zeichens unter anderen* *3. Erfassen der Bedeutung*
Methode:	**1. Spiel mit Achteckformen** *2. Lerngang: a) Erläutern des Zeichens b) Verkehrsbeobachtung* *3. Wer erkennt das Zeichen wieder? (Spiel mit mehreren Verkehrszeichen)* *4. Freispiel: Angebot Spielautos und Verkehrszeichen*

Rückseite	
Beobachtungen/Ergebnisse	Bemerkungen: *Stopschild* *Müller-/Ecke Gartenstraße*

Wie werden die didaktischen Einheiten durchgeführt?

Die didaktischen Einheiten werden planmäßig vorbereitet unter Einbezug der gruppenspezifischen Bedingungen. (Siehe hierzu auch II. Teil 1. Planung der gezielten Beschäftigung 5. Individuelle und gruppenspezifische Voraussetzungen).

Insbesondere wird hierbei zu berücksichtigen sein:
1. Zusammensetzung der Gruppe
   Alter, eventuell soziale Herkunft
2. Gruppenstruktur
   1. strukturelle Bedingungen
      a) Vereinzelung
      b) Untergruppenbildung
      c) Rangordnung innerhalb der Gruppe

   2. dynamische Bedingungen
      a) Rivalität/Konkurrenz
      b) Dominanzstreben
      c) Außenseiter
      d) Konfliktschwerpunkte
      Aggressionsmöglichkeiten

Möglichkeiten, die situativen Bedingungen innerhalb der Kindergartengruppe besser zu erfassen:

Auskünfte der Eltern, Beobachtungen der Kinder beim Malen, beim Freispiel und mündliche Mitteilungen der Kinder. Die Analyse der Gruppensituation wird ergeben, daß es nicht möglich ist, mit jeder Beschäftigung alle Kinder gleichmäßig anzusprechen. Mit Sicherheit werden Über- und Unterforderungen dann nicht zu vermeiden sein. Die Beschäftigungen müßten dann differenziert werden.

Angebote, die für die ganze Gruppe möglich sind:
Ausflüge, Kasperletheater, Singspiele, Mitmachgeschichten, rhythmische Spiele, Sport, Gartenarbeit, Besichtigungen und u. U. Basteln.
Wird ein gemeinsames Thema eingeführt, dann wird es sich als günstig erweisen, dies immer in einer festen Form durchzuführen, etwa im Kreis oder einer bestimmten Sitzformation. Diese Konstanten im bunten Alltag des Kindergartens erleichtern den Kindern die Gewöhnung an bestimmte Verhaltensformen und geben ihnen gleichzeitig Sicherheit.

Es erübrigt sich wohl, darauf hinzuweisen, daß solche Verhaltensweisen nicht zu Ritualen hochstilisiert werden sollten.

Die Hauptarbeit bei Lernsituationen wird am besten in kleinen Gruppen durchgeführt. Gewöhnlich ist es leichter, Kleingruppen zu motivieren als die Gesamtgruppe. Hat einmal eine Gruppe angefangen, so kommen auch schnell andere Kinder hinzu, sei es aus Neugier oder aus Spielfreude. Einige Kinder sind gern mit anderen zusammen, sie sind gern bei der Erzieherin oder rechnen mit einem Erfolgserlebnis oder sie kommen, weil sie im Augenblick nichts besseres zu tun haben. Es ergibt sich dann ganz natürlich, daß sich mehrere Spiel-, Lern- oder Beschäftigungsgruppen bilden.

Die Frage nach den *altersgleichen oder altersgemischten Gruppen* hat eine doppelte Perspektive. Gegen die altersgleiche Gruppe spricht, daß ältere Kinder sich leicht durch jüngere gestört fühlen, die den Aufgaben noch nicht gewachsen sind, und daß ältere Kinder sich bei gemeinsamer Aufgabe langweilen, wenn sie auf ein Durchschnittsalter zugeschnitten ist.

Die altersgemischte Gruppe bietet jedoch ein besseres Trainingsfeld für soziale Erfahrungen. Auch haben viele Kinder keine Geschwister. Ihnen bietet sich hier eine familienähnliche Situation. Größere Kinder können oft Helferdienste übernehmen.

Für die methodische Durchführung können ganz allgemein folgende Formen angeboten werden:

1. Erfahrungen am Ort
2. Erläuternde und ergänzende Erklärungen am Ort
   (Wort-, Sinn- und Bedeutungserklärungen)
3. Freie und gebundene Gespräche.
4. Erzählungen, Bilderbuchgeschichten, Lieder und Rollenspiele
5. Verwendung von Anschauungsmaterial: Bilder, Fotos, Modelle

Der Tagesablauf im Kindergarten

Die Organisationsphasen des Vormittags im Kindergartenalltag weisen in vielen Einrichtungen eine große Ähnlichkeit in der Abfolge auf.

Die Kindergärten öffnen in der Zeit zwischen 7.00 Uhr und 8.00 Uhr. Die Anfangsphase des Vormittags ist durch eine kürzere oder längere Freispielphase im Gruppenraum ausgefüllt.
Der Freispielsituation folgt gegen 9.00 Uhr eine kürzere Phase des Aufräumens der Spielsachen, häufig verbunden mit der Aufforderung, sich anschließend die Hände zu waschen.
Die Kinder suchen den Wasch- oder Toilettenraum auf und finden sich anschließend im Gruppenraum zum gemeinsamen Singen oder Gebet (in kirchlichen Einrichtungen) zusammen. Hiermit wird die Frühstückssituation eingeleitet.
Das Frühstück erfolgt gegen 10.00 Uhr. Die Kinder verzehren an ihren Tischen das mitgebrachte Frühstücksbrot. In einigen Kindergärten wird ein Milch- oder Kakaotrunk ausgegeben.
Die Zeit nach dem Frühstück ist dem gelenkten Freispiel, dem Lernangebot oder den rhythmisch-gymnastischen Übungen vorbehalten.
Um 11.45 Uhr räumen die Kinder ihre Spielsachen weg, waschen sich wiederum die Hände und bereiten sich für den Nach-Hause-Weg vor. Bleiben die Kinder über Mittag im Kindergarten, so erhalten sie um 12.00 Uhr eine warme Mahlzeit.

Insgesamt nimmt das Freispiel etwa 40–50% der Vormittagszeit in Anspruch, ca. 30% des Vormittags sind ausgefüllt mit gelenkten Spielen, während die verbleibende Zeit von 20–25% dem Frühstück, Aufräumen, Händewaschen, und dem gemeinsamen Singen oder Beten wie auch dem Anziehen und Ausziehen vorbehalten ist (Barres, Erziehung im Kindergarten, Weinheim 72, Seite 53).

Beispiel für einen typischen Vormittagsablauf im Kindergarten

7.30 Uhr	Öffnen des Kindergartens, die ersten Kinder kommen, Freispiel
9.30 Uhr	15 Minuten Lockerungsübungen oder gymnastische Spiele, Singspiel oder Turnen
9.45 Uhr	Aufsuchen der Toiletten- und Waschräume, Händewaschen
10.00 Uhr	Frühstück
10.50 Uhr	Beschäftigungsangebot an die ganze Gruppe oder an einzelne Untergruppen, auch Freispiel im Gruppenraum oder im Freien, wenn keine gezielten Angebote gemacht werden
11.30 Uhr	Kreis- und Singspiele für die ganze Gruppe (Schlußkreis)
11.50 Uhr	Händewaschen, Aufräumen und Anziehen
12.00 Uhr	die Kinder werden von den Eltern abgeholt.

Die Freispielphasen und die Beschäftigungsangebote nehmen den größten Teil des Vormittags in Anspruch. Die Phasen heben sich deutlich voneinander ab und stellen in sich geschlossene Organisationsformen dar.

Werden die Zeitpläne pünktlich eingehalten, so müssen die einzelnen Phasen durch Aufforderungen, Bitten und Ermahnungen der Gruppenerzieherinnen eingeleitet werden, so z. B. das Spiel abzubrechen, Konstruiertes abzubauen, Spielsachen wegzulegen. Die Kinder empfinden deutlich die Zäsur und nicht selten kommt es zu Konflikten zwischen der Erzieherin und den Kindern.

Wird die Planung etwas flexibler gestaltet, so können die Frustrationen der Kinder gemildert werden. Umfaßt die Planung im Kindergarten nicht nur die gezielten Beschäftigungen sondern den ganzen Tagesablauf, so gibt es keine Tätigkeit, der eine größere Bedeutung zugemessen wird.

Alle Abschnitte des Geschehens sind gleich wichtig, nicht nur die, welche von der Erzieherin vorgeschlagen werden. Unter diesem Gesichtspunkt scheint es dann auch gerechtfertigt, daß ein Kind sein Spiel zu Ende führen kann, ehe es sich an den Frühstückstisch setzt.

Die Planung des Tagesablaufs sollte so erfolgen, daß Zeitintervalle für die geplanten Tätigkeiten vorgegeben werden, in denen sich die Kinder entscheiden können, ohne zu einem fixierten Zeitpunkt gedrängt zu werden. Wird also für 10.00 Uhr das Frühstück angesetzt, so ist es nicht notwendig, daß mit dem Glockenschlag a l l e Kinder an den Tischen sitzen und mit dem Frühstück beginnen. Diejenigen, die noch ein Spiel beenden wollen, können sich auch etwas später einfinden. Das bedeutet nicht, daß auf Regelsituationen verzichtet werden muß. Die Frühstückspause ist ein Angebot wie alle anderen auch. Sicher wird jede Erzieherin versuchen, daß alle Kinder sich an die Regelzeiten halten oder sie zumindest einhalten. In einem Kindergarten, in dem auf die Autonomie der Kinder ein besonderer Wert gelegt wird, ist es ihnen gestattet, innerhalb eines Zeitlimits eigene Entscheidungen zu treffen.

Es wird eine Weile dauern, ehe die Kinder gelernt haben, ihre Rechte zu wahren, ohne damit andere zu stören. Haben sich bei einem demokratischen Erziehungsstil die Verhaltensformen eingeschliffen, so wird das Tagesgeschehen mit weniger Zwang ablaufen, als wenn alle Kinder auf ein allgemeines Kommando in die gleiche Situation gedrängt werden.

Was für die Phasen des Tagesablaufs gilt, gilt auch für das Beschäftigungsangebot. Es müssen nicht alle Anregungen der Erzieherin an die gesamte Gruppe gegeben werden. Viele Beschäftigungen, wie Bilderbuchbetrachtung, Basteln, Malen, Experimentieren lassen sich auch in kleinen Gruppen durchführen. Es ist nicht notwendig, daß die ganze Gruppe daran teilnimmt. Die Zahl der Kinder in den kleinen Gruppen muß auch nicht immer konstant sein. Die Kinder können die Gruppen wechseln oder sich allein selbst beschäftigen. Die Aufgabe der Erzieherin ist es, den Tagesablauf so zu organisieren, daß sich die Kinder selbständig in kleine Gruppen zusammenfinden können. Dadurch wird sie frei, sich den einzelnen Kindern und den Untergruppen zuwenden zu können.

Selbstverständlich gibt es auch Aktivitäten, die eine Beteiligung der gesamten Gruppe bedingen oder wenigstens wünschenswert erscheinen lassen, z. B. Singspiele, Gesellschaftsspiele, Gestaltung eines Festes oder einer Feier, Sport usw.

Die Erzieherin sollte bei einer Tagesplanung sorgfältig prüfen
a) welche Situationen einen festen Zeitpunkt innerhalb des Tagesablaufs erfordern,
b) welche Aktivitäten sich nach den Bedürfnissen der Kinder richten können,
c) welche Angebote für die ganze Gruppe „obligatorisch" sind,
d) welche Angebote in ein oder zwei Gruppen und nicht von allen Kindern wahrgenommen werden können.

Welche Möglichkeiten bietet die Nachmittagsarbeit im Kindergarten?

Die Nachmittagszeit wird im allgemeinen den freien Aktivitäten vorbehalten.
Hier können Übungen angeboten werden, besondere künstlerische Techniken, Exkursionen, mehr Zeit für Experimente. Die Kinder haben auch vielfach mehr Raum zur Verfügung und können sich besser entfalten. Viele Kinder fühlen sich auch in einer Kleingruppe wohler als in der Gesamtgruppe. Die Erzieherin hat die Möglichkeit, einzelne Kinder sorgfältig zu beobachten. Sie hat auch mehr Zeit, sich speziellen Defiziten zuzuwenden. Ein intensiveres und spontaneres Eingehen auf einzelne

Kinder ist auch eher möglich. Die speziellen Interessen von Kleingruppen können gezielter angegangen werden.

Es gibt verschiedene Gründe, warum Kinder am Nachmittag den Kindergarten besuchen:
Es mangelt ihnen an Spielmöglichkeiten in ihrer Umgebung. Sie haben keine Spielkameraden. Die Eltern sind berufstätig. Sie wohnen unmittelbar neben dem Kindergarten. Sie verabreden sich mit ihren Freunden vom Vormittag. Sie fühlen sich durch die Erzieherin angenommen. Sie ziehen es vor, in der Gruppe zu spielen. Sie werden geschickt, weil die Mutter krank ist oder durch Hausarbeit überlastet.
Die Eltern haben Erziehungsschwierigkeiten mit dem Kind. Der Kindergarten bietet etwas Bestimmtes an, was die Kinder interessiert. Der Kindergarten hat mehr Spielmaterial als die Kinder zu Hause vorfinden. Sie wollen am Nachmittag das weiterspielen, was sie am Vormittag angefangen haben. Sie wollen Konfliktsituationen zu Hause vermeiden.

Welche Kinder sollen durch die Nachmittagsangebote besonders angesprochen werden?
Die Kinder, die keine Spielmöglichkeiten haben, die keine Spielkameraden finden, mit denen Defizite aufgearbeitet werden sollen, die zu Hause keine Bezugsperson vorfinden, die ohnehin in den Kindergarten kommen, die ein besonderes Lerninteresse haben, die die kleine Gruppe brauchen, die zu starken Leistungsdruck erfahren.

Aus diesen Überlegungen ergibt sich die Gestaltung des Nachmittags. Aus der Frage heraus, welche Kinder und mit welchen Bedürfnissen kommen am Nachmittag in den Kindergarten, wird sich das Angebot gezielt gestalten lassen.

Beispiel:
Die an einem Tag angebotene gezielte Beschäftigung muß sich in den Wochenplan einfügen und in einem Zusammenhang mit den anderen Beschäftigungen stehen (siehe Planung, Lernfeld).

Wochenplan:

Thema: Ich und meine Familie
Bildungsbereich: Sozialerziehung (Schwerpunkt)
      a) die autonome Persönlichkeit: Selbstvertrauen
      b) Beziehung Kind/Personen der sozialen Umwelt:
         Eltern, Großeltern, Geschwister
    Umwelt-/Sach-/Naturbegegnung
      a) Wissen über die eigene Person
      b) der erweiterte Lebensbereich
    Ästhetischen Erziehung
      a) Sinnesschulung: Wahrnehmung
      b) Feinmotorik

Montag: Das Portrait
1. Gruppe: Kinder malen sich
2. Gruppe: Kinder fotografieren sich gegenseitig

Dienstag: Meine Familie
Gesamtgruppe: Kinder bringen Bilder von ihren
                Großeltern, Eltern, und Geschwistern mit –
                Besprechung der Bilder: Namen, Ähnlichkeiten,
                Haar- und Augenfarbe usw.

Mittwoch: Familienstammbaum
Gesamtgruppe: Sortieren der Bilder:
            Großeltern   Großeltern
                  Eltern
      Geschwister – ICH – Geschwister
(Anheften an Kork- oder Flanelltafel oder Holzwand)

Donnerstag: Mein Lebenslauf
1. Gruppe: Kinder malen sich in einer beliebigen Situation
2. Gruppe: Basteln einer Sammelmappe „Mein Tagebuch"
(Gruppe 2 arbeitet für Gruppe 1 mit, so daß jedes Kind eine Mappe hat).

Freitag: Kindergeburtstag
Gesamtgruppe: wir feiern Geburtstag

Tagesplan: Montag

8.00 Uhr *Empfang*
Begrüßung durch die Gruppenerzieherin. Kurzes Gespräch, Fragen nach dem vergangenen Tag, nach besonderen Ereignissen, nach dem Wohlbefinden des Kindes, eventuell ein kleines Scherzwort, Frage nach dem Vorhaben des Kindes u. ä.

8.00 – 9.45 Uhr *Freispiel*
wahlweise: Puppenecke, Bauecke,
Würfelspiel, Gesellschaftsspiel

Die Erzieherin hat Gelegenheit zur Beobachtung, für Hilfestellungen und Anregungen

9.45–10.15 Uhr *Frühstück*
Angebot, Aufforderung, sich allmählich vom Spiel zu trennen und die Hände zu waschen. Spielsachen, die im Verkehrsweg liegen, müssen weggeräumt werden, Materialien in der Bauecke können liegen bleiben, wenn die Kinder nach dem Frühstück weiterspielen wollen.

10.15–10.45 Uhr *Gezielte Beschäftigung*
1. Gruppe: (jüngere Kinder) malen sich
Hilfsmittel: Spiegel und Wachsmalstifte

2. Gruppe: (ältere Kinder) Kinder fotografieren andere Kinder (Portraitaufnahmen) der Gruppe
Hilfsmittel: einfacher Kassettenfotoapparat

Die Erzieherin gibt weitgehend Hilfestellung bei der 2. Gruppe: Suchen des Objekts – richtige Entfernung und Höhe!

10.45–11.45 Uhr *Freispiel*
Bei Bedarf können die Kinder die gezielte Beschäftigung fortsetzen.
Hierbei gilt: Der Entwicklungsstand und die Konzentrationsfähigkeit der Kinder ist zu berücksichtigen. Je jünger das Kind, um so geringer muß die Anforderung an die Ausdauer bei den gezielten Beschäftigungen gestellt werden. Bei den 3- bis 4jährigen sollte sie kaum 10 Minuten übersteigen, älteren Kindern kann eine Zeitspanne von 30 bis 45 Minuten zugemutet werden. Allerdings sollte sie dann nicht mehr überzogen werden. Die Erzieherin zieht sich zurück, die Kinder werden dann von selbst aufhören oder abschließen. Eine Wertung seitens der Erzieherin im Hinblick auf Tüchtigkeit oder Vervollständigung eines Werkes sollte unterbleiben. Hier zeigt sich der Unterschied zwischen dem Kindergarten und der Leistungsschule.

11.45–12.00 Uhr *Schlußkreis*
Abschlußspiel: Gesamtgruppe
Ein Kind mit verbundenen Augern versucht ein anderes Kind zu ertasten und zu erraten.

12.00 Uhr *Entlassung*
Die Gruppenerzieherin verabschiedet sich von jedem einzelnen Kind. Sie wünscht ihm einen guten Heimweg und fragt, ob es ihm heute gefallen hat.
Wiederholung des Hinweises, morgen Fotos von der Familie mitzubringen und nicht vergessen nach den Namen der Familienmitglieder zu fragen.

Nachmittag: freies Angebot:
Die Kinder fertigen Portraits von sich gegenseitig an, indem sich immer ein Kind auf einen großen Karton am Boden legt. Die Umrisse des liegenden Kindes werden mit einem dicken Filz- oder Wachsmalstift abgezeichnet.

Die Elternarbeit im Kindergarten

Kommt ein Kind zwischen 3 und 5 Jahren in den Kindergarten, so ist es durch seine Familie und häusliche Umgebung bereits bewußt oder unbewußt geformt. Die Erziehung im Kindergarten soll ein Ergänzung der Familienerziehung sein, sie soll also dort ansetzen, wo die elterliche Erziehung bereits eine Basis geschaffen hat. Das ist natürlich nur möglich, wenn die Erzieherin die Eltern und das Milieu der Kinder kennt. Eine kontinuierliche und übereinstimmende Erziehungsarbeit bei Elternhaus und Kindergarten aber ist nur zu erreichen, wenn sich beide in der gleichen Verantwortung wissen und in einem permanenten Kontakt stehen.

Der Gesetzgeber sieht eine pädagogische Mitverantwortung der Erziehungsberechtigten im Kindergarten vor.

Die Kindergartengesetze der einzelnen Bundesländer bestimmen eine Mitwirkung:

Kindergartengesetz des Landes NW

§ 3 Elternversammlung und Elternrat

(1) Die Erziehungsberechtigten der den Kindergarten besuchenden Kinder bilden die Elternversammlung. Die Elterversammlung kann von dem Träger und den im Kindergarten pädagogisch tätigen Kräften Auskunft über alle den Kindergarten betreffenden Fragen verlangen. Sie hat das Recht, sich dazu zu äußern. Elternversammlungen können auch als Versammlungen der Erziehungsberechtigten auf Gruppenebene stattfinden.
(2) Die Elternversammlung wählt den Elternrat. Der Elternrat hat insbesondere die Aufgabe, das Interesse der Erziehungsberechtigten für die Arbeit des Kindergartens zu beleben und die Zusammenarbeit zwischen Erziehungsberechtigten, dem Träger des Kindergartens und den im Kindergarten pädagogisch tätigen Kräften sowie dem Jugendamt und den sonst zuständigen Behörden zu fördern...

§ 4 Kindergartenrat

(1) Der Elternrat bildet gemeinsam mit Vertretern des Trägers und der im Kindergarten pädagogisch tätigen Kräften den Kindergartenrat.
(2) Der Kindergartenrat hat insbesondere die Aufgabe,
   1. die Grundsätze für die Erziehungs- und Bildungsarbeit zu beraten
   2. Grundsätze für die Aufnahme von Kindern in den Kindergarten zu vereinbaren.
   3. sich um die erforderliche räumliche und sachliche Ausstattung und um eine ausreichende und qualifizierte persönliche Besetzung zu bemühen,
   4. die Erziehungsberechtigten umfassend zu informieren und an der Willensbildung zu beteiligen.
(3) Das Landesjugendamt kann weitergehende Formen des Zusammenwirkens von Erziehungsberechtigten, Trägern und pädagogisch tätigen Kräften zulassen.

Welche Möglichkeiten bestehen im Kindergarten, die Mitarbeit der Eltern, außerhalb der in den Gesetzen vorgeschriebenen Mitwirkungsorganen, zu intensivieren?

Es gibt eine größere Anzahl von Möglichkeiten, die Mitarbeit im Kindergarten durchzuführen. Von welchen Gebrauch gemacht wird, hängt ab von der jeweiligen Kindergartensituation, von den Bedürfnissen der Eltern, der Einsatzbereitschaft der Erzieherin und den Zielsetzungen in der Elternarbeit.

1. Das Elterngespräch

Einzelgespräche können nach Absprache mit den Eltern zu festgelegten Zeiten (Sprechstunde) sein oder sich spontan aus der Situation ergeben. Einzelgespräche werden geführt zwischen den Eltern und der Gruppenerzieherin oder der Kindergartenleiterin.

Häufig bitten Eltern um einen Gesprächstermin, wenn sie zu Hause mit ihrem Kind Erziehungsschwierigkeiten haben und nun wissen möchten, ob es auch im Kindergarten auffällig wird. Nur in seltenen Fällen erkundigen sich Eltern intensiv über die geleistete pädagogische Arbeit im Kindergarten.

Wünscht die Erzieherin Auskunft von den Eltern, so hat sie hierzu täglich die Gelegenheit beim Bringen oder Abholen der Kinder.

Von besonderer Bedeutung ist das *Aufnahmegespräch*. Schon bevor das Kind das erste Mal in den Kindergarten kommt und dort aufgenommen wird, werden Eltern, soweit sie ein Interesse zeigen, zu einem Gespräch von der Kindergartenleiterin eingeladen.
Im Rahmen dieses Gesprächs werden den Eltern und Kindern der Kindergarten gezeigt und die zukünftige Gruppenleiterin vorgestellt. Die Eltern werden unterrichtet über die Aufnahmekriterien, außerdem erhalten sie Auskunft über die pädagogische Grundrichtung und die Prinzipien der betreffenden Kindergarteneinrichtung.

Bevor das Kind das erste Mal in die Gruppe kommt, werden die Eltern mit dem Kind eingeladen, einen Morgen in der Einrichtung zu verbringen, so daß eine erste Kontaktaufnahme mit den räumlichen Verhältnissen, der Gruppe und der Erzieherin stattfinden kann.

2. Der Elternabend

In den ersten Wochen nach der Aufnahme des Kindes findet ein Informationselternabend statt. Hierbei erhalten alle Eltern ausführlich Informationen über den formalen Ablauf der Vormittage und Nachmittage und über Ziele und Methoden der pädagogischen Arbeit. Außerdem wird ihnen der Jahresplan vorgestellt und auf besondere Aufgaben hingewiesen. Den Eltern wird dabei Gelegenheit gegeben, zu den einzelnen Punkten Stellung zu nehmen.

Dieser Informationsabend bietet auch die Gelegenheit, die ersten Kontakte, die beim Aufnahmegespräch geknüpft werden, fortzusetzen und zu intensivieren. Ein solcher Abend läuft etwa nach folgendem Schema ab:
- Begrüßung durch die Leiterin der Einrichtung
- Vorstellung der Gruppenerzieherin
- Vorstellung der Eltern
- Information über den Tagesablauf im Kindergarten
- Information über das pädagogische Konzept
- Vorstellung des Spiel- und Rhythmikmaterials
- eventuell Führung durch den Kindergarten
- Schlußworte

Elternabende können während des Jahres zu den verschiedensten Anliegen einberufen werden. z. B. um die Eltern intensiver mit den Bildungsbereichen im Kindergarten bekannt zu machen oder um besonderes Lernmaterial und Spielzeug zu besprechen: Puppenecke, Bauecke, konstruktives Material, Basteltisch usw. Die Eltern können in Kleingruppen das Material selbst ausprobieren und erhalten Auskünfte über Funktion, Sinn und Zweck. Gleichzeitig bieten solche Abende eine gute Gelegenheit, die Eltern dazu anzuregen, nur pädagogisch wertvolles Spielmaterial zu kaufen. Ihnen können hier Kriterien an die Hand gegeben werden, nach denen sie gezielter Spielsachen beim Kauf auswählen können.

Kindergärten bieten auch einen Elternabend an, der unter einem bestimmten Thema steht: ,,Elternrecht", ,,Sexualerziehung", ,,Das schwierige Kind" usw. Hierzu wird dann ein Referent geladen, der einen Vortrag hält und anschließend für die Diskussion oder für Fragen zur Verfügung steht.

Vor Weihnachten werden gern Elternabende abgehalten, bei denen Eltern über Neuerscheinungen auf dem Kinderbuch- und -schallplattenmarkt informiert werden.

Eine besondere Form des Elternabends ist der *Elternbastelabend*.
Vor Festen wie Weihnachten, Ostern, Nikolausfest, St. Martin und zu besonderen Jahresabschnitten werden die Eltern eingeladen, um sie für die Vorbereitungen und für die Feier selbst zu gewinnen.
Die Eltern erhalten vorher die Möglichkeit, sich für eine bestimmte Bastelgruppe einzutragen. Sie finden sich dann zu kleineren Tischgruppen zusammen und basteln unter Anleitung der Gruppenerzieherin ein bestimmtes Werk für die bevorstehende Feier. Während der Arbeit entwickeln sich zwangsläufig Gespräche über die Kinder. Der sehr wichtige Kontakt der Eltern untereinander kann dadurch sehr gefördert werden. Als Abschluß für einen solchen gemeinsamen Abend kann ein Lied gewählt werden.

3. Der Elternbrief

Er kann regelmäßig oder unregelmäßig erscheinen. In ihm stehen die neuesten Nachrichten über den Kindergarten: Termine für den nächsten Elternabend, Informationen über die Rahmenpläne, Themen, die mit den Kindern besprochen werden, Informationen über Neuanschaffungen und besondere Empfehlungen der Leiterin an die Eltern (Frühstücksbrot, Kleidung, Spielzeug). Mitunter ist dem Elternbrief auch ein Fragebogen beigefügt, um über eine bestimmte Frage die Meinung oder Ansicht der Eltern zu erfahren.

Die Aufmachung der Zeitung (Papier, Art der Vervielfältigung und graphische Gestaltung) hängt sehr von den finanziellen Möglichkeiten des Kindergartens und dem künstlerischen Empfinden der Herausgeberin ab. Ein gegliederter und durch einige Zeichnungen aufgelockerter Text wirkt gleich ansprechender als ein fortlaufender Block. Ein wenig Abwechslung bringt auch ein eingefügtes Gedicht oder ein Liedtext.

Mehr über Elternarbeit, Elternabend, Elternbrief in Huppertz/Schinzler: Grundfragen der Pädagogik. Bardtenschlager Verlag München.

4. Die Eltern-Kindergarten-Zeitung

Die Eltern-Kindergarten-Zeitung kann zwei oder dreimal im Jahr zu einem besonderen Anlaß erscheinen. Es arbeiten daran verschieden Eltern, die mit ihren Reportagen und Berichten vom letzten Fest (Osterfest mit den Kindern, Elternkarneval usw.) die Beiträge liefern. Es wird freigestellt, wer einen Beitrag liefern möchte. Zweckmäßig wird man so verfahren, daß sich Interessenten in eine Liste eintragen, damit keine Überschneidungen bei der Berichterstattung vorkommen. Einige Illustrationen für die Kinderseite sowie Rätsel, Suchbilder, Bilder zum Ausmalen, Bastelvorschläge und Lieder mit Texten und Noten bereichern das Blatt und machen aus ihm eine kleine Illustrierte.

5. Das Elternfest

Das Elternfest, eine Feier mit oder ohne Kinder, als Sommerfest, Herbstfest, Karnevalsfeier oder aus Anlaß des Erntedank-Tages oder zum 1. Mai bietet Gelegenheit in etwas gelockerter und fröhlicher Atmosphäre die Kommunikation mit den Eltern aufzunehmen. In dem geselligen Rahmen fällt es oft leichter, ein persönliches Wort zu sprechen, eine Meinung zu äußern, ein Erziehungsproblem anzuschneiden. Die Erzieherin gewinnt bei einem solchen Kontakt häufig besondere Einsicht in die persönlichen Verhältnisse eines Kindes. Vielleicht kann sie nunmehr dem Kind gegenüber einen anderen (objektiveren) Standpunkt einnehmen, wenn sie von häuslichen Schwierigkeiten erfährt oder von einer schweren Situation, von der sie bisher nichts wußte.

Elternfeste in einem etwas anspruchsvollen Rahmen mit kaltem Buffet, kleiner Bar, Musik und Dekoration sind nicht nur kostspielige Angelegenheiten, sie bedingen auch eine Fülle von Vorarbeiten, die vom Kindergartenpersonal allein nicht zu leisten ist.

Aber gerade hier kann sich eine gute Zusammenarbeit und der Wille zur Bereitschaft seitens der Eltern zeigen. Gelingt ein solches Fest, so ist das ein großer Gewinn für alle Beteiligten und nicht zuletzt ein großer Fortschritt um das gemeinsame pädagogische Bemühen. Wenn die Ergebnisse auch nicht in jedem Fall meßbar sind, sicher sind sie auf längere Zeit spürbar.

6. Hospitation der Eltern

Damit die Eltern ihr Kind auch einmal in einer anderen Umgebung erleben, sollten sie im Kindergarten hospitieren. Voraussetzung hierfür ist, daß sich das Kind schon einige Zeit im Kindergarten befindet, damit es sich nicht mehr nur ausschließlich auf seine Mutter konzentriert. Die Mutter (oder der Vater) hat die Möglichkeit, ihr (sein) Kind intensiver zu beobachten, beim Freispiel, in der Gruppensituation, in einer Lernsituation, bei einem Konflikt, in seinem Verhältnis zur Erzieherin.

Manche Eltern erleben ihr Kind auf eine ganz andere Art. Ein Kind, das zu Hause sehr ruhig ist, kann im Kindergarten ein sehr lebhaftes Wesen an den Tag legen. Hier bieten sich Ansatzpunkte für ein Gespräch zur objektiveren Beurteilung der Verhaltensweisen des Kindes.

7. Wochenendfreizeiten

Die Wochenendfreizeiten in Landschulheimen, Kinderheimen oder Erholungsheimen sind besondere Anlässe, um pädagogisches Geschehen in seiner Gesamtheit zu erfassen. Es sind Situationen, in denen Erfahrungen und Beobachtungen von großer Intensität gemacht werden können, sowohl für die Eltern als auch für die Erzieherinnen.
Werden die Eltern mit in die pädagogische Arbeit integriert, so erweist sich Elternarbeit hier im wahrsten Sinne des Wortes in seiner reinsten Form.
Es sei jedoch darauf hingewiesen, daß die Wochenendfreizeiten, so wertvoll sie für die Gruppe sind, ein erhebliches Maß an persönlichem Einsatz für alle erwachsenen Begleitpersonen darstellen.

8. Ausflüge

Weniger Aufwand, aber dennoch sehr wertvoll für die Kinder und Erzieherinnen sind die Tagesausflüge. Auch hier können Eltern beteiligt werden bei der Planung und Durchführung. Bei Lehrwanderungen oder Freizeitausflügen wird die Gruppe in eine besondere Situation gestellt. Nicht nur der Erfahrungsbereich der Kinder wird erweitert, die Erzieherin erfährt mindestens soviel Neues über die Kinder, wenn sie genau beobachtet.
Die Eltern bekommen Einblick in die Verantwortung der Erzieherin und sehen ihren Tagesablauf vielleicht einmal mit ganz andern Augen.

9. Hausbesuche

Der Hausbesuch ist eine besondere Form der Elternarbeit. Er ist kein Regelfall und kommt nur in Betracht, wenn es sich um eine besondere Situation handelt: Erziehungsschwierigkeiten, eklatantes Versagen, absolute Unkenntnis über häusliche Verhältnisse, Vernachlässigung des Kindes u.ä.

Für den Hausbesuch braucht die Erzieherin ein besonderes Fingerspitzengefühl, Einfühlungsvermögen, Wortgewandtheit und ein bestimmtes Maß an Sicherheit.

Es gilt gegen Mißtrauen anzukämpfen, u. U. Vorurteile abzubauen, um ein klärendes sachliches Gespräch führen zu können. Erscheint eine Mutter nie im Kindergarten, so kann das ein Zeichen von Desinteresse, aber auch Arbeitsüberlastung sein. Wer kann das wissen?

In jedem Falle sollte ein Hausbesuch angemeldet sein. Es ist gut, wenn die Erzieherin den Eltern eine kurze schriftliche oder telefonische Mitteilung macht, aus welchen Gründen sie den Hausbesuch ankündigt, damit sich die Eltern darauf einstellen können.

Von dem Eindruck, den die Erzieherin hinterläßt oder von ihrer Überzeugungskraft kann es abhängen, ob ihre pädagogischen Bemühungen sinnvoll fortgesetzt werden können.

Die Erzieherin muß sich immer sagen, daß sie um ihrer pädagogischen Verantwortung willen diesen Hausbesuch durchführt.

Die Grenzen der Elternarbeit im Kindergarten

Die Zeit, die ein Kind im Kindergarten verbringt, ist nur ein Teil seines gesamten Tagesablaufs. Es ist ein begrenzter Abschnitt.

Aus der Sicht der Eltern mag dieser Abschnitt geringfügiger sein, als aus der Sicht der Erzieherin. Sie muß also überprüfen, inwieweit sie die Eltern beanspruchen kann oder muß.

Ob Elternarbeit fruchtbar geleistet werden kann, ist keineswegs nur eine Sache des Engagements der Erzieherin, sondern hängt weitgehend vom Willen der Eltern selbst ab. Die Kindergärtnerin kann ihre Arbeit nur nach bestem Wissen und Vermögen leisten und versuchen, die Eltern zu motivieren, damit sie sich auch am Erziehungsgeschehen des Kindergartens beteiligen, zum Wohle ihres eigenen Kindes.

Rechtsvorschriften für den Kindergarten

Die gesetzliche Regelung für die Errichtung, Finanzierung, Organisation und Führung von Kindergärten und Kindertagesstätten wird durch die verschiedensten Gesetze und die dazu erlassenen Ausführungsbestimmungen getroffen, hierbei gelten Gesetze auf Bundes- und Landesebene.

A) Bundesgesetze

1. Grundgesetz für die Bundesrepublik Deutschland (GG) vom 23. 5. 1949
2. Gesetz für Jugendwohlfahrt (JWG) vom 11. 8. 1961 i. d. F. vom 6. 8. 1970
3. Gesetz zur Verhütung und Bekämpfung übertragbarer Krankheiten beim Menschen (Bundesseuchen-Gesetz): BSG vom 18. 7. 1961

Ferner gelten für den Bereich des Bundes die „Richtlinien der Bundesarbeitsgemeinschaft der Landesjugendämter" und zwar:
„Richtlinien für den Betrieb und Bau von Einrichtungen gemäß § 78 Jugendwohlfahrtsgesetz vom Oktober 1971" (erarbeitet von der Bundesarbeitsgemeinschaft der Landesjugendämter und überörtlichen Erziehungsbehörden)
und
„Richtlinien für Heime und andere Einrichtungen – Pädagogischer Teil vom 24. 4. 1969" (erarbeitet von der Bundesarbeitsgemeinschaft der Landesjugendämter und überörtlichen Erziehungsbehörden).

B) Landesgesetze

1. Kindergartengesetz Baden-Württemberg (KGG Bad.-Württ.)
   „Zweites Gesetz zur Ausführung des Gesetzes für Jugendwohlfahrt (Kindergartengesetz) vom 29. 2. 1972"
2. Bayerisches Kindergartengesetz vom 25. 7. 1972 (Bay KGG)
3. Hessisches Kindergartengesetz vom 4. 9. 1974 (Hess KGG)
4. Kindergartengesetz Nordrhein-Westfalen
   „Zweites Gesetz zur Ausführung des Gesetzes für Jugendwohlfahrt (Kindergartengesetz – KGG –) vom 21. 12. 1971 (KGG NRW)"
5. Kindergartengesetz Rheinland-Pfalz (KGG Rheinl.-Pfalz)
   „Zweites Landesgesetz zur Ausführung des Gesetzes für Jugendwohlfahrt (Kindergartengesetz) vom 15. 7. 1970"
6. Saarländisches Kindergartengesetz (Saarl. KGG)
   „Gesetz Nr. 969 zur Förderung der vorschulischen Erziehung
   i. d. F. vom 18. 2. 1975

Im Rahmen dieses Buches kann nicht der gesamte Korpus der Gesetzestexte abgedruckt werden. Der Leser muß sich mit einem groben Überblick begnügen. Um Einzelfragen zu beantworten, muß in jedem Falle das betreffende Gesetz mit den dazugehörigen Kommentaren zur Hand genommen werden.
(Eine gute Handreichung sind die im Literaturverzeichnis angegebenen Texte).

A. Bundesrecht

1. Das Grundgesetz

Das Grundgesetz bestimmt in seinen Artikeln 1 bis 7 die für den Kindergarten relevanten Grundrechte.

Art. 1 (Menschenwürde und Menschenrechte)
  (1) Die Würde des Menschen ist unantastbar.

Art. 2 (Persönlichkeitsrechte)
  (1) Jeder hat das Recht auf die freie Entfaltung seiner Persönlichkeit, soweit er nicht die Rechte anderer verletzt und nicht gegen die verfassungsmäßige Ordnung oder das Sittengesetz verstößt.
  (2) Jeder hat das Recht auf Leben und körperliche Unversehrtheit. . . .

Art. 3 (Gleichheitsgrundsatz, Gleichberechtigung)
  (1) . . .
  (2) . . .
  (3) Niemand darf wegen seines Geschlechtes, seiner Abstammung, seiner Rasse, seiner Sprache, seiner Heimat und Herkunft, seines Glaubens, seiner religiösen oder politischen Anschauungen benachteiligt oder bevorzugt werden.

Art. 4 (Glaubens- und Gewissensfreiheit, . . .)
  (1) Die Freiheit des Glaubens, des Gewissens und die Freiheit des religiösen und weltanschaulichen Bekenntnisses sind unverletzlich.
  (2) Die ungestörte Religionsausübung wird gewährleistet.

Art. 6 (Ehe und Familie, uneheliche Kinder)
  (1) Ehe und Familie stehen unter dem besonderen Schutz der staatlichen Ordnung.
  (2) Pflege und Erziehung der Kinder sind das natürliche Recht der Eltern und die zuvörderst ihnen obliegende Pflicht. Über ihre Betätigung wacht die staatliche Gemeinschaft.
  (3) Gegen den Willen der Erziehungsberechtigten dürfen Kinder nur auf Grund eines Gesetzes von der Familie getrennt werden, wenn die Erziehungsberechtigten versagen oder wenn die Kinder aus anderen Gründen zu verwahrlosen drohen.
  (4) Jede Mutter hat Anspruch auf den Schutz und die Fürsorge der Gemeinschaft.
  (5) Den unehelichen Kindern sind durch die Gesetzgebung die gleichen Bedingungen für ihre leibliche und seelische Entwicklung und ihre Stellung in der Gesellschaft zu schaffen wie den ehelichen Kindern.

Art. 7
...
(5) Eine private Volksschule ist nur zugelassen, wenn die Unterrichtsverwaltung ein besonderes pädagogisches Interesse anerkennt oder, auf Antrag von Erziehungsberechtigten, wenn sie als Gemeinschaftsschule, als Bekenntnisschule oder Weltanschauungsschule errichtet werden soll und eine öffentliche Volksschule dieser Art in der Gemeinde nicht besteht.
(6) Vorschulen bleiben aufgehoben.

2. Das Jugendwohlfahrtsgesetz

Abschnitt I. Allgemeines §§ 1–3

§ 1 (Recht auf Erziehung)
(1) Jedes deutsche Kind hat ein Recht auf Erziehung zur leiblichen, seelischen und gesellschaftlichen Tüchtigkeit.
(2) Das Recht und die Pflicht der Eltern zur Erziehung werden durch dieses Gesetz nicht berührt. Gegen den Willen der Erziehungsberechtigten ist ein Eingreifen nur zulässig, wenn das Gesetz es erlaubt.
(3) Insoweit der Anspruch des Kindes auf Erziehung von der Familie nicht erfüllt wird, tritt, unbeschadet der Mitarbeit freiwilliger Tätigkeit, öffentliche Jugendhilfe ein.

§ 2 (Jugendwohlfahrtsbehörden)
(1) Organe der öffentlichen Jugendhilfe sind die Jugendwohlfahrtbehörden (Jugendämter, Landesjugendämter, oberste Landesbehörden), soweit nicht gesetzlich die Zuständigkeit anderer öffentlicher Körperschaften oder Einrichtungen, insbesondere der Schule, gegeben ist.
(2) Die öffentliche Jugendhilfe umfaßt alle behördlichen Maßnahmen zur Förderung der Jugendwohlfahrt (Jugendpflege und Jugendfürsorge) und regelt sich, unbeschadet der bestehenden Gesetze, nach den folgenden Vorschriften.

§ 3
(1) Die öffentliche Jugendhilfe soll die in der Familie des Kindes begonnene Erziehung unterstützen und ergänzen. Die von den Personenberechtigten bestimmte Grundrichtung der Erziehung ist bei allen Maßnahmen der öffentlichen Jugendhilfe zu beachten, sofern hierdurch das Wohl des Kindes nicht gefährdet wird. Ihr Recht, die religiöse Erziehung zu bestimmen, ist im Rahmen des Gesetzes über die religiöse Kindererziehung vom 15. Juli 1921 stets zu beachten.
(2) Den Wünschen der Personensorgeberechtigten, die sich auf die Gestaltung der öffentlichen Jugendhilfe im Einzelfall richten, soll entsprochen werden, soweit sie angemessen sind und keine unvertretbaren Mehrkosten erfordern.
(3) Die Zusammenarbeit mit den Personensorgeberechtigten ist bei allen Maßnahmen der öffentlichen Jugendhilfe anzustreben.

Abschnitt II. Jugendwohlfahrtsbehörden

1. Jugendamt
a) Zuständigkeit

§ 4 (Aufgaben des Jugendamtes) Aufgaben des Jugendamtes sind
1. der Schutz der Pflegekinder gem. §§ 27–36
2. die Mitwirkung im Vormundschaftswesen gem. den §§ 37-54a,
3. die Mitwirkung der Erziehungsbeistandschaft, der freiwilligen Erziehungshilfe und der Fürsorgeerziehung gem. den §§ 55-77,
4. die Jugendgerichtshilfe nach den Vorschriften des Jugendgerichtsgesetzes,
5. die Mitwirkung bei der Beaufsichtigung der Arbeit von Kindern und jugendlichen Arbeitern nach näherer landesrechtlicher Vorschrift,
6. die Mitwirkung bei der Fürsorge für Kriegswaisen und Kindern von Kriegsbeschädigten,
7. die Mitwirkung in der Jugendhilfe bei den Polizeibehörden, insbesondere bei der Unterbringung zur vorbeugenden Verwahrung, gem. näherer landesrechtlicher Vorschrift.

§ 5 (Aufgaben des Jugendamts; freie Jugendhilfe)
(1) Aufgabe des Jugendamts ist ferner, die für die Wohlfahrt der Jugend erforderlichen Einrichtungen und Veranstaltungen anzuregen, zu fördern und gegebenenfalls zu schaffen, insbesondere für

1. Beratung in Fragen Erziehung,
2. Hilfen für Mutter und Kind vor und nach der Geburt
3. Pflege und Erziehung von Säuglingen, Kleinkindern, Kindern und Jugendlichen im schulpflichtigen Alter außerhalb der Schule,
4. erzieherische Betreuung von Säuglingen, Kleinkindern, Kindern und Jugendlichen im Rahmen der Gesundheitshilfe,
5. allgemeine Kinder- und Jugenderholung sowie erzieherische Betreuung von Kindern und Jugendlichen im Rahmen der Familienerholung,
6. Freizeithilfen, politische Bildung und internationale Begegnung
7. Erziehungshilfen während der Berufsvorbereitung, Berufsausbildung und Berufstätigkeit einschließlich der Unterbringung außerhalb des Elternhauses,
8. erzieherische Maßnahmen des Jugendschutzes und für gefährdete Minderjährige.

(3) Das Jugendamt hat unter Berücksichtigung der verschiedenen Grundrichtungen der Erziehung darauf hinzuwirken, daß die für die Wohlfahrt der Jugend erforderlichen Einrichtungen und Veranstaltungen ausreichend zur Verfügung stehen. Soweit geeignete Einrichtungen und Veranstaltungen der Träger der freien Jugendhilfe vorhanden sind, erweitert oder geschaffen werden, ist von eigenen Einrichtungen und Veranstaltungen des Jugendamts abzusehen. Wenn Personenberechtigte unter Berufung auf ihre Rechte nach § 3 die vorhandenen Träger der freien Jugendhilfe nicht in Anspruch nehmen wollen, hat das Jugendamt dafür zu sorgen, daß die insoweit erforderlichen Einrichtungen geschaffen werden.

(4) Träger der freien Jugendhilfe sind
1. freie Vereinigungen der Jugendwohlfahrt
2. Jugendverbände und sonstige Jugendgemeinschaften
3. juristische Personen, deren Zweck es ist, die Jugendwohlfahrt zu fördern,
4. die Kirchen und die sonstigen Religionsgemeinschaften öffentlichen Rechts.
Das Nähere zu den Absätzen 1 bis 3 wird durch Landesrecht bestimmt.
...

Die weiteren §§ bestimmen:

§ 7 (Freiwillige Tätigkeit zur Förderung der Jugendwohlfahrt)
§ 8 (Grundsätze der Förderung)
§ 9 (Unterstützung der Träger der freien Jugendhilfe)
§ 10 (Beistandleistung; Auskunfterteilung)
§ 11 (Örtliche Zuständigkeit des Jugendamts)
...
2. Landesjugendamt
§ 19 (Errichtung von Landesjugendämtern)
§ 20 (Aufgaben des Landesjugendamts)

Abschnitt IV. Schutz der Pflegekinder
1. Erlaubnis zur Annahme
...
§ 28 (Pflegeerlaubnis)
Wer ein Pflegekind aufnimmt (Pflegeperson), bedarf dazu der vorherigen Erlaubnis des Jugendamts . . .
§ 29 (Erteilung und Widerruf)
(1) Die Erlaubnis darf nur erteilt werden, wenn in der Pflegestelle das leibliche, geistige und seelische Wohl des Pflegekindes gewährleistet ist.
(2) Die Pflegeerlaubnis kann widerrufen werden, wenn das Wohl des Pflegekindes es erfordert.
§ 30 (Zuständigkeit)
Zuständig für die Erteilung und den Widerruf der Erlaubnis ist das Jugendamt, in dessen Bezirk die Pflegeperson ihren gewöhnlichen Aufenthalt hat.

2. Aufsicht
§ 31 (Aufsicht des Jugendamts über Pflegekinder)
(1) Pflegekinder unterstehen der Aufsicht des Jugendamts . . .
(2) Das Jugendamt hat die Pflegeperson zu beraten und bei ihrer Tätigkeit zu unterstützen.
(3) Das Jugendamt kann Pflegekinder widerruflich von der Beaufsichtigung befreien.
§ 32 (Anzeigepflichten)
Wer ein nach § 31 Abs. 1 der Aufsicht unterstehendes Kind in Pflege hat, ist verpflichtet, dessen Aufnahme, Abgabe, Wohnungswechsel und Tod dem Jugendamt unverzüglich anzuzeigen.

3. Vorläufige Unterbringung
§ 33 (Voraussetzungen für die vorläufige Unterbringung)
(1) Bei Gefahr im Verzuge kann das Jugendamt das Pflegekind sofort aus der Pflegestelle entfernen und vorläufig anderweitig unterbringen. Das Grundrecht der Unverletzlichkeit der Wohnung (Art. 13 Abs. 1. GG) ist insoweit eingeschränkt.
(2) Das Jugendamt ist verpflichtet, die Personensorgeberechtigten, die Pflegepersonen und das zuständige Vormundschaftsgericht von der getroffenen Maßnahme unverzüglich zu benachrichtigen.

Abschnitt VII. Heimaufsicht und Schutz von Minderjährigen unter 16 Jahren in Heimen
§ 78 (Aufsicht über Heime)
(1) Das Landesjugendamt führt die Aufsicht über Heime und andere Enrichtungen, in denen Minderjährige dauernd oder zeitweise, ganztägig oder für einen Teil des Tages, jedoch regelmäßig betreut werden oder Unterkunft erhalten. Satz 1 gilt nicht für Jugendbildungs-, Jugendfreizeitstätten und Studentenwohnheime sowie für Schülerwohnheime, soweit sie landesgesetzlich der Schulaufsicht unterstehen.
(2) Die Aufsicht erstreckt sich darauf, daß in den Einrichtungen das leibliche, geistige und seelische Wohl der Minderjährigen gewährleistet ist. Die Selbständigkeit der Träger der Einrichtungen in Zielsetzung und Durchführung ihrer erzieherischen Aufgaben bleibt unberührt, sofern das Wohl der Minderjährigen nicht gefährdet ist.
(3) In den der Heimaufsicht unterliegenden Einrichtungen muß die Betreuung der Minderjährigen durch geeignete Kräfte gesichert sein. . . .
(4) Der Träger der Einrichtung hat dem Landesjugendamt zu melden:
1. Personalien und Art der Ausbildung des Leiters und der Erzieher der Einrichtung
2. jährlich die Platzzahl und ihre Änderung
3. Die Änderung der Zweckbestimmung der Einrichtung
4. unverzüglich unter Angabe der Todesursache den Todesfall eines in seiner Einrichtung nach Abs. 1 betreuten Minderjährigen.

. . .
(6) Einem zentralen Träger der freien Jugendhilfe kann auf Antrag die Überprüfung von Einrichtungen eines ihm angehörenden Trägers widerruflich übertragen werden, wenn dieser dem Antrag zustimmt.
(7) Die oberste Landesbehörde kann den Betrieb von Einrichtungen, die der Heimaufsicht unterliegen, vorübergehend oder auf die Dauer untersagen, wenn Tatsachen festgestellt werden, die geeignet sind, das leibliche, geistige oder seelische Wohl der in der Einrichtung betreuten Minderjährigen zu gefährden und eine unverzügliche Beseitigung der Gefährdung nicht zu erwarten ist. . . .
§ 79 (Anwendung der Vorschriften über den Schutz der Pflegekinder)
Abschnitt VIII. Kostentragung bei Hilfen zur Erziehung für einzelne Minderjährige
Abschnitt IX. Straftaten und Ordnungswidrigkeiten

3. Das Bundesseuchengesetz

§ 1 (Begriff der übertragbaren Krankheiten)
Übertragbare Krankheiten im Sinne dieses Gesetzes sind durch Krankheitserreger verursachte Krankheiten, die unmittelbar oder mittelbar auf den Menschen übertragen werden können.
...

2. Abschnitt. Meldepflicht

§ 3 (Meldepflichtige Erkrankungen)
(1) **Meldepflichtig ist jeder Fall einer Erkrankung, des Verdachts einer Erkrankung und eines Todes an**

1. Aussatz
2. Botulismus
3. Cholera
4. Enteritis infektiosa
   a) Salmonellose
   b) übrige Formen
5. Fleckfieber
6. übertragbarer Gehirnentzündung
7. Gelbfieber
8. übertragbarer Kinderlähmung
9. Mikrosporie
10. Milzbrand
11. Ornithose
    a) Psittacose
    b) übrige Formen
12. Paratyphus A und B
13. Pest
14. Pocken
15. Rückfallfieber
16. Ruhr
    a) bakterielle Ruhr
    b) Amöbenruhr
17. Tollwut
18. Tuberkulose
    a) der Atmungsorgane (aktive Form)
    b) der Haut
    c) der übrigen Organe
19. Tularämie
20. Typhus abdominalis.

(2) **Meldepflichtig ist jeder Fall einer Erkrankung und eines Todes an**

1. Brucellose
2. a) Bang'sche Krankheit
   b) Maltafieber
   c) übrige Formen
2. Diphtherie
3. übertragbarer Hirnhautentzündung
   a) Meningokokken-Meningitis
   b) übrige Formen
4. Hepatitis infektiosa
5. Kindbettfieber
   a) bei oder nach Geburt
   b) bei oder nach Fehlgeburt
6. Leptospirose
   a) Weil'sche Krankheit
   b) Feldfieber
   c) Canicolafieber
   d) übrige Formen
7. Malaria
   a) Ersterkrankung
   b) Rückfall
8. Q-Fieber
9. Rotz
10. Scharlach
11. Toxoplasmose
12. Trachom
13. Trichinose
14. Wundstarrkrampf

(3) **Meldepflichtig ist jeder Todesfall an**

1. Grippe (Virusgrippe)
2. Keuchhusten
3. Masern

(4) **Meldepflichtig ist jeder Ausscheider von Erregern von**

1. Enteritis infectiosa (Salmonellose)
2. Paratyphus A und B
3. bakterielle Ruhr
4. Typhus abdominalis

(5) Eine Verletzung durch ein tollwutkrankes oder tollwutverdächtiges Tier sowie die Berührung eines solchen Tieres oder Tierkörpers gilt als Fall des Verdachtes einer Erkrankung an Tollwut (Abs. 1 Nr. 17).

§ 4 (Zur Meldung verpflichtete Personen)

(1) Zur Meldung sind verpflichtet
1. der behandelnde oder hinzugezogene Arzt,
2. jede sonstige mit der Behandlung oder der Pflege des Betroffenen berufsmäßig beschäftigte Person,
3. die hinzugezogene Hebamme,
4. das Familienoberhaupt,
5. der Leichenschauer.

...
§ 5 (Unverzügliche Erstattung der Meldung)
...

6. Abschnitt. Besondere Vorschriften für Schulen und sonstige Gemeinschaftseinrichtungen

...
§ 45 (Verbot des Schulbesuchs)
§ 46 (Schließung von Schulen oder Schulklassen)
§ 47 (Gesundheitszeugnis von Lehrern und Schulbediensteten)
§ 48 (Sonstige Gemeinschaftseinrichtungen)

(1) Die Bestimmungen der §§ 45 und 47 gelten für Schülerheime, Schullandheime, Säuglingsheime, Kinderheime, Kindergärten, Kindertagesstätten, Lehrlingsheime, Jugendwohnheime, Ferienlager und ähnliche Einrichtungen entsprechend mit der Maßgabe, daß die Verpflichtung nach § 47 Abs. 1 dem Aufsichts-, Lehr-, Erziehungs-, Pflege- und Hauspersonal dieser Einrichtung obliegt.

(2) Tritt in den in Abs. 1 gen. Einrichtungen eine übertragbare Krankheit im Sinne des § 45 Abs. 1 oder ein hierauf gerichteter Krankheitsverdacht auf, so hat der Leiter, unbeschadet der Meldepflicht anderer Personen nach § 4, das für die Einrichtung zuständige Gesundheitsamt zu benachrichtigen.

(3) Die zuständige Behörde kann im Einvernehmen mit dem Gesundheitsamt für Säuglingsheime und Kinderheime Ausnahmen von dem Verbot nach § 45 Abs. 1 zulassen, wenn die hygienischen Einrichtungen dieser Heime ausreichend sind, eine Absonderung möglich und die ärztliche Betreuung sichergestellt ist. Dies gilt nicht beim Auftreten oder dem Verdacht des Auftretens von meldepflichtigen übertragbaren Krankheiten.

B. Landesgesetze

Die einzelnen Texte der **Kindergartengesetze der Bundesländer** können hier nicht vollständig aufgeführt werden. In der nachfolgenden Darstellung werden nur die Fundstellen angegeben.

Die Synopse der Texte ergibt eine weitgehende Übereinstimmung der Gesetzesinhalte in größeren Bereichen:

1. Begriff des Kindergartens
2. Aufgabe oder Auftrag des Kindergartens
3. Elternmitwirkung
4. Entwicklungs- oder Bedarfsplan der Landesregierung, bzw. des Jugendamts
5. Baukosten
6. Betriebskosten
7. Trägerschaft
8. Gesundheitsvorsorge

1. Was ist ein Kindergarten?

Ein Kindergarten ist zunächst ein Ort, an dem Kinder während des Tages untergebracht sind. Keine Kindergärten sind Kinderheime, in denen die Kinder auch nachts bleiben. Der Kindergarten nimmt in der Regel Kinder ab dem 3. Lebensjahr auf und betreut sie bis zur Schulpflicht.

Kinderkrippen, in denen Säuglinge untergebracht sind und

Kinderkrabbelstuben, in denen Kleinkinder bis zum 3. Lebensjahr versorgt werden, sind keine Kindergärten.

Kinderhorte unterscheiden sich von den Kindergärten dadurch, daß sie in der Regel Schulkinder aufnehmen, manchmal jedoch auch Kindergartenkinder am Nachmittag, deren Eltern beide berufstätig sind.

Es ist umstritten, ob **Vorschulklassen** zum Kindergarten zu rechnen sind. Hier werden Kinder im Jahr vor ihrer Einschulung betreut und gleichzeitig gezielt auf die Grundschule vorbereitet. Die Zielsetzung dieser Vorschulklassen weicht erheblich von denen der Kindergärten ab.

Der **Schulkindergarten** (Nordrhein-Westfalen) nimmt Kinder auf, die schulpflichtig sind, jedoch nach einer sechswöchigen Eingewöhnungszeit noch nicht in der Lage sind, dem Unterricht zu folgen und deshalb vom Grundschulunterricht für ein Jahr zurückgestellt werden.

In **Sonderkindergärten** werden geistig oder körperlich behinderte oder mehrfach geschädigte Kinder in besonderer Weise gefördert. Die Sonderkindergärten unterliegen den gesetzlichen Bestimmungen des Bundessozialhilfegesetzes.

Der Kindergarten ist nicht ausschließlich eine Bewahranstalt. Seine Aufgabe ist es, 3- bis 6jährige Kinder zu erziehen, sie in jeder Hinsicht zu fördern und auch zu bewahren. Einrichtungen in Kaufhäusern, in Hotels und Erholungsgebieten oder auf Schiffen sind keine Kindergärten i. S. der Kindergartengesetze, auch wenn sie den Namen ‚Kindergarten' tragen und mitunter von ausgebildeten Erzieherinnen geleitet werden. In diesen Einrichtungen werden die Kinder in erster Linie bewahrt, nicht aber kontinuierlich gefördert.

2. Welchen Auftrag erfüllt der Kindergarten?

Der Bildungsauftrag des Kindergartens knüpft an die Familienerziehung an. Er soll sie unterstützen und ergänzen, sie jedoch nicht ersetzen.
Diese ergänzende Erziehung kann nur sinnvoll durchgeführt werden, wenn sie im gemeinsamen Bemühen mit dem Elternhaus geschieht. (Siehe Elternarbeit!) Die Erziehung im Kindergarten beginnt mit dem Zeitpunkt, in dem das Kind im allgemeinen in der Lage ist, sich von den engsten Bezugspersonen zeitweise zu lösen und gern den Kontakt zu gleichaltrigen Kindern sucht. Der Kindergarten sieht seine vordringliche Aufgabe nicht darin, Kinder aufzubewahren, um die Eltern, in der Regel die Mutter, zu entlasten.

Sein Hauptanliegen ist vielmehr eine umfassende Förderung der kindlichen Persönlichkeit. Er will in der Hauptsache die Familienerziehung unterstützen, die bedingt durch enge Wohnverhältnisse, geringes Angebot an Spielmaterial, kinderfeindliche Lebensformen und ungenügende Anregungen den Kindern keine ihnen angemessene Förderung zuteil werden lassen können. Die Angebote des Kindergartes beziehen sich auf: den sozialen Bereich, Schaffen von Kontaktfreude, Selbstvertrauen innerhalb einer Gruppe, Übernahme von Mitverantwortung,
die sprachliche Ausdrucksfähigkeit,
die Intelligenz, Anbahnung abstrakter und logischer Denkformen, Stärkung der praktischen Intelligenz durch handelndes Tun,
die schöpferischen Fähigkeiten, Phantasie und Ausdrucksvermögen in jeglicher Form,
den sensuellen Bereich, Wahrnehmung und Motorik,
den emotionalen Bereich, Steigerung der Erlebnisfähigkeit,
des Selbstbewußtseins und der Ich-Stärke.
Der Kindergarten erhofft sich hierdurch eine erweiterte Chancengleichheit für alle Kinder unserer Gesellschaft. Nicht zuletzt sieht der Kindergarten seine Aufgabe auch in der Beratung und Information der Erziehungsberechtigten in pädagogischen Fragen.

3. Welche Mitwirkungsrechte haben die Eltern?

Die Eltern sollen bei pädagogischen und organisatorischen Fragen mitwirken, jedoch ist die Tendenz zur Demokratisierung des Kindergartens in den einzelnen Bundesländern unterschiedlich ausgeprägt. Die Erziehungsberechtigten sind zwar gehalten, ,,sich zu beteiligen" und den Kindergarten zu ,,unterstützen", eine echte Mitverantwortung mit Entscheidungsbefugnissen ist allerdings kaum in den Gesetzen vorgesehen.

Art. 11 BayKGG nennt den **„Elternbeirat.** Die Elternschaft wählt aus ihrer Mitte Elternvertreter und Stellvertreter, die dann den Elternbeirat bilden.

Nach § 3 KGGNRW gibt es die **Elterversammlung,** der alle Eltern angehören, die Kinder im Kindergarten haben. Die Elterversammlung wählt den **Elternrat,** der gemeinsam mit Vertretern des Trägers und der im Kindergarten tätigen sozialpädagogischen Kräften den **Kindergartenrat** bildet.

Hessen (§ 4) und Baden-Württemberg (§ 5) kennen ebenfalls den **Elternbeirat,** Rheinland-Pfalz (§ 3) den **Elternausschuß.**

In Baden-Württemberg und Rheinland-Pfalz werden die Wahlen jedoch nicht im einzelnen geregelt.

Das Saarländische Kindergartengesetz (§ 3) nennt den **Vorschulausschuß.** Er setzt sich zusammen aus dem Leiter der Einrichtung, 2 Vertretern des Trägers, 3 Vertretern der Eltern und 1 Vertreter des pädagogischen Personals des Kindergartens. Die Vertreter werden jeweils aus der Mitte der Beteiligten gewählt. (§ 4).

4. Wer ist für die Planung von Kindergärten zuständig?

Nach § 5 JWG ist für die Planung normalerweise das Jugendamt zuständig, nach Art. 4 BayKGG ist es die Aufsichtsbehörde (die zuständige Regierung), nach § 8 Saarl. KGG der Kultusminister.

Am eindeutigsten regelt der § 6 KGGNRW die Einzelheiten der Planung: Die Jugendämter stellen zusammen mit den Trägern und beteiligten Behörden einen Bedarfsplan auf, der fortzuschreiben ist.

Alle Wohnbereiche im Bezirk des Jugendamts sollen mit Kindergärten in zumutbarer Entfernung versorgt werden. Kindergartenplätze sollen für mind. 75% aller der im Wohnbereich des Kindergartens lebenden Kinder im Kindergartenalter bereitgestellt werden.

Kindergärten für Wohnbereiche mit sozialbenachteiligten Bevölkerungskreisen werden grundsätzlich mit Vorrang berücksichtigt.

Der Standort des Kindergartens soll so festgelegt werden, daß der Wohnbereich, dem der Kindergarten zugeordnet ist, nicht in verschiedene Grundschulbezirke fällt.

Der Bedarf an Kindergartenplätzen wird errechnet nach dem vorhandenen Angebot an Kindergartenplätzen und der voraussichtlichen Entwicklung der Bevölkerungsstruktur.

5. Wer trägt die Kosten für den Bau und die Erstattung?

Bei Kindergärten in öffentlicher Trägerschaft (Gemeinde oder Jugendamt) trägt der Staat die Kosten allein, bei privaten Trägern wird eine Eigenleistung vorausgesetzt.

Die Kindergartengesetze bestimmen, welche Kosten als Bau- oder Einrichtungskosten angesehen werden können: § 9 KGGNRW und § 7 HessKGG bestimmen als Bau- und Einrichtungskosten angemessene Aufwendungen für Neubau, Umbau, Ausbau und und Erweiterungsbau der Räume des Kindergartens und die Aufwendungen für die Erstausstattung. Hierzu gehört nicht der Preis für den Kauf eines Grundstückes einschließlich aller Nebenkosten (Erschließungskosten, Grunderwerbssteuer, Notarkosten). Im einzelnen sehen die Kindergartengesetze folgende Zuwendungen des Landes, der Gemeinden und des Jugendamts vor:

Baden-Württemberg (§ 7)
40% Eigenleistung
20% Zuschuß des Landes
40% Gemeinde/Landkreis/Zweckverband

Bayern (Art. 23)
$33^1/_3$% Eigenleistung
$66^2/_3$% Gemeinde/Landskreis
Zuschüsse des Landes möglich

Hessen (§ 7)
Landeszuwendungen möglich

Nordrhein-Westfalen (§ 10)
25% Eigenleistung, in besonderen Fällen 10%
25% Jugendamt
50% Land, in besonderen Fällen bis zu 65%

Rheinland-Pfalz (§ 7)
35% Eigenleistung, davon höchstens 15% Darlehnsmittel
40% Jugendamt unter Beteiligung der Gemeinde
25% Land

Saarland (§ 12)
30% Eigenleistung
20% Jugendamt
20% Gemeinde
30% Land

Der Träger kann nicht in allen Fällen mit den staatlichen Zuschüssen in der angegebenen Höhe rechnen, weil die Gewährung des Zuschusses immer abhängig ist von den zur Verfügung stehenden Haushaltmitteln.

Eine weitere Reihe von Voraussetzungen müssen gegeben sein, um die staatlichen Mittel in Anspruch nehmen zu können:
1. Der geplante Kindergarten muß erforderlich sein. (§ 5 Abs.1 JWG)
2. Der geplante Kindergarten muß geeignet sein, um Kinder zu erziehen. (§ 5 Abs.3 JWG)

3. Der Träger muß die Gewähr leisten, eine den Zielen des Grundgesetzes förderliche Arbeit zu leisten. (§ 9 JWG)
4. Er muß die Gewähr für eine wirtschaftliche und sachgerechte Verwendung der Mittel leisten. (§ 9 JWG)
5. Er muß öffentlich anerkannt sein (§ 9 JWG)
6. Er muß die angemessene Eigenleistung erbringen. (§ 8 JWG)

6. Wer trägt die Betriebskosten des Kindergartens?

Die Betriebskosten setzen sich zusammen aus den Sach- und den Personalkosten des Kindergartens.
Sachkosten sind Kosten, die bei der laufenden Unterhaltung des Kindergartens anfallen: Miete, Strom, Heizung, Reinigung, Renovierung, Reparaturen, Spiel- und Beschäftigungsmaterial, u.a.m.
Personalkosten sind die Vergütungen für alle Mitarbeiter des Kindergartens einschließlich der anteiligen Sozialabgaben. Wie die Baukosten müssen die Betriebskosten nicht allein vom privaten Träger aufgebracht werden. Vorgesehen sind Elternbeiträge und staatliche Zuschüsse.

Baden-Württemberg (§ 8)
Personalkosten:
50% Eltern und Träger
25% Land
25% Gemeinde/Landkreis/Zweckverband

Bayern (Art. 24)
Personalkosten:
33⅓ % Träger und Eltern
33⅓ % Gemeinde
33⅓ % Land

Hessen (§ 9)
Personalkosten:
10% Zuschuß des Landes

Nordrhein-Westfalen (§ 14)
Betriebskosten:
36% Träger
32% Land
32% Jugendamt
(Eltern können mit DM 420,— bis DM 1200,— beteiligt werden. Der Elternanteil ist einkommensabhängig.)

Rheinland-Pfalz (§§ 8, 9)
Personalkosten:
25% Eltern (Ermäßigung möglich)
15% Träger
25% Land
35% Jugendamt

Saarland (§ 19)
25% Eltern
15% Träger
25% Land
Rest Jugendamt und Gemeinde

Bei freien Trägern wird der Elternbeitrag zwischen den Eltern und den Trägern vereinbart. Die öffentlichen Träger setzen die Elternbeiträge nach §§ 80, 81 JWG fest.
Im Rahmen der wirtschaftlichen Erziehungshilfe nach §§ 5 Abs. 1 Ziff. 3,6 Abs.1 und 81 Abs.1 JWG können für Kinder aus sozial schwachen Familien die Beiträge für den Kindergartenplatz voll oder teilweise vom Jugendamt übernommen werden. Das Jugendamt zahlt in diesem Falle den Elternbeitrag direkt an den Träger.

7. Wer kann Träger eines Kindergartens sein?

Es gibt Kindergärten in öffentlicher und privater Trägerschaft.
Öffentliche Träger sind die politische Gemeinde und das Jugendamt.
Private Träger sind die Träger der freien Jugendhilfe (Freie Vereinigungen der Jugendwohlfahrt) gem. § 5 Abs. 4 JWG (auch § 6 KGGRheinl.-Pfalz, § 8 KGGNRW, Art. 5 BayKGG, § 1 Hess. KGG.): Paritätischer Wohlfahrtsverband, Arbeiterwohlfahrt, Caritas, das Diakonische Werk, die Innere Mission und das Deutsche Rote Kreuz, sowohl die Spitzenverbände als auch die ihnen angeschlossenen regionalen Verbände.

§ 5 (4) Abs. 3 nennt juristische Personen, deren Zweck es ist, die Jugendwohlfahrt zu fördern.
Juristische Personen des Privatrechts sind in diesem Falle Vereine, die zum Zwecke der Errichtung und des Betriebes eines Kindergartens gegründet werden. Die Vereine müssen als gemeinnützig anerkannt werden, d. h. sie dürfen keine Gewinne erwirtschaften. Die Gemeinnützigkeit wird vom Finanzamt auf Grund der Gemeinnützigkeitsverordnung vom 24. 12. 1953 ausgesprochen. Die Vereine führen in der Regel den Namen ,,Elterninitiative".

Träger der freien Jugendhilfe sind ferner die Kirchen mit ihren regionalen und überregionalen Gliederungen (evangelische und katholische Kirche), die verschiedenen freikirchlichen Gemeinden und die jüdische Kultusgemeinde.

8. Wer sorgt für die gesundheitliche Betreuung der Kinder?

Wenn auch die gesundheitliche Betreuung der Kinder im JWG nicht ausdrücklich genannt ist, so gehört doch die Überwachung des Gesundheitszustandes der Kinder zu den Aufgaben des Kindergartens.
Das Bundesseuchengesetz (§§ 47, 48 BSG) verlangt eine jährliche Untersuchung des Kindergartenpersonals auf ansteckende Tuberkulose der Atmungsorgane.

Tritt im Kindergarten der in § 3 BSG genannte Krankheits- oder Todesfall ein, so ist jeder beschäftigte Betreuer im Kindergarten zur Meldung an das Gesundheitsamt verpflichtet.
Einige Kindergartengesetze bestimmen eine ärztliche Untersuchung vor Aufnahme der Kinder in den Kindergarten. Nordrhein-Westfalen (§ 12 KGGNRW), Hessen (§ 10 Hess. KGG) und Saarland (§ 17 Saarl. KGG) schreiben eine jährliche ärztliche und zahnärztliche (Saarland) Untersuchung der Kinder vor.
Die gesundheitliche Betreuung der Kinder bedingt auch eine gut ausgestattete Hausapotheke im Kindergarten. Außerdem sollte mindestens die Leiterin des Kindergartens in der Lage sein, Erste Hilfe zu leisten.

Nach dem „Gesetz über *Unfallversicherung* für Schüler und Studenten sowie Kinder in Kindergärten vom 18. 3. 1971" (BGBl. I 1971, Seite 237) sind alle Kinder während des Besuchs von Kindergärten kraft Gesetzes gegen Unfall versichert. Versichert sind die Kinder bei allen Tätigkeiten, die im Rahmen der Erziehung im Kindergarten vorkommen: beim Spiel im Gruppenraum, im Garten, auf dem Hof, während eines Lernganges, eines Spazierganges, eines Besuchs im Zoo, bei einem Kindergartenfest usw.
Die Versicherung erstreckt sich auch auf den Weg zum Kindergarten und nach Hause. Hierbei gilt nicht nur der Weg zu Fuß, sondern auch die Benutzung eines öffentlichen Verkehrsmittels oder des privaten PKWs.
Versicherungsschutz ist allerdings nur dann gewährleistet, wenn das Kind unmittelbar den Heimweg antritt, also nicht, wenn es Umwege macht und sich unangemessen lange dabei aufhält. Unter Heimweg versteht der Jurist den Weg vom Eingang des Kindergartens bis zur Haustür der Eltern. Für Kinder, die nachmittags den Hort besuchen, ist der Weg vom Kindergarten zum Hort versichert, nicht jedoch der Heimweg vom Hort zum Elternhaus. Abgedeckt sind alle Gesundheits- und Körperschäden, nicht Sachschäden. Die Unfallversicherung zahlt die Arzt- und Heilungskosten. Infektionskrankheiten gelten nicht als Unfälle. Bei Dauerschäden besteht u. U. ein lebenslanger Anspruch auf ärztliche Behandlung und Zahlung einer Geldrente.

Gegen wen sich die aus der gesetzlichen Unfallversicherung entstehenden Ansprüche richten, hängt davon ab, wer Träger des Kindergartens ist.
Bei Gemeindekindergärten oder städtischen Kindergärten sind es die Gemeindeunfallversicherungen, größere Städte haben eine eigene Unfallversicherung, bei Trägern der freien Jugendhilfe sind es die Ausführungsbehörden für die Unfallversicherung der Länder. Bei Kindergärten, die nicht gemeinnützig sind, ist es die Berufsgenossenschaft für Gesundheitsdienst und Wohlfahrtspflege, bei Werkskindergärten der für das Unternehmen zuständige Unfallversicherungsträger.
Für Kindergärten, die keine fachlich ausgebildete Erzieherin beschäftigen, besteht keine gesetzliche Unfallversicherung.

Kommt ein Unfall im Kindergarten vor, so muß die Leiterin bzw. der Träger des Kindergartens den *Unfall binnen 3 Tagen melden.* Der Kindergarten ist im Besitz der Formulare der zuständigen Versicherung.
Unterbleibt die Unfallmeldung seitens des Kindergartens, schuldhaft oder weil der Unfall auf dem Heimweg passiert ist und die Leiterin keine Kenntnis davon hat, so

können auch die Eltern den Unfall der betreffenden Versicherung melden. Die gesetzlichen Vertreter erhalten über jeden gemeldeten Unfall einen Feststellungsbescheid, gegen den sie einen Widerspruch einlegen können, wenn sie glauben, daß die Anprüche des Kindes nicht genügend berücksichtigt wurden. Zuständig für einen Rechtsstreit ist das Sozialgericht.

Die Träger der Unfallversicherung geben Vorschriften über die Verhütung von Unfällen heraus. Sie betreffen für den Kindergarten insbesondere die bauliche Ausgestaltung und die Einrichtung: Türen, Treppen, Glasflächen, Fensterhöhe, sowie das verwendete Spiel- und Lernmaterial.

Literatur zur weiteren Vertiefung

Arbeitsgruppe Vorschulerziehung, Didaktische Einheiten im Kindergarten, München 76
Arbeitsgruppe Vorschulerziehung, Anregungen II, Zur Ausstattung des Kindergartens, München 73
Barns, Erziehung im Kindergarten, Weinheim 73
Beck - Texte, Jugendrecht, Nr. 5008, München 69
Colberg - Schrader / Krug, Arbeitsfeld Kindergarten, München 77
Huppertz, Elternarbeit vom Kindergarten aus, Freiburg i. Br., 74
Moskal, Wagner, Pädagogik im Kindergarten, München 75
von Münch, Kindergartenrecht, München 75, Goldmann - Juta 8307
Schleicher, Jugend- und Familienrecht, München 78

Literaturverzeichnis

Allgemeine Pädagogik
Arbeitshilfen zur Planung der Arbeit im Kindergarten, Minister für Gesundheit, Arbeit und Soziales des Landes NW (Hrsg.), Deutscher Gemeindeverlag, Köln 1986
Baumgartner u. a., Wider die falsche Vorschulerziehung, Weinheim 1973
Becker, E., Der Hort zwischen Familie, Schule und Freizeitraum, Donauwörth 1979
Büchlin, Kindgemäßes Lernen im Kindergarten, Stuttgart 1978
Burkart, Frühkindliche Erziehung, Donauwörth 1975
Grüneberg, L., Erziehen als Beruf, Köln 1988
Hess/Bear (Hrsg.), Frühkindliche Erziehung, Weinheim 1972
Hobmair, H. (Hrsg.), Pädagogik, Köln o. J.
Huppertz/Schintzler, Grundfragen der Pädagogik, München 1978
Keller, J., Novak, F., Kleines pädagogisches Wörterbuch, Freiburg 1979
Lebensraum Kindergarten, Verlag Herder, Verlag Ernst Kaufmann 1983
Merz, Ch., Kindergarten, kinderleicht? Freiburg 1979
Militzer, R., Ausländische Kinder im Kindergarten, Köln 1987
Roch/Kesberg, Der Hort, Stuttgart 1989
Schmalohr, Den Kindern eine Chance, München 1975
von Braunmühl, E., Zeit für Kinder, Frankfurt a. M. 1978
von Mörsberger, H. (Hrsg.), Der Kindergarten, Freiburg 1978
Weber, E. (Hrsg.), Pädagogik 1—4, Donauwörth 1982

Psychologie
Dolto, F., Die ersten 5 Jahre, Weinheim 1983
Erikson, E., Kindheit und Gesellschaft, Stuttgart 1971
Gesell, Säugling und Kleinkind, Bad Nauheim 1965
Grigat, Psychologie für Erzieher, München 1975
Hebb, Einführung in die moderne Psychologie, Weinheim 1969
Kagan, J., Die Natur des Kindes, München 1987
Kindler, Psychologie des 20. Jahrhunderts, Entwicklungspsychologie, Hrsg. Steiner, G., Band 1 u. 2, Weinheim 1984
Kühne u. a., Psychologie, Köln 1978
Michel, Chr., Novak, F., Kleines psychologisches Wörterbuch, Freiburg 1981
Oerter, R., Moderne Entwicklungspsychologie, Donauwörth 1973
ders., Entwicklung und Sozialisation, Donauwörth 1981
Schenk-Danzinger, L., Entwicklungspsychologie, Wien 1972
dies., Pädagogische Psychologie, Wien 1972
Schmeer, Das sinnliche Kind, Stuttgart 1975
Schraml, W., Einführung in die moderne Entwicklungspsychologie, Stuttgart 1975
Stone, J., Church, J., Kindheit und Jugend 1 u. 2, Stuttgart 1978

Kognitiver Bereich
Arndt, Didaktische Spiele, Stuttgart 1971
Becker-Textor, I., Kreativität im Kindergarten, Freiburg 1988
Brockstedt, Wenig oder viel, 1—3, Sellier, Freising

Dienes/Golding, Mathematisches Denken und logische Spiele, Freiburg 1969
Graeb, G., Wissen schafft Freude, Don Bosco, München
Hemmer, P., Der Zahlbegriff im Vorschulalter, Weinheim 1972
Kothe, Denken macht Spaß, Freiburg o. J.
Peperl/Ott, Rätselpeter, Sellier, Freising
Piaget, Die Genese der Zahl beim Kind, in: Rechenunterricht und Zahlbegriff, Braunschweig 1967
Resag, Kind und Zahl, München 1962
Thiemann, R., Zauberpeter 2, Sellier, Freising

Spracherziehung
Francescato, Spracherwerb und Sprachstruktur beim Kinde, Stuttgart 1973
Kainz, F., Sprachentwicklung im Kindes- und Jugendalter, München 1964
Langenmayr, Sprachliche Kommunikation, München 1979
Lawton, D., Soziale Klasse, Sprache und Persönlichkeit im Kindesalter, Düsseldorf 1970
Lewis, M., Sprache, Denken und Persönlichkeit im Kindesalter, Düsseldorf 1970
Lurija, A. R., Die Funktion der Sprache in der geistigen Entwicklung des Kindes, Düsseldorf 1977
Neuland, E., Sprachbarrieren oder Klassensprache, Frankfurt a. M. 1975

Umwelt- und Sachbegegnung
Arndt, M., Die Natur — erlebt und beobachtet mit Vorschulkindern, Klett, Stuttgart
Belser u. a., Curriculum Materialien für die Vorschule und Eingangsstufe I bis III, Weinheim 1975
Ein Baum geht durchs Jahr, Die Henne und das Ei, Ellermann, München
Fritzsche, H., Gärtnern mit Kindern, München 1984
Knerr, Kinder entdecken ihre Umwelt, 1 u. 2, Donauwörth 1975
Licht, Wasser, Wärme, Schall — hier und da und überall, Herder, Freiburg
Mari, Der Apfel und der Schmetterling, ... Sellier, Freising
Robinson, H., Neue Wege im Kindergarten, Hyperion, Freiburg
Tschinkel, Natur- und Sachbegegnung mit Kindern, Wien/München 1978

Musik- und Bewegungserziehung
Abel-Struth, S., Musikalische Grundausbildung, Frankfurt a. M.
dies., Musikalischer Beginn in Kindergarten und Vorschule 2 u. 3, Bärenreiter, Kassel
Berzheim/Meier, Aus der Praxis der elementaren Musik- und Bewegungserziehung, Donauwörth 1977
Drees, Schöpferische Musikerziehung, München 1979
Fink-Klein, W., Rhythmik im Kindergarten, Freiburg 1987
Hartmann, J., Musik-Fibel für Kleinkinder, Weinheim
Keller, W., Einführung in ,,Musik für Kinder", Schott, Mainz
Lemb, R., Reime, Reigen, Lieder für die Kleinen, Schott, Mainz
Seybold-Brunnhuber, Üben und Spielen mit dem Ball, Limpert, Frankfurt a. M.
Sieler, R., Mit Geräuschinstrumenten Musik machen, Frankfurt a. M. 1971
Tauscher, H., Lied und Bewegung, Dürr, Bad Godesberg
Zöller, Musik und Bewegung im Elementarbereich, Donauwörth 1977

Ästhetische Erziehung
Bareis, A., Vom Kritzeln zum Zeichnen und Malen, Donauwörth 1972
Beckmann, G., Freies Werken, München 1983
Beyer/Knötzinger, Wahrnehmen und Gestalten, München 1978
Braun-Feldweg, W., Mit Kindern malen, zeichnen, formen, Stuttgart 1953
Brix, Fröhliches Basteln mit Kindern, Gütersloh 1970
Egen, H., Kinderzeichnung und Umwelt, Bonn 1977
Grözinger, W., Kinder kritzeln, zeichnen, malen, München 1966
Kläger, M., Das Bild und die Welt des Kindes, München 1974
Löwenfeld, V., Die Kunst des Kindes, Frankfurt a. M. 1957
Materialkiste, Anregungen zur ästh. Erziehung im Kindergarten, München 1986
Mühle, G., Entwicklungspsychologie des zeichnerischen Gestaltens, München 1967
Seitz, R., Zeichnen und Malen mit Kindern, Ravensburg 1974
Wildlöcher, Was eine Kinderzeichnung verrät, München 1974

Sport
Bergemann, M., Leibeserziehung im Vorschulalter, München 1974
Blechner, G., Der Garten als Kinderspielplatz, Wiesbaden 1973
Blumenthal, E., Bewegungsspiele für Vorschulkinder, Schorndorf 1978
Cratty, B., Aktive Spiele und soziales Lernen, Ravensburg 1977
Diem, L., Sport für Kinder, München 1973
dies., Spiel und Sport im Kindergarten, München 1980
Lewin, G., Schwimmen für kleine Leute, Berlin 1972
Zöller, G., Musik und Bewegung im Elementarbereich, Donauwörth 1976

Sozialerziehung
Hielscher (Hrsg.), Materialien zur sozialen Erziehung im Kindergarten, Heidelberg 1977
Hundertmarck, G., Soziale Erziehung im Kindergarten, Stuttgart 1975
Praetorius, J., Knaurs Spielbuch, München
Staps, H., 50 Geschichten zum Weiterspinnen, Verlag Wartenberg & Söhne, Hamburg 1950

Religiöse Erziehung
Behr, Mit Staunen fängt es an, Göttingen 1977
Fraas, H.-J., Religiöse Erziehung und Sozialisation im Kindesalter, Göttingen 1978
Goehr, G., Was Kinder von Gott wissen wollen, Wuppertal 1989
Hubert, Religiöse Früherziehung, München 1978
König, H. (Hrsg.), Religiöse Erziehung im Kindergarten, München 1980
Longardt, Katechetische Spielmappe für 4—7jährige, Freiburg 1975
May, Religion im Kinderzimmer, Frankfurt a. M. 1974
Ranwez, P., Religionspädagogik des Kleinkindes, Köln 1971
Schnee, C. G., Alles Erste bleibt ewig, Donauwörth 1972
Spiegel, M., Arbeitshilfen für die religiöse Erziehung im Vorschulalter, München 1975

Verkehrserziehung
Böcher, W., Vorsicht — Umsicht — Rücksicht, Bad Godesberg 1975
Manzey, D., Handbuch der Vorschulverkehrserziehung, Braunschweig 1987
Strecker, B., Kindgerechte Verkehrserziehung in der Vorschulzeit sowie in der Eingangsstufe der Grundschule, Braunschweig 1975
Vorschulbriefe zur Verkehrserziehung und Unfallverhütung, Verlag Rot-Gelb-Grün, Braunschweig

Spielerziehung
Château, J., Das Spiel des Kindes, Paderborn 1976
Flitner, A., Spielen-Lernen, München 1972
ders. (Hrsg.), Das Kinderspiel, München 1973
Frommelt, W., Eltern spielen, Kinder lernen, München 1972
Hetzer, H., Spielen lernen, spielen lehren, Stuttgart 1976
Kazemi-Veisari, K., Zur gesellschaftlichen und päd. Funktion von Spielwaren in der Gegenwart, Frankfurt a. M. 1987
Merker, H., Spielprozesse im Kindergarten, München 1980
Rüssel, A., Das Kinderspiel, München 1953
Stuckenhoff, Spiel, Persönlichkeit und Intelligenz, Ravensburg 1975
Zulliger, H., Heilende Kräfte im kindlichen Spiel, Frankfurt a. M. 1971

Bildquellenverzeichnis

Eduard Dietl, München: S. 20, 27, 43, 52, 85, 100, 160, 180, 192, 204, 269; Klaus Meier — Ude — Bavaria: S. 32; Elisabeth Niggemeyer, Berlin: S. 60, 64, 90, 125; Hermann Roth — Bavaria: S. 216; Hartmut W. Schmidt, Freiburg i. Br.: S. 144, 146, 156, 174, 188, 201, 235, 240, 253; Hans Schmied — Bavaria: S. 209; Hans Winter — Bavaria: S. 214.